Sérgio Milliet, por Hilde Weber. Década 1940.
Coleção Biblioteca Municipal de S. Paulo.

Sérgio Milliet, Crítico de Arte

Coleção Estudos
Dirigida por J. Guinsburg

Equipe de realização – Revisão de provas: Sílvia Cristina Dotta e Kiel Pimenta; Fotografia de documentos: Paulo Batelli; Produção: Ricardo W. Neves e Sylvia Chamis.

USP

Reitor Roberto Leal Lobo e Silva
Vice-Reitor Ruy Laurenti

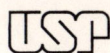

EDITORA DA UNIVERSIDADE DE SÃO PAULO

Presidente João Alexandre Barbosa
Diretor Editorial Plinio Martins Filho
Editor Assistente Manuel da Costa Pinto

Comissão Editorial João Alexandre Barbosa (Presidente)
Celso Lafer
José E. Mindlin
Oswaldo Paulo Forattini
Djalma Mirabelli Redondo

Edusp – Editora da Universidade de São Paulo
Av. Prof. Luciano Gualberto, Travessa J, 374
6º andar – Ed. da Antiga Reitoria – Cidade Universitária
05508-900 – São Paulo – SP – Brasil   Fax (011) 211-6988
Tel. (011) 813-8837 / 813-3222 r. 2633, 2643

Printed in Brazil   1992

Lisbeth Rebollo Gonçalves

SÉRGIO MILLIET,
CRÍTICO DE ARTE

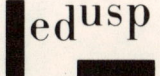

Dados Internacionais de Catalogação na Publicação (CIP)
(Câmara Brasileira do Livro, SP, Brasil)

Gonçalves, Lisbeth Rebollo.
　　Sérgio Milliet, crítico de arte / Lisbeth Rebollo Gonçalves. – São Paulo : Perspectiva : Editora da Universidade de São Paulo, 1992. – (Coleção Estudos ; 132)

　　Bibliografia.
　　ISBN: 85-273-0054-0
　　ISBN. 85-314-0118-6

　　1. Arte e sociedade 2. Milliet, Sérgio, 1898-1966 I. Título. II. Série.

92-2676　　　　　　　　　　　　　　　　　　　　　　　　　　　CDD-928.699

Índices para catálogo sistemático:

1. Brasil : Escritores : Biografia e obra 928.699

Direitos reservados à
EDITORA PERSPECTIVA S.A.
Avenida Brigadeiro Luís Antônio, 3025
01401 – São Paulo – SP – Brasil
Telefones: 885-8388/885-6878
1992

Para Serginho.

Agradecimentos

Agradeço à FAPESP e ao CNPq, por bolsas concedidas para o desenvolvimento do trabalho de pesquisa e de redação.

Muitas pessoas me apoiaram. Sou grata:

a meu orientador, Prof. Dr. Ruy Galvão de Andrada Coelho, e ao Prof. Dr. Teófilo de Queiroz Júnior, que o substituiu durante sua estada na França e em Portugal;

a Maria Helena Costa e Silva, diretora do Departamento de Bibliotecas da Prefeitura de São Paulo, que permitiu acesso pleno a arquivos e livros da Biblioteca Mário de Andrade;

a Dona Lourdes Duarte Milliet e a Tereza Cristina Guimarães, pelo acesso ao arquivo e a livros do autor;

ao Dr. Ruy Mesquita, pelo apoio na ocasião da coleta de material junto aos arquivos de *O Estado de S. Paulo*;

aos artistas, companheiros e amigos de Sérgio Milliet que prestaram depoimentos;

a Regina Rebollo, Solange Quites Torres e Claudete Santana, pela colaboração na coleta de dados junto às fontes pesquisadas;

a todos os bibliotecários e arquivistas que me emprestaram sua colaboração;

a Tereza L. S. Pujol, pela datilografia, Ana Maria Tomaselli e José Gonçalves de Arruda Filho, pela revisão;

a Otília Arantes, Elza e Marcos Ajzenberg pela leitura crítica do trabalho.

a Henrique Pereira Gomes, pelo apoio à publicação do texto.
à RIPASA S/A, pela doação de papel para a edição do livro.
a minha família, colegas e amigos, pelo apoio irrestrito.

Sumário

INTRODUÇÃO.................................. XII
PARTE I: O PERCURSO DO CRÍTICO............ 1
1. A Formação de Sérgio Milliet: a Experiência Suíça.... 3
2. Sérgio Milliet no Brasil: a Semana de Arte Moderna e o Intercâmbio com os Modernistas................. 23
3. De Novo a Europa: a Experiência Francesa – Idéias Estéticas em sua Crítica....................... 39
4. A Integração ao Meio Cultural Brasileiro (1930-1940).. 55
5. O Projeto das Bienais e o Debate Abstração/Figuração (Anos 1950-1960)........................... 85

PARTE II: NOÇÃO DE CRÍTICA – PAPEL DO CRÍTICO 107
6. Os Textos sobre Pintura (1938-1944)............. 109
7. O Diário Crítico............................ 129
8. A Importância da Sociologia para a Crítica......... 149

CRONOLOGIA................................ 165
BIBLIOGRAFIA............................... 183

Introdução

Muitos anos se passam até que se inicie o estudo da contribuição de Sérgio Milliet ao meio artístico brasileiro. Sérgio morre em 1966 e, desde então, falecem também muitos dos seus mais importantes companheiros de jornada intelectual. Fica difícil conhecer detalhes de sua formação e participação nos principais momentos da história cultural.

Por outro lado, não restam arquivos pessoais, pois, estando Milliet na direção da Biblioteca Municipal de São Paulo, para este núcleo canalizava catálogos, livros e até mesmo parte da correspondência. À exceção do que foi guardado por D. Lourdes Duarte Milliet – recortes de jornal e alguma correspondência referente ao período 1929-1950 – e do que foi conservado na Biblioteca, ao lado de um amplo conjunto de documentos burocráticos – processos de sua longa gestão daquela entidade –, nada mais se conserva.

É somente em 1981 que as Editoras Martins-Edusp começam a reeditar o *Diário Crítico*, vasto conjunto de dez volumes de crítica pelos quais Sérgio Milliet se torna especialmente conhecido. Esta reedição propicia, de certa forma, uma ocasião oportuna para que seja introduzida uma reflexão sobre o trabalho do crítico. Acompanhando o primeiro volume, vem a público a importante análise do Prof. Antonio Candido de Mello e Souza, antes apresentada em forma de conferência, numa homenagem que a Biblioteca presta a seu ex-diretor.

A Biblioteca Municipal é, aliás, outra propagadora do trabalho e do perfil deste intelectual brasileiro, através de publicações e de eventos como palestras, exposições e depoimentos. Deles, é significativo o de 1979, quando publicamente se reúne um grupo de artistas plásticos das gerações que emergiram entre 1930 e 1950, aos quais Sérgio esteve ligado, quer como crítico, quer como companheiro[1].

Sérgio Milliet é, como tantas vezes se disse, um "homem ponte" entre a geração modernista e a geração de artistas que surgiram nas décadas 1930 e 1940: é o crítico de uma geração, importante animador cultural da vida paulistana, ligado ao surgimento do Museu de Arte Moderna de São Paulo e à sua Bienal Internacional.

Esta pesquisa visou o estudo do projeto crítico e do papel de Sérgio Milliet como intelectual no contexto artístico de São Paulo, enfatizando sua contribuição como crítico de artes plásticas.

Nos decênios 1930 e 1940, foi ampla a produção de Sérgio Milliet voltada para as artes plásticas. Sérgio focaliza o surgimento de uma nova base humana artística em São Paulo: os pintores ou grupos que passam da informação artesanal, obtida autodidaticamente, em escolas profissionais, ou até mesmo em ateliês de professores acadêmicos, para um projeto estético antiacadêmico, de livre pesquisa, buscando o domínio da pintura dentro de soluções modernas[2].

Em inter-relação com esta nova geração, e com a produção dos modernistas provenientes de 22, emerge sua crítica viva e atuante[3] que procura fundamentar e sistematizar a produção desenvolvida.

---

1. Alfredo Volpi, Rebolo Gonsales, Clóvis Graciano, Rafael Galvez, Lothar Charoux, Luís Sacilotto, Luís Andreatini, Otávio Araújo, Odetto Guersoni, Antonio Carelli, Geraldo de Barros, Gerda Brentani, Alice Brill e Hilde Weber.

2. São, entre outros, os pintores do chamado Grupo Santa Helena: Aldo Bonadei, Alfredo Rizzotti, Alfredo Volpi, Clóvis Graciano, Francisco Rebolo Gonsales, Fúlvio Pennachi, Humberto Rosa, Manoel Martins, Mário Zanini, nos anos 30. Nos anos 40, são exemplos significativos, entre outros, os que procedem da Escola Profissional Masculina ou do Liceu de Artes e Ofícios, como Marcelo Grassmann, Otávio Araújo, Luís Sacilotto, Flávio Shiró, Odetto Guersoni, Lothar Charoux e muitos outros presentes nas principais mostras modernas do decênio.

3. Entre os críticos atuantes estão, além de Sérgio Milliet, Mário de Andrade, Osório César, José Geraldo Vieira, Quirino da Silva, Geraldo Ferraz, Luís

A interação de artistas e críticos, neste momento, favorece a consolidação do modernismo nas artes plásticas, pois é através desse processo interativo que nascem os salões de arte moderna e que, em parte, são geradas as bases para a criação de instituições veiculadoras de informação sobre arte moderna[4].

Existindo naquele momento histórico da nossa arte uma vasta produção plástica de características particulares, os críticos que a observam, comentam e analisam, desempenham importante papel na formulação de uma nova "comunidade de gosto", pois:

- tornam-se o pólo de divulgação dessa produção artística para camadas da sociedade que, de alguma forma, se interessam pelas manifestações culturais ou dela tomam conhecimento;
- são eles, basicamente, os estruturadores intelectuais do projeto estético subjacente a essa produção, uma vez que, quase sempre, os artistas não têm formação intelectual e literária (como foi dito, são na maioria autodidatas ou possuidores apenas de formação técnica, artesanal);
- favorecem a formulação e a difusão de valores que se tornam fundamentais na afirmação da ideologia político-cultural do período.

Nesse quadro geral, é preciso destacar o papel central de Sérgio Milliet e a relevância de seu trabalho, quer por sua atuação como articulador de uma ação organizada em prol da arte moderna, quer por sua produção escrita na imprensa.

Sérgio Milliet pode ser apresentado como o consciente defensor da criação de entidades voltadas para uma ação organizada em prol da arte moderna da cidade. Nessa condição, a partir de 1935, atua no Departamento de Cultura do Município de São Paulo, vindo a ser o criador da Seção de Arte da Biblioteca Municipal, em 1945. Mas é, também, um dos participantes da organização do Museu de Arte Moderna (1948-1949) e de sua Bienal, em 1951, da qual é articulador em mais de um certame. De outro lado, Milliet pode ser visto como um sistematizador dos problemas da produção plástica do período em questão, através de seu trabalho cotidiano na imprensa, onde é um dos mais importantes comentadores de fatos históricos ligados à arte. Assim como este-

Martins, Lourival Gomes Machado, Roger Bastide, Ibiapaba Martins, Maria Eugênia Franco, Ciro Mendes, entre outros.

4. A primeira galeria é a Domus, de São Paulo (criada em 1946); o Museu de Arte Moderna (MAM) surge em 1949, e sua Bienal, em 1951.

ve ligado a 22, mantém um contato face a face, constante, com os pintores dos anos 1930 e 1940, justamente na fase da formação e afirmação de suas carreiras. E, por via deste contato, ele próprio começa a pintar.

A partir de meados da década de 30, e mais amplamente nos anos 40, Sérgio Milliet dedica-se ativamente à crítica de artes plásticas, centralizando-se aí o núcleo principal de suas formulações. É nesse momento que compila textos veiculados pela imprensa em livros como *Diário Crítico, Pintores e Pintura* e *Pintura Quase Sempre*, entre outros. Naturalmente, sua produção como crítico e cronista continua nos anos posteriores, até seu falecimento em 1966. Não obstante, seu papel no período em estudo revela-se crucial, pois então o crítico torna-se um norteador do processo artístico, indo além da função de sistematizador.

No âmbito da sociologia, pode-se dizer que esta ciência constitui o principal eixo motor do pensamento crítico de Milliet. Dá à nossa cultura artística uma contribuição pioneira em termos de informação sociológica, pois já nos anos 30 difunde pesquisas, teorias, conceitos deste campo de reflexão e os adapta à compreensão da arte. Além do mais, atuará como professor na Escola de Sociologia e Política, cabendo-lhe, ainda, no Departamento de Cultura de São Paulo, a tarefa de dirigir a Divisão de Documentação Histórica e Social e de reorganizar a *Revista do Arquivo Municipal*, onde muitos estudos da área são publicados.

Para melhor situar esse período-chave da reflexão de Sérgio Milliet, é necessário, entretanto, acompanhar o seu percurso como intelectual, desde sua experiência na Europa (Suíça e França) até o final de sua vida. Com esse procedimento, muitas questões clarificam-se e é possível ter um melhor perfil de sua personalidade intelectual.

Muitas foram as dificuldades encontradas para reconstituir todo esse percurso. Poucas são as referências explícitas à fase de sua formação, ao lado da quase inexistência de um arquivo pessoal. Já estão ausentes muitos dos que poderiam contribuir com depoimentos valiosos para um maior esclarecimento sobre alguns momentos importantes da vida do crítico. Buscou-se, então, tatear os espaços onde se deu a formação de sua mentalidade e sua ação, voltar aos meios sociais onde viveu, acompanhando-se suas orientações ou admirações confessadas, a sua produção escrita na crítica de artes plásticas.

Pela própria natureza do pensamento de Sérgio Milliet, este trabalho não pode ser entendido como uma "tese fechada", uma biografia intelectual *stricto sensu*. Não há em Sérgio um pensamento estruturado em termos de uma única posição teórica. É um espírito inquieto diante da realidade, de cada pensador, de cada artista com quem trava contato. Cada novo autor é uma perspectiva que se abre, levando a uma série de indagações. Daí, talvez, para o seu leitor, a sensação de uma posição um pouco flutuante. Sua postura é a do "pensador inteligente", que lança mão de várias perspectivas, acionando-as segundo a necessidade, sem esposar exclusivamente uma idéia. Não é um autor de linha dogmática — muito ao contrário: o dogmatismo é algo que, por princípio, sempre combate e razão por que, às vezes, é mal-interpretado. É comum encontrá-lo fazendo "divagações" em torno de um determinado tema. Não há em Milliet, à primeira vista, um pensamento articulado. Um inventário extenso de suas idéias torna-se difícil.

Sua tônica é, quase sempre, explicativa, interpretativa, sem objetivo acadêmico. Pouco cita autores teóricos para fundamentar sua posição. Não tem para si a exigência de uma "construção teórica". Suas idéias centrais são, quase sempre, expostas de maneira genérica. Pode-se chegar a dizer que, muito mais que uma estética, Sérgio Milliet adere a uma ética.

Nesse quadro, portanto, a busca das principais direções de seu pensamento crítico deve ser entendida, também, de uma maneira relacionada a determinados momentos de suas preocupações, e não unidirecionalmente. E as reflexões devem ser pesadas igualmente em correlação a suas atividades como animador cultural em São Paulo.

Somente assim parece possível chegar a um enfoque "menos enviesado" (como ele próprio se expressa) de suas idéias, de sua personalidade e de sua contribuição ao nosso meio cultural.

Parte I: O PERCURSO DO CRÍTICO

Retrato de Sérgio Milliet, por Quirino da Silva, 1944. (desenho s/ papel).

1. A Formação de Sérgio Milliet: a Experiência Suíça

> *O cenáculo caracterizava-se por uma preocupação de humanismo, de objetivismo que marcou profundamente meu espírito.*
>
> SÉRGIO MILLIET*

Em 1912, aos 14 anos, Sérgio Milliet da Costa e Silva parte para a Suíça, a fim de estudar. Órfão de mãe desde os dois anos, os tios maternos[1] insistem no seu envio a Genebra, após o término do curso secundário, vencendo a intenção do pai de encaminhá-lo ao comércio.

Esta viagem será decisiva para o surgimento do intelectual e crítico de arte, pois, na Suíça, desenvolve estudo universitário, liga-se à literatura, forma seu gosto artístico e sua sensibilidade humanista, torna-se poeta. Genebra é o centro que lhe permite o encontro com as artes e o desenvolvimento das principais linhas de força do pensamento que amadurecerá no Brasil.

Pode-se afirmar, desde logo, que advêm da formação suíça algumas das características principais presentes na personalidade de Sérgio Milliet, como o "cosmopolitismo", a vocação européia, a posição humanista, a presença de uma *ética* impregnando o

---

* "Sérgio Milliet", reportagem de Silveira Peixoto, *Vamos Ler*, Rio de Janeiro, 24 ago. 1939, p. 49.

1. América Milliet Sabino, Horácio Sabino e Gustavo Milliet.

pensamento, a preocupação com uma "moral social" que, do ponto de vista dos ideais políticos, estende-se a uma postura socialista; o interesse pela sociologia (pelas ciências sociais, de um modo geral) como ponto de apoio para conhecer a realidade, o questionamento da verdade e da objetividade do conhecimento nas ciências humanas; com relação ao estilo, o gosto pelo diário íntimo, pelo ensaio, a defesa da liberdade de expressão para que se dê uma manifestação artística sincera.

Depois do secundário completo, Milliet freqüenta, em Genebra, o curso de Ciências Econômicas e Sociais da Escola de Comércio, completando-o na Universidade de Berna. Convive com intelectuais e literatos que integram a revista *Le Carmel*, entre eles Romain Rolland, Charles Baudouin, Henri Spiess, Henri Mugnier, Charles Reber, Carl Spitteler, além de outros nomes que, de passagem pela Suíça, unem-se ao grupo, como Verhaeren e Stefan Zweig. Ligado a este grupo, inicia-se como poeta, editando seus primeiros livros: *Par le Sentier, En Singeant, Le Départ sous la Pluie* (em 1917, o primeiro; em 1918, os dois últimos)[2].

A permanência de Sérgio Milliet na Suíça é de oito anos (1912-1920), um período suficientemente extenso e um momento fundamental do desenvolvimento de sua personalidade intelectual para que absorvesse aspectos gerais do pensamento europeu do

---

2. Henri Mugnier, em seu livro *Notre Jeunesse – Evocations Genevoises (1910-1920)*, Genebra, Perret-Gentil, 1943, pp. 142-144, assim descreve Sérgio nos tempos genebrinos:

"Quem, em Genebra, ainda se lembra de Sérgio Milliet? Este jovem brasileiro, bonito e elegante, vindo de seu país de sol para realizar aqui seus estudos universitários, este poeta delicado e sensível, aristocrata até a ponta dos dedos, que levou consigo tantos corações femininos e não sofreu por nenhum. Fomos amigos, daqueles que permanecem mesmo a quilômetros de distância.

"Em Genebra, ele escreveu seu primeiro livro: *Le Départ Sous La Pluie*, que tive o prazer de prefaciar. Depois, mais tarde, em colaboração com Charles Reber, que fez carreira no jornalismo internacional, um livro de *pastiches* literários: 'A la manière de ...', em que imitava seus amigos e os que não o eram. Um livro que teve muito sucesso em Genebra, tanto quanto o de Reboux e Müller em Paris.

"Sérgio Milliet, um homem de elite, um coração generoso e terno, uma alma sedenta de fantasia, de nervos extenuados, à flor da pele, de gestos de jovem deus, uma viva inteligência, um dom raro de assimilação e de compreensão. Algo parecido com um gato, quer dizer, com suas garras e suas violências repentinas, quando era coagido a pensar de outro modo ou a fazer algo contra o seu agrado [...]. Passamos juntos horas ensolaradas e febris acreditando em nossa missão de poetas, estudando os mais velhos, venerando-os, admirando-os através de suas obras."

Sérgio Milliet, 1922. Arquivo "Mário de Andrade", do Instituto de Estudos Brasileiros, da Universidade de S. Paulo.

começo do século, especialmente presentes na Suíça francesa e na França, de modo geral.

Torna-se significativo, pois, observar a vida suíça no período em que se processa a formação de Sérgio Milliet.

A Suíça tem marcadamente acentuada, nestes anos de pré-guerra, guerra e imediato pós-guerra, a sua característica de núcleo de encontro e confronto de intelectuais, políticos e personalidades do meio científico e cultural. Genebra, especialmente, onde se encontra Sérgio Milliet, pode ser descrita como "um cadinho", onde a todo instante se formam novos amálgamas: laboratório político, econômico e intelectual.

A Suíça (Genebra, especificamente) tem feição cosmopolita. Ali, confrontam-se valores e tradições diferentes, jamais havendo um fechamento sectário[3]. Assim, por exemplo, além de ser o centro de eclosão de uma "consciência européia", de uma política pacifista que tem na presença de Romain Rolland uma liderança ardente, acolhe revolucionários russos, como Lenin e Stalin, às vésperas da Revolução; permite o desenvolvimento do socialismo em duas vertentes, a religiosa e a laica.

Muitos estrangeiros exilam-se na Suíça, nas duas primeiras décadas do século XX: além dos políticos russos citados e de Romain Rolland, o físico Albert Einstein, o pintor Kokoschka, o escritor Hermann Hesse, trazendo ao ambiente uma grande ebulição científica e cultural.

Por outro lado, a própria organização política do país, uma confederação de cidades, com língua, religião e tradições culturais diferentes sob uma mesma nacionalidade, favorece um contato intercultural e uma consciência da relatividade dos valores, decorrendo disso a possibilidade do conhecimento de posições filosóficas, literárias e culturais advindas das culturas matrizes, devendo-se considerar sobretudo a informação filosófica alemã e francesa, que convivem em contínua interação.

Muitos genebrinos (língua francesa) completam seus estudos em Berna (língua alemã), havendo pois viva possibilidade de confronto de informações e de reciclagem de valores[4].

Genebra tem ainda como aspecto característico o de ser um centro de tradição religiosa, onde a questão ética torna-se presen-

---

3. Em meados do século XIX, a legislação suíça institui a neutralidade política, tornando-se o país centro de exílio de muitos estrangeiros, nucleando personalidades do mundo político e cultural sem qualquer tipo de discriminação.

4. Na Suíça, o alemão é falado por 74,5% da população, o francês por 20,1%, o italiano por 4% e o romanche por 1%.

te na história do pensamento intelectual. A tradição religiosa data da reforma calvinista (século XVI), enraizando-se no estilo de vida do lugar.

Desde o tempo da reforma[5] até o começo do século XX, os clérigos desempenharam importante papel nos campos pedagógico, literário e político-social, contribuindo para esta impregnação moralista dos vários aspectos da vida do lugar: social, político, econômico e intelectual. Assim, a religião será, no cantão genebrino, um componente presente no pensamento dos principais filósofos, cientistas, pedagogos e literatos que emergem, encaminhando-se para uma postura humanitária e liberal. Exemplos significativos serão, no século XVIII, as contribuições mais extremadas de Rousseau e Mme de Staël, destacadas muitas vezes por Sérgio Milliet em conversas sobre literatura e sobre a questão de uma postura liberal do intelectual. O primeiro dos autores conduziu a religião ao entendimento humano, aspirando a uma "regeneração da humanidade", desenvolvendo um protestantismo liberal. Mme de Staël, nutrindo seu pensamento em fontes pietistas e iluministas, abriu também a reflexão para o âmbito liberal.

A moral reformista comporta a obrigação de atacar o problema do pauperismo social, não pela beneficência, mas pela disciplina do trabalho, pela organização social e pela educação, trazendo o germe de um cristianismo social ou de um socialismo cristão. E sabe-se que estas idéias interessarão a Sérgio Milliet. É nesta linha que se coloca, por exemplo, Charles Secrétan[6], perso-

---

5. Pode-se dizer que é a partir da Reforma que se torna possível falar numa vida intelectual genebrina. No século XVI (1536), Genebra e Neuchâtel adotam livremente a fé reformada. Deve-se observar que, no seu começo, a reforma representará num movimento humanista, sem ascetismo radical: Lutero é poeta e músico, cantando a fé e a liberdade. Zwingli é igualmente humanista, ao lado de ser um patriota ardente. Mas, de movimento, a reforma transforma-se, depois, em base para organizar, codificar, legislar e defender a sociedade, tornando-se "instituição". Calvino será doutrinário, fazendo de Genebra a capital de "uma idéia", a cidadela de uma fé, um centro espiritual e intelectual que terá repercussão sobre vários núcleos europeus durante muitos séculos: lá se formam os pastores protestantes de língua francesa (outro centro de onde emergem é Lausanne). Sobretudo a partir do século XVIII, Genebra será uma cidade aberta à filosofia, à ciência, embora mantendo na história do pensamento uma impregnação religiosa convicta.

6. Charles Secrétan (1815-1895) segue a tradição protestante na história do pensamento franco-suíço, na linha aberta por Alexandre Vinet (1797-1847). De formação latina, estuda em Stuttgart e Munique, recebendo a influência de Schelling e do naturalista Schimper. Do ponto de vista social, propõe reformas

nalidade referida em colóquios e crônicas de Milliet, que o destaca por sua posição pioneira no cristianismo social, observando que "a questão social é uma questão moral", e pode ser resolvida pelo cultivo da "filosofia da consciência e da liberdade"[7].

O clamor pela necessidade de uma ética social também terá seus representantes numa vertente mais desvinculada da tradição religiosa, que se desenvolve no começo do século e que repercutirá por sua ação intelectual na vida da cidade de um modo geral, sendo certamente conhecida de Milliet, através das próprias ligações pessoais que estabelece. Nesta corrente, figuram Auguste Forel, Ernest Bovet e Pierre Cerésole, os quais desempenham importante papel na formação de uma "consciência européia" e difusão de idéias socialistas.

Mas, pode-se dizer que, embora não havendo uma seqüência linear na história do pensamento advinda do século XIX, com Vinet, Naville, Secrétan, numa posição marcadamente religiosa, o clima geral na vida intelectual genebrina permanece cristão. Os problemas sociais, morais, pedagógicos e humanitários estão no primeiro plano das preocupações dos intelectuais.

Deve-se acentuar que o problema da ética social se estende à questão de "uma tomada de consciência da Europa", do "homem europeu" e de uma cultura européia que, politicamente, vai até a opção pelo socialismo. Forel (1848-1931), Bovet (1870-1941) e Cerésole (1879-1945) são os principais arautos franco-suíços, em comunhão com as idéias de Romain Rolland, radicado em Genebra no período da guerra e imediato pós-guerra e autor do romance *Jean Christophe*, que talvez tenha sido o de maior repercussão nos primeiros quinze anos do século na Europa.

Sob essa bandeira, desenvolve-se a crença na fusão fecunda da cultura germânica e latina e a afirmação de que a idéia de raça deve ser ultrapassada; apregoa-se a neutralidade suíça como uma primeira força desta "consciência européia" (Bovet), e surge a

---

em nome de uma solidariedade (e não de igualdade). Deve-se notar que a linha de pensamento protestante não aborda a questão social de maneira radical, objetivando a quebra das instituições vigentes, caracterizando-se, assim, por uma posição reformista e não revolucionária.

Secrétan foi professor de filosofia na Académie de Lausanne e de Neuchâtel e um dos fundadores da *Revue Suisse* que, mais tarde, se funde com a revista *Bibliothèque Universalle de Genève*, dando nascimento à revista *La Semaine Littéraire*, no século XX.

7. Alfred Berchtold, *La Suisse Romande au Cap du XXe Siècle – Portrait Littéraire et Moral*, Lausanne, Payot, 1966, pp. 61 ss.

posição favorável à criação da Sociedade das Nações, como meio para evitar a guerra e alimentar a defesa de uma "posição européia" (Cerésole)[8]. Quando se chega ao socialismo, como em Forel, é importante observar a especificidade genebrina da afirmação de que "este deve ser moral para que realmente o seja", pois esta feição será também absorvida por Sérgio Milliet.

Na defesa do pacifismo, há ainda a posição mais moderada do jornal *L'Essor*, criado por Paul Sublet em 1915 e dirigido por Paul Pettavel, com uma orientação cristã na sua origem, assumindo posição moral, social e religiosa, porém sem ligação com partidos ou diretamente com a Igreja. Com a morte de seu fundador e com o recrudescimento da guerra, torna-se um órgão social e educativo, abandonando a tônica religiosa e defendendo, principalmente, "a não-violência" e a visão de "uma unidade humana".

Por outro lado, no ambiente suíço do começo do século, deve ser destacada a "geração de 1904", que, depois da Exposition Nationalle de Genève, representa uma tomada de consciência nacional, pregando o "helvetismo".

Surgem como baluartes desta posição, nas artes, o pintor Ferdinand Hodler[9] e o poeta C. F. Ramuz[10].

Esta tendência manifesta-se nas revistas *La Voile Latine* e nos *Cahiers Vaudois*, que, por esta orientação, diferenciam-se da posição expressa pela revista *Le Carmel*, de postura pacifista e internacionalista, com a liderança de Romain Rolland e sob cuja tutela se dá a iniciação literária de Sérgio Milliet.

Simultaneamente a *Le Carmel*, surge a revista *L'Eventail*.

L'Eventail é um periódico literário e artístico, criado por

---

8. Cerésole é visto por Romain Rolland como "a mais alta consciência suíça clamando pela dignidade da consciência humana e pela liberdade".

9. Hodler (1853-1918), localizado na história da pintura como integrante da corrente simbolista, é considerado na Suíça "o pai da pintura moderna". Paisagista e pintor da figura humana, aproxima-se do expressionismo e, em particular, do norueguês Münch. Sua relação com a tradição francesa se faz principalmente através de Gauguin. Hodler é exemplo de um temperamento alimentado, a um tempo, nas fontes de tradição alemã e francesa. É reconhecido em Munique e Paris e, em 1917, é consagrado em mostra suíça, sendo considerado "o iniciador de uma escola nacional".

10. Poeta simbolista, tem presente na sua obra o traço cultural suíço da "moral". É considerado o "poeta da natureza e da condição humana" e o maior poeta nacional suíço. Caracteriza sua obra a procura de um estilo cuidado e simples, que busca "a melhor expressão para cada tema". Indiferente à retórica, renuncia ao pitoresco.

François Laya, com o apoio do livreiro Küding e o incentivo do poeta simbolista Edouard Dujardin. Ao lado de *Le Carmel*, é

> a revista de uma nova geração que se exprime em toda liberdade, ao lado dos mais velhos. Os escritores são quase todos franceses: o secretário de redação, Georges Hoffmann, em Paris, recrutra, com a ajuda de Francis Carco e de Jacques Rivière, os homens que têm algo a dizer, e isto em plena guerra. O que os franceses não podiam fazer, Laya fez com lealdade e coragem[11].

Escrevem para esta revista, entre outros, Guillaume Apollinaire, Paul Fort, Jules Romains, Pierre Jeanneret, André Gide, Henri Spiess, André Spire, André Breton. *L'Eventail* tem igualmente a colaboração de artistas plásticos e publica uma série de reproduções de telas e esculturas dos mestres franceses[12].

O primeiro número de *Le Carmel* aparece em abril de 1916. Seus fundadores são Charles Baudouin[13] e Henri Mugnier. Eis como Baudouin narra a fundação da revista:

> Durante aquela noite memorável [...] nós fundamos a revista. Uma revista que afirmava em plena guerra – por que não? – a perenidade da vida do espírito, acima das fronteiras. Iossa[14] a apanhou com seu jeito russo: quando se tem uma boa idéia, é preciso pô-la em ação. Iossa tinha terras na Rússia. Ele nos disse para tocarmos adiante [...]. *Le Carmel* foi fundada[15].

11. Depoimento de Henri Mugnier, em *Notre Jeunesse – Evocations Genevoises*, pp. 172 ss.

12. No índice de matérias do primeiro ano de *L'Eventail*, lê-se os nomes de Henri Spiess, Guillaume Apollinaire, Edouard Dujardin, Paul Fort, Rachilde, Henri de Régnier, Jules Romains, J. H. Rosny, Saint-Georges de Bouhélier, Francis Viélé-Griffin, Pierre Jeanneret, André Spire, William Wogt, Paul Reboux, Henri Dérieux, St. Mallarmé, Marcel Martinet, Paul Budry, Francis de Miomandre, Paul Géraldy, François Fosca, Alexandre Cingria, Edmond Jaloux, André Gide, Mathias Morhardt, Mario Meunier, André Breton, Ed. Fleg, P. J. Toulet, Francis Carco, Pierre-Louis Matthey. Entre os pintores: Appenzeller, Maurice Barraud, Alex Blanchet, E. Besser, Paul Barth, Gustave Buchet, Gustave François, Otto Vautier Fº, E. Martin, J. Prina, William Müller, Hans Berger. *Idem, ibidem*.

13. Charles Baudouin é francês, como Mugnier. Luta na guerra de 1914 e, ferido, é enviado a Genebra para se restabelecer, recebendo uma pensão do governo. Literato, professor e psicanalista, integra, a partir de 1915, a nova geração de artistas e poetas genebrinos.

14. Russo, residente em Genebra, Iossa é um conhecido de Charles Baudouin. Segundo informa Mugnier, a revista *Le Carmel* é, na verdade, sustentada pela pensão que Baudouin recebe. São os dois fundadores do periódico que realizam todo o trabalho executivo, desde a impressão, a correção de provas, até o envio postal. Eles obtêm, depois, o apoio do historiador e artista Alexandre Mairet, tornando-se o seu ateliê na rua Massot quase que um escritório da revista.

15. *Apud* Henri Mugnier, *op. cit.*, pp. 174-175.

Tomamos o nome do grande livro da intuição. E, agora, no seio das imagens bíblicas, vejo nós dois, Mugnier e eu [...] e não posso deixar de sonhar com os Peregrinos de Emaús[16].

Enquanto, neste período de guerra, *L'Eventail* é literária e artística unicamente, *Le Carmel* agita as idéias, é não somente filosófica, mas também social, e toma partido contra a guerra, pelo homem, como informa Henri Mugnier. Diferentemente de *L'Eventail*, "nós defendíamos não somente as letras, mas também as idéias. Era perigoso; nossa revista chegou a ser interditada na França. O consulado francês estava inquieto".

As acusações eram de antipatriotismo, e as mesmas que feriram Romain Rolland, na França, quando se retirou para a Suíça, recusando-se a participar da guerra. Diz Mugnier: "à época de *Le Carmel*, nada podíamos reprovar em suas idéias. Podíamos segui-lo ou não 'au-dessus de la mêlée', não se concebia o direito de suspeitas à sua integridade".

Le Carmel agrupa, no seu primeiro número, segundo Henri Mugnier: Carl Spitteler, Alexandre Mairet, Ernest Raynaud, Paul Brulat, M. C. Poinsot, James Vibert, E. W. Foerster, Stefan Zweig, Henri Spiess, C. E. Magnat, Émile Verhaeren, Romain Rolland, G. Bohnenblust, Adolphe Ferrière, African Spir, Otto Umfrid, Dr. Frie, Isabelle Kaiser, Charles Eternod, René Helbingue, Henri Tanner, V. E. Michelet, Pierre Girard, Georges Périn, Mme. Aurel, entre outros, além dos fundadores: Charles Baudouin e Henri Mugnier.

Mugnier não cita a presença de Sérgio Milliet no primeiro número da revista, mas, no Cap. X do seu livro, relaciona-o aos jovens poetas genebrinos ativos no período. É o próprio Milliet quem dá indicação de sua participação no grupo de *Le Carmel*, em *Términus Seco*, de 1932.

Le Carmel desaparece por falta de dinheiro em 1918, dois anos depois de lutas fervorosas, tendo realizado, segundo Mugnier, um trabalho semelhante ao proposto, mais tarde, pela Sociedade das Nações, através da *Revista de Genebra* que, com grandes recursos financeiros e com muitos colaboradores, fará exatamente o que os jovens intelectuais de *Le Carmel* haviam tentado. A diferença maior, diz o companheiro de Sérgio Milliet, é

---

16. O nome da revista inspira-se no Livro dos Reis, do Antigo Testamento (Caps. 17, 18 e 19). O Monte Carmelo é o lugar onde o profeta Elias revela aos homens o verdadeiro Deus. Vê-se, pois, que a nova geração literária genebrina traz a marca da tradição cultural e religiosa que considera a ética como dado fundamental perante a vida.

que a *Revista de Genebra* recebeu honras e prebendas, enquanto eles só receberam golpes e faturas. "Tudo é questão de oportunidade e, como poetas jovens que éramos, cumprimos uma tarefa com entusiasmo."

ASPECTOS DA HISTÓRIA DO PENSAMENTO

Quanto ao interesse de Sérgio Milliet pela sociologia, observando que o seu conhecimento advém dos estudos realizados na Escola de Comércio de Genebra e na Universidade de Berna, torna-se importante acompanhar os movimentos da história do pensamento naquele momento de sua formação.

Dado o quadro geral da vida suíça, tudo leva a crer que tanto a vertente francesa como a alemã chegam ao conhecimento de Sérgio Milliet. Sabe-se que a geração anterior à guerra de 1914, afastando-se do empirismo e da crença num objetivismo extremo, dá ampla atenção à questão da subjetividade. Esta virada de posição data do fim do século XIX, quando ocorre na vida intelectual uma reação contra a tradição acadêmica positivista, cujas raízes podem ser localizadas em Comte (1798-1857). Começa a haver uma rejeição da preocupação excessiva com as minúcias do fato observado em detrimento da consideração do papel da intuição na elaboração do pensamento e da interferência da ótica pessoal. Desconfia-se de uma crítica objetivante, de uma tentativa de compreensão científica do mundo.

Pode-se dizer que a discussão da *verdade* e da *objetividade*, propondo-se o estudo crítico do saber e do desenvolvimento do pensamento, é questão que se estende a todo o pensamento europeu contemporâneo, com uma acentuação especial na França e na Alemanha.

Uma linha tradicional da sociologia é posta em revisão. Igualmente, e em interação com a sociologia, a psicologia e a filosofia trazem importantes contribuições, que advêm dos principais centros europeus (França, Alemanha, Inglaterra), atingindo a Suíça da fala francesa. A maior parte dos intelectuais franco-suíços atuantes nos primeiros decênios do século lê Bergson, Durkheim, Weber, Lévy Bruhl, William James, Bertrand Russell, por exemplo. E são representativos os trabalhos de dois autores suíços ligados à *Révue de Théologie et de Philosophie*, surgidos antes da guerra: *Vérité Scientifique et Vérité Religieuse*, de Arnold Reymond (1874-1958), de 1913, e os estudos contemporâneos de Henri L. Miéville[17] (1877-1963) sobre as constituintes formais da verdade e sua significação ontológica: "toda verdade é uma verdade de ensaio, destinada a ser posta à prova e confrontada com outras verdades. A verdade está sempre em movimento e em relação com algo, sendo necessário, por isso, ajustamentos constantes de um pensamento que se pretende ativo".

Partindo da França, pode-se localizar um momento que indica marcadamente essa mudança de orientação. O ano de 1889 trazia na França, coincidentemente, a publicação de *L'Avenir de la Science*, de Ernest Renan (1823-1892), e do *Essai sur les Données Immédiates de la Conscience*, de Bergson (1859-1941). O primeiro dos livros é um discurso apoiado no método positivista e na crença do poder absoluto da ciência para o conhecimento do mundo. Escrito por Renan, em 1848, é um trabalho representativo da posição ideológica positivista da chamada geração de 1850[18]. O *Essai sur les Données Immédiates de la Conscience*, de Bergson, escrito em 1887, provoca, como é sabido, uma intensa repercussão em todo o pensamento europeu, colocando a questão de ser a percepção humana um ato ativo e não passivo, formulação que será depois confirmada pela psicologia (estudos de Freud) e observada nos estudos sociológicos.

A coincidência da publicação daquelas obras provoca, na França, um áspero diálogo entre as duas gerações, trazendo à discussão o problema do valor da ciência para o conhecimento da realidade, a qual adentrará o século XX, percorrendo os dois primeiros decênios com vigorosa motivação.

Pode-se recordar estudos como os do matemático Jules Henri Poincaré (1854-1912), localizados no primeiro decênio do século: *Les Sciences et l'Hipothèse* (1902), considerando a hipótese como uma criação imaginativa e, assim, compreendendo-a como base do trabalho científico: a hipótese é o elemento que permite relacionar os fatos e interpretá-los, mas não constitui uma derivação dos fatos em si. E, num prolongamento destas preocupações, *La Valeur de la Science* (1905) e *Science et Méthode* (1910).

Tocando também a questão da objetividade no conhecimento, reporte-se aos estudos de Brunschwicg (1869-1944) sobre uma

---

17. Contam nos pontos extremos de sua produção: *La Philosophie de Renouvier* (1902) e *Condition de l'Homme – Essai de Synthèse Philosophique et Religieuse* (1959).

18. Embora o método histórico de Renan seja inspirado no positivismo e o livro citado seja representativo dessa geração, é preciso observar que, no fim de sua vida, volta-se para uma filosofia idealista, ingressando na tendência neokantiana.

filosofia da consciência: *Le Progrès de la Conscience dans la Philosophie Occidentale* (publicado em 1927).

Na Alemanha, em torno de Husserl (1859-1938), desponta a fenomenologia, vindo à tona os problemas da interação entre sujeito e objeto e da possibilidade do conhecimento do real. É de 1911 seu célebre artigo "A Filosofia como Ciência de Rigor".

Mais diretamente no campo sociológico, depois dos estudos de Marx (1818-1883), mostrando a relação dialética sujeito-objeto e discutindo questões da ideologia alemã, é preciso destacar a metodologia compreensiva de Max Weber (1864-1920) e, em especial, o *Essai sur la Théorie de la Science*, que escreve pouco antes de sua morte, tratando do problema da objetividade nas ciências. É necessário lembrar que a influência sempre muito grande de seu método na Alemanha é reiterada pela publicação póstuma de seus numerosos estudos esparsos: *Estudos Reunidos Sobre Sociologia das Religiões* (1920-1921), *Economia e Sociedade* (1922), *Sobre Sociologia e Política Social* (1924). Sabe-se, além do mais, que a teoria do conhecimento firma-se com as contribuições de Scheler e Mannheim, também por esta época[19].

Na Inglaterra, a partir de 1914, pode-se referir as preocupações de Bertrand Russell (1872-1970) com o teor do conhecimento, discutindo questões de rigor no conhecimento filosófico[20], depois da contribuição dada ao estudo da lógica.

OBJETIVIDADE NO CONHECIMENTO

O problema do questionamento da objetividade do conhecimento rebaterá contemporaneamente sobre a vida literária. E neste campo poderão ser localizados, mais diretamente, profundos pontos de ligação com o jovem brasileiro em formação.

No campo da crítica, a influência francesa parece ser mais determinante em Milliet. Tem-se a chamada "crítica de impressão" que se afirma entre 1885 e 1895, pondo em cheque o culto da ciência, da razão, a poesia formal e plástica, o realismo. Esta crítica adentrará o século XX, tendo no ensaio a expressão

---

19. É de 1921, "Die Positivistische Geschichtsphilosophie des Wissens Und Die Aufgaben Einer Soziologie der Erkentnis", publicado em *Kölner Vierteljahrshefte für Sozialwissenschaften*, ano I, nº 1, pp. 22 ss., e em 1923, surge *Wessen Und Formen Der Sympathie*, ambos de Max Scheler. É de 1921, igualmente, o primeiro artigo de Mannheim, tratando do problema da ideologia e da utopia, na mesma publicação citada.

20. *Our Knowledge of the External World* (1914), *The Analysis of Mind* (1919) e *Sceptical Essays* (1928), entre outros trabalhos.

mais importante a ser destacada. Significativa aproximadamente até o primeiro quarto do século, entendida num sentido vivo que leva em conta, além da própria matéria artística, os costumes, a vida, o homem num sentido mais amplo, esta crítica tem sua raiz no século XVI, com Montaigne (*Essais*), e será praticada por Sérgio Milliet, posteriormente.

Acompanhando as reflexões de Milliet ao longo de seu *Diário Crítico*, por exemplo, localizam-se citações e aproximações sucessivas de dois marcos desta expressão crítica: Rémy de Gourmont (1858-1915) e André Gide (1869-1951), ambos provenientes de uma formação simbolista. Considerando o primeiro quarto do século, pode-se dizer que a crítica desses autores revela, com inteligência, inquietudes e episódios de um "diário íntimo". Não se trata de uma crítica objetiva que determina valores em si e revela importâncias, mas de uma crítica que mede importâncias por critérios como influências, necessidade interior, boa realização, função social, lugar na evolução de um gênero. Não diz o que agrada ou desagrada ao crítico, não pretende uma procura do "bom gosto", mas tem por valor a qualidade e a eficácia da obra de arte enquanto marco de uma sensibilidade, de uma inteligência, uma ação de sentido para o homem.

O ensaio está presente, nessa mesma época, com grande ressonância, em Maurice Barrès (1862-1923) e, em parte, também em Jules Lemaitre (1853-1914), igualmente admirados, enquanto estilo, por Sérgio Milliet.

Deve ser destacada, ainda, a crítica de Charles Péguy (1873-1914), presente nas citações de Milliet. Os *Cahiers de la Quinzaine*, onde escrevem, além de Péguy, Halévy, Sorel e Benda[21], colocam importantes questões, reconhecendo a crítica como um ato de fé, a presença do sentimento no ato crítico, discutindo a necessidade de o intelectual tomar posição frente à sociedade.

Os *Cahiers de la Quinzaine*[22] e o *péguysme* representam a mais viva oposição à "crítica literária pura", proveniente da École Normale, desenvolvida por Brunetière e depois por Lanson, orientada para o inventário histórico do passado e para a observação e descrição do detalhe do texto literário do presente.

Na França, a crítica literária, além das revistas, desenvolve-se nos jornais, dando então o contorno da atualidade literária e tra-

---

21. Se, neste momento, Benda está ligado ao *péguysme*, mais tarde recolocará em discussão a questão "engajamento/não-engajamento" do intelectual, tornando-se, com *La Trahison des Clercs* (1927), um arauto da defesa da imparcialidade para garantir a lucidez intelectual, gerando grande polêmica.

22. Os *Cahiers* surgem em 1900.

zendo à tona o comentário dos livros novos, prática que será desenvolvida por Sérgio Milliet no Brasil.

A crítica veiculada pelos *remarques* ou *propos* constitui outra feição do ensaio que muito interessa a Sérgio Milliet. Neste caso, tem-se o ensaio breve, que surge em torno não só da questão literária como da vida, de modo geral. Os nomes representativos desta expressão são outras duas personalidades presentes em seu texto: Suarès e Alain[23].

No plano da produção literária – romance e poesia – cabe fazer algumas observações que trazem subsídios à compreensão do clima vivido por Milliet em seu período de formação.

O romance, depois de 1885, adquire sua expressão sob forma do "romance psicológico", "autobiográfico" (*biographie transposée*), de análise dos estados de espírito, das crises de consciência, das deliberações interiores ligadas a acontecimentos dramáticos, do romance-tese e do romance-mito.

Alguns nomes, em particular, talvez sejam os que mais repercussão tenham no jovem em formação, nas duas primeiras décadas do século.

Tomando a influência francesa, nos últimos anos do século XIX, dois nomes emergem com grande popularidade, em oposição ao naturalismo: Paul Bourget (1852-1935) e Pierre Loti (1850-1893).

Loti, embora considerado pelos historiadores da literatura como "um romântico tardio", indo ao encontro de algumas tendências do simbolismo, capta com sua obra o gosto do público francês "pela simplicidade e primitivismo de seus personagens, pela visão impressionista e lírica da natureza exótica, pela ingenuidade e força dos seus sentimentos, pela melancolia do sonho interior que nela vive"[24]. Pode-se exemplificar, com esse autor, a prática do romance autobiográfico, nascido da experiência do diá-

---

23. Com relação à influência de Alain sobre Sérgio Milliet – já que este o aponta como uma de suas leituras básicas, no período de formação, e uma "leitura de cabeceira", durante a maturidade –, deve-se observar que isso não se faz em termos de uma absorção de idéias filosóficas, mas é o estilo do autor que o atrai, bem como a posição liberal que sustenta: pacifista radical, amaldiçoa as guerras que destroem o indivíduo e liberam o descontrole.

Do estilo, certamente, Milliet absorve a maneira de proceder com brevidade e clareza, o ceticismo elegante, o fundo analítico, um certo moralismo e o humanismo inerente à sua posição filosófica. Alain defende o primado do sujeito: o homem deve julgar o mundo para libertar-se dele. Com relação às idéias estéticas, Milliet tem contato com as diversas teorias de sua contemporaneidade, ultrapassando as preocupações do filósofo.

24. Millward, *L'Oeuvre de Pierre Loti et l'Esprit Fin de Siècle*, Paris, 1956.

rio íntimo, cultivado ao longo de suas viagens como marinheiro (*Pêcheur d'Islande*, 1886; *Matelot*, 1893; *Ramuntcho*, 1897).

Com Bourget, pode-se destacar a afirmação do romance de análise e do romance psicológico (*Cruelle Enigme*, 1885); *Crime d'Amour*, 1886; *André Cornelis*, 1887) e do romance-tese (*Le Disciple*, 1889; *Un Coeur de Femme*, 1890; *Cosmopolis*, 1893), que nele se caracteriza por uma posição conservadora de defesa da ordem social.

No primeiro quartel do século XX, pode-se dizer que os nomes mais importantes são os de Barrès, Anatole France e Romain Rolland. André Gide tem nesse período importante produção, embora só venha a obter repercussão na vida literária depois da Primeira Guerra, exceção feita a círculos literários específicos na França e à Suíça protestante, onde é conhecido já naquela época. Pelo significado que teve para Sérgio Milliet, será igualmente mencionado neste painel.

Anatole France (1844-1924), no primeiro quarto do século, é reconhecido como um *chef de file*, uma das personalidades mais brilhantes da literatura[25]. Este sucesso advém, de um lado, de sua própria obra; de outro, de sua tomada de posição no caso Dreyfus[26], como um dos defensores da "consciência humana", visto como um vanguardista na questão intelectual face a problemas políticos e sociais; adere, além do mais, já no século XX, à posição da esquerda, defendendo o estabelecimento de um novo sistema social.

Na sua produção, há uma parte significativa, marcada pelo dreyfusismo e pela adesão ao socialismo: *L'Orme du Mail* (1897), *Le Mannequin d'Osier* (1897, *L'Anneau d'Améthyste* (1899), *M. Bergeret à Paris* (1901), *L'Ile des Pingouins* (1908), *L'Affaire Crainquebille* (1912), *Les Dieux Ont Soif* (1912), *La Révolte des Anges* (1914).

Deve-se observar a posição nuançada de Anatole France. De um lado, adere ao dreyfusismo e a posições socialistas avançadas; de outro, é cético em relação ao papel do intelectual, acreditando no valor da arte em si mesma. Ao mesmo tempo, é símbolo da "memória da civilização" (no período da Primeira Guerra), pela revivescência que dá às tradições gregas (depois dos contatos com Victor Brochard, a partir de 1889) e francesas, apresentando um estilo eclético que revive ao mesmo tempo, segundo Thibaudet[27], os autores Chateaubriand, Flaubert e Renan.

---

25. Segundo Thibaudet, em *Histoire de la Littérature Française*, Paris, Stock, 1936, p. 409, seu sucesso é grande desde *Thais* (1890) e *Les Lys Rouge* (1894).
26. France é colaborador do jornal *Le Temps*, no período de 1886-1893.
27. *Op. cit.*, p. 410.

Por esta nuança entre posição política de defesa de um ideal socialista e a crença na arte em si mesma, enquanto ato artístico, France pode ser aproximado de Sérgio Milliet, em relação ao comportamento que este assumirá ante a realidade brasileira nos anos 30 e 40.

Maurice Barrès, já citado neste painel como crítico ensaísta, representa uma antítese de France. A nível do romance e da política, revela-se um intelectual de direita, defensor máximo do nacionalismo. Sua obra tem duas fases: romance em que procede ao culto do *eu* (trilogia: *Le Roman de l'Enérgie Nationale*, 1897-1902), onde se define como apóstolo do nacionalismo[28] francês, desprendendo-se de uma atitude puramente estética, da arte pela arte.

André Gide, que no mundo literário torna-se mais conhecido a partir de *Les Caves du Vatican* (1914) e de *Faux Monnayeurs* (1925), talvez seja o autor que mais de perto repercute na produção literária posterior de Milliet, quer no plano artístico (construção do romance), quer pela lucidez e precisão nas notações de diário. Além do mais, deve-se ter sempre em mente que Milliet foi seu tradutor (*Les Nourritures Terrestres*)[29].

Esta correlação pode ser medida, por exemplo, através da observação de que a parte central da obra de Gide está no seu *Journal* (1889-1935), assim como a de Milliet está no *Diário Crítico* (1944-1956). Nas narrativas gideanas (*L'Immoraliste*, 1902; *La Porte Etroite*, 1909), como nas de Milliet (*Roberto*[30], 1935; *Duas Cartas do Meu Destino*, 1941), tem-se uma aproximação quanto ao motivo que move a construção: a revelação de uma experiência pessoal, de tragicidade interior, exprimindo-se o conflito da satisfação sensual (egotismo) e dos valores familiares validados pela tradição.

Quanto a Romain Rolland – pessoa a que Sérgio Milliet foi diretamente ligado em Genebra –, com seu romance *Jean Christophe* inaugurou os romances-ciclos do século XX, assim chama-

---

28. Barrès é ligado à Action Française, movimento nacionalista emergido na virada do século.

29. *Os Frutos da Terra*, DIFEL, 1961.

30. Sobre a narrativa, *Roberto*, diz Mário de Andrade, em depoimento à *Revista Acadêmica*, de maio de 1935, pp. 44 ss.: "Achei o livro excelente. Mas imagino que as principais razões da excelência hão de forçosamente escapar a vocês, de outra geração, bem mais marcada pelos problemas do mundo. Vocês não tiveram tempo de viver essa disponibilidade fraudulenta, até de si mesma, que foi o estado psicológico da nossa geração imediatamente pós-parnasiana, ou antes, pós-simbolista. O Sérgio, o Roberto são protótipos que acabaram se refugiando da vida no estrito cumprimento do dever".

dos por abarcarem a soma das experiências de uma vida. O músico Christophe é um herói franco-alemão vivo, real, de antes de 1914, suscitando imensas simpatias em toda a Europa e encarnando a concepção internacionalista de cultura. Através dele, Rolland registra suas experiências individuais como intelectual, no sentido especial que se dá ao termo após o caso Dreyfus e, numa orientação política jauresiana, o de um homem culto, idealista, crente na civilização "como tesouro comum de humanidade"[31].

Uma grande afinidade parece existir entre Rolland e Milliet, essencialmente localizada na defesa moral da crença no homem, na capacidade de sentir e expressar uma realidade que se está vivendo, na disciplinada prática de reflexões que afirmam a riqueza da experiência intelectual.

É importante destacar esta "marca política" da chamada geração de 1885, assumida a partir do caso Dreyfus, que envolverá as gerações intelectuais na questão de engajar-se ou não, de tomar posição frente a questões político-sociais ou de permanecer voltado às atividades exclusivamente culturais. O resultado do processo Dreyfus (declaração de inocência do acusado) representa uma vitória moral e política para os que desenvolveram ampla campanha em defesa de Dreyfus, como Péguy, Zola, Anatole-France, Romain Rolland, para citar apenas os franceses, pois é sabido que a questão se estendeu a outros países. Na Suíça, por exemplo, há uma ampla campanha pró-Dreyfus, contemporaneamente ao desenvolvimento do processo, no *Journal de Genève*, com Marc Debrit, Philipe Monnier e Philipe Godet.

Sérgio Milliet será diretamente tocado pela questão "engajamento/não-engajamento" e o papel do intelectual no seu tempo. Ver-se-á que na sua discussão crítica, desenvolvida a partir

---

31. É preciso observar que a postura internacionalista, de um lado, está correlacionada ao fomento dos partidos de esquerda na Europa, e de outro, pode ser vista como decorrência da idéia de expansão do mundo capitalista e da tomada de consciência do proletariado como camada social comum aos diferentes países. O mercado expande-se, torna-se internacional, sendo suas repercussões correlacionadas de país para país, havendo tendência à homogeneização das técnicas de produção.

Com relação aos nomes eminentes, que imprimem movimentação à esquerda, estão ligados a posições socialistas. Marx, neste momento, tem pouca influência na Europa. Um exemplo pode ser significativo: o Partido Social-Democrata Alemão reporta a Lassale, que manteve com Marx viva polêmica. Nomes destacados, como Kautsky e Bernstein, mais tarde, vão ser a base do pensamento menchevique, na Rússia. Na França, o nome mais importante é o de Jean Jaurès, que grande influência tem sobre Rolland.

dos anos 30, move-se a reflexão entre um pólo e outro, conforme a gravidade do momento político-social. Por exemplo: durante a Segunda Guerra, Sérgio reitera a necessidade do intelectual manifestar-se e "sair de sua torre de marfim" (*Diário Crítico*), enquanto em outras ocasiões de menos tensão diz que o intelectual deve preservar sua lucidez artística (crítica à literatura regionalista do nordeste, especialmente à de Jorge Amado, no *Diário Crítico*).

Assim, ao mesmo tempo em que acreditava na ação do intelectual em prol de causas sociais – no Brasil dos anos 30, será um dos primeiros a aderir ao Partido Socialista –, defende, em certos casos, um ideal de imparcialidade, de certo ceticismo necessário à ação intelectual.

Com relação à poesia, no decorrer das duas primeiras décadas do século XX tem-se a ressonância do simbolismo e dos poetas antecessores: Verlaine, Mallarmé, Rimbaud, Baudelaire, levando a sensibilidade a uma maior liberdade, em oposição à precisão técnica e ao pedantismo. Esta é, acentuadamente, a linha mestra presente na poesia franco-suíça do período. Lembre-se que Ramuz é considerado o grande poeta franco-suíço desta época.

Deve-se ter presente que poetas ligados a essa corrente aparecem nas reflexões de Milliet. Por exemplo: além dos citados, Laforgue, Samain, Claudel, Valery e o principal representante, na Bélgica, Emile Verhaeren, que se torna seu contato direto na Suíça, através do grupo *Le Carmel*.

Por outro lado, a crítica à poesia produzida por Milliet, em Genebra, coloca-o em correlação àquelas vertentes, quando lhe destaca como atributos o "rico temperamento e a sensibilidade aguda"[32], numa linhagem direta de Baudelaire, Verlaine e Samain[33], "poesia em meio-tom, versos ligeiros e misteriosos"[34], "uma pintura dos céus, das estações, dos ventos e das chuvas, do ambiente"[35].

Relativamente à pintura, depois do simbolismo, observa-se que o princípio do século dá lugar às vanguardas, com o surgi-

---

32. Charles Reber, *Le Courrier de Genève*, 1917 (Recorte do arquivo Lourdes Milliet).

33. Charles Baudouin, *Le Carmel*, Genebra, 1917 (Recorte do arquivo Lourdes Milliet).

34. Jean Violette, *La Tribune de Genève*, 1917 (Recorte do arquivo Lourdes Milliet).

35. João Ribeiro, *O Imparcial*, Rio de Janeiro, 1918 (Recorte do arquivo Lourdes Milliet).

mento do futurismo, fauvismo, expressionismo e cubismo, e, na própria Suíça (Zurique), em 1916, com o início do dadaísmo. Pode-se dizer que se acirra o problema da subjetividade, já colocado no simbolismo, tendendo-se à abstração no campo da pintura, com Klee, Kandinsky, Van Doesburg.

É preciso lembrar que, na Suíça, ao lado da presença histórica de um Ferdinand Hodler, grandemente homenageado em 1917, por ocasião de uma mostra nacional, há no pré-guerra e durante a guerra, pela situação neutra do país, grande acolhida a importantes exposições vindas de diferentes partes da Europa, permitindo o contato com a obra de arte de uma forma viva e numa perspectiva motivadora da reciclagem de valores e opiniões ou do amálgama de diferentes posturas. Há ainda a mencionar o contato próximo de Sérgio Milliet com Charles Baudouin[36], profundo conhecedor de arte moderna, psicanalista e, mais tarde, professor na Universidade de Genebra.

A convivência de Milliet com literatos e pintores é, por fim, recordada por ele mesmo, num depoimento:

> Um dia, tive a emoção de ser convocado para a casa do poeta Henri Mugnier. E dessa reunião surgiu a minha primeira ambição literária. Passei a colaborar em jornais suíços. Em pouco estava transformado em poeta genebrino. A guerra mundial de 1914 foi outra circunstância que contribuiu para a minha perseverança na literatura [...]. É que então se reuniam em Saconnex D'Arve, na casa de Charles Baudouin [...] alguns espíritos brilhantes como Romain Rolland, Stefan Zweig, Henri Spiess, Carl Spitteler, Ivan Goll, Jean Violette. Pintores e escultores de nomeada como Hodler, Vibert e Fehr também aparecem e também alguns estudantes, meus companheiros, entre os quais Charles Reber, que o jornalismo conquistou definitivamente [...]. O cenáculo caracterizava-se por uma preocupação de humanismo, de objetivismo, que marcou profundamente meu espírito[37].

---

36. Observação feita no depoimento de Rubem Borba de Morais à autora, em abril de 1982.

37. "Sérgio Milliet", reportagem de Silveira Peixoto, *Vamos Ler*, Rio de Janeiro, 24 ago.1939, p. 49.

Retrato Azul. Retrato de Sérgio Milliet, por Tarsila. Óleo realizado em Paris, em 1923. (óleo s/ tela, 64 x 53 cm., coleção Tereza Cristina A. Guimarães). Foto original a cor, de Rômulo Fialdini.

2. Sérgio Milliet no Brasil: A Semana de Arte Moderna e o Intercâmbio com os Modernistas

Perguntou-me se era francês e, como respondesse pela negativa, disse: vous le parlez à merveille.

SÉRGIO MILLIET*

Em fins de 1920, Sérgio Milliet vem ao Brasil, chegando a tempo de travar conhecimento com os jovens intelectuais brasileiros que preparam a Semana de Arte Moderna, dela participando como poeta.

Integra o programa da Semana de Arte Moderna, no setor Literatura, juntamente com Mário de Andrade, Ronald de Carvalho, Menotti Del Picchia, Renato Almeida, Luiz Aranha, Ribeiro Couto, Deabreu, Agenor Barbosa, Rodrigues de Almeida e Plínio Salgado. Seu poema é lido por Henri Mugnier, o amigo franco-suíço que o acompanhou ao Brasil nessa ocasião.

A vasta experiência cultural e a vivência do meio artístico europeu da época fazem dele, assim como de Rubem Borba de Morais[1], um contato importante para os modernistas. Sérgio freqüentava o meio literário dos jovens poetas e dos escritores famosos então radicados em Genebra. Esta cidade era, na época da Primeira Guerra Mundial e nos momentos subseqüentes, como foi visto, um centro cultural importante, atraindo a principal pro-

* *Términus Seco*, São Paulo, Irmãos Ferraz, 1932, p. 18.
1. Rubem Borba de Morais esteve na Suíça de 1912 a 1919, portanto, praticamente na mesma época que Sérgio Milliet (1912-1920).

dução e os produtores culturais do começo deste século. E deste clima Milliet se beneficiou, na condição de participante atento[2].

Quando chega ao Brasil, Sérgio é "um autêntico europeu". Isso se revela pelos costumes e pelo domínio da língua francesa. Escreve em português com certa dificuldade. Os poemas com que participa da Semana são escritos em francês, como também sua posterior contribuição na revista *Klaxon*[3].

Para *Klaxon*, primeira revista de arte moderna surgida depois da Semana de 22, Sérgio Milliet é quem traz a maioria dos colaboradores estrangeiros, companheiros de vida literária na Europa: Charles Baudouin, Henri Mugnier e Nicolas Beaudoin, da

---

2. "Muitas exposições dos movimentos artísticos contemporâneos eram enviadas pela França, pela Alemanha, como propaganda de guerra ou porque, sendo a Suíça um território neutro, as obras estavam ali salvaguardadas. Havia um movimento musical importante. Naquela época, foi fundada a orquestra franco-suíça, que veio a tornar-se uma das mais importantes da Europa. Foi visto o teatro de Copeau. Intelectuais lá presentes faziam conferências na Universidade ou em sociedades culturais, atraindo estudantes e o público em geral." Depoimento de Rubem Borba de Morais à autora, em 18.04.1982.

3. Sobre seu domínio da língua portuguesa, Mário de Andrade comenta em carta enviada a Sérgio, em abril de 1923: "Continua no português. Há indícios no que escreves que a falta de traquejo de vez em quando te dificulta a dicção. Nada mais natural. E nem posso propriamente afirmar que isso provenha de falta de uso quotidiano do português. A cada passo, quando escrevo, sinto a dificuldade de me expressar. Tudo depende da maneira com que escreves o francês. Se é com facilidade e rapidez, é porque falta o traquejo de manejar o português. Mas se mesmo em francês sentes dificuldades de expressão literária, então essa dificuldade é mais íntima, de vontade de expressão da raiva criadora que, mesmo raiva, se contém e critica – *standart* de classicismo, creio eu. (Se hesito entre falta de prática e de necessidade interior de perfeição ou naturalidade, é porque tua frase portuguesa já é larga, bem jogada e expressiva". Paulo Duarte, *Mário de Andrade por Ele Mesmo*, São Paulo, HUCITEC/SCCI-CEC, 1977, p. 287.

Sobre seus poemas Péricles Eugênio da Silva Ramos observa: "Seus poemas aproveitam a falta de pontuação cubista, adotada pelo futurismo, e eram, como superposição, técnica analógica e aproveitamento dos princípios de simultaneidade, dos mais avançados que se escreveram na época em nosso meio, a princípio em francês, depois em português". E explica: "Sabe-se que os poemas cubistas ou portadores do *esprit nouveau*, como preferia dizer Apollinaire, preocupavam-se não com as coisas, mas com a reação do poeta diante dessas coisas; a natureza, portanto, não deveria ser imitada, o assunto não importava, a obra de arte era autônoma. O poema cubista... é um arranjo de versos independentes, altamente imaginosos, elípticos, ou de grupos de versos que criam um efeito inicial de descontinuidade, uma vez que não são unidos por uma estrutura discursiva. A unidade do poema deriva mais das analogias e da inter-relação dos vários segmentos, contíguos ou não, do que de qualquer seqüência lógica e desenvolvimento de idéias". *Do Barroco ao Modernismo*, 2. ed., Rio de Janeiro, Livros Técnicos e Científicos, 1979, pp. 258-259.

Suíça; Roger Avermaete, da Bélgica. Integrante da redação da revista, escreve para a mesma os seguintes textos: no nº 1, comentário a *Voyage*, de Bob Claessens (ed. Lumière); "On me Prend Encore" e "Misère", no nº 2; "Voyages" (crônica), no nº 3; "Visions" (poesia), no nº 5; "Rêverie" (poesia), no nº 6; "La Guerre" (poesia), no nº 7; "Noel" (poesia), nos nº 8 e 9[4].

Entre os principais pontos da estética de *Klaxon*, "além dos que a ligam à vida, à atualidade, ao presente [...] ou que a integram na humanidade, através da qual se internacionaliza, sem quebrar, no entanto, compromissos com a terra natal", destacam-se os seguintes[5]:

- "O apego à natureza, não para copiá-la ou reproduzi-la servilmente, mas para reelaborá-la, impor-lhe transfigurações; o moto lírico, produtor da obra de arte, como lente transformadora da natureza"[6].
- O culto ao progresso, que estimula a abertura de rumos e "faz caminhar para diante, sempre, sempre", sem obrigar a que se renegue o passado.
- A necessidade de submeter as artes a "leis científicas, leis baseadas nos progressos [...] da psicologia experimental, que sai renovada a toda hora dos laboratórios; não as leis que conduzem ao ideário realista ou naturalista, porém 'encaminham o artista à liberdade', embora orientada pela observação, e 'ao bota-abaixo dos preconceitos artísticos'; liberdade que respeita as concepções individuais ou a maneira de se expressar de cada artista, respondendo este por suas idéias, apesar de integrar uma alma coletiva que se caracteriza pelo ímpeto construtivo".

Klaxon é conseqüência imediata da Semana e, segundo informa Silva Brito, tende a corrigir os enganos e produzir os frutos maduros, "busca a reflexão, o esclarecimento, a construção".

---

4. O primeiro número aparece em maio de 1922 e o último, em janeiro de 1923, num total de nove números.

5. Mário da Silva Brito, *O Alegre Combate de* Klaxon, edição fac-símile da edição original, São Paulo, Martins/CECSP, 1972.

6. Reforçando este princípio estético, Mário de Andrade, em breve comentário à revista *L'Esprit Nouveau*, de fevereiro de 1922, publicado no número inicial de *Klaxon*, afirma que, em lugar da arte pela arte, o novo lirismo opõe a "arte pela vida", ou seja "aquela que *tem como base a vida*, mas não se preocupa de a reproduzir e sim de tirar dela uma euritmia de ordem intelectual que a vida não tem, porque é inconsciente. A sinceridade em arte não consiste em reproduzir, se não em criar. O seu princípio gerador é a 'consciência singular', pelo qual um homem é verdadeiramente digno de ser chamado poeta – isto é: criador. A poesia [...] procura uma verdade que nada tem de comum com a verdade objetiva" *Klaxon*, nº 1, maio 1922, p. 16. (Grifos da autora).

Os jovens de *Klaxon* querem definir suas idéias, alargá-las, propô-las em termos mais atuais e coerentes, fundamentá-las com base em melhores informações. Vão rever as suas estruturas teóricas, coordenar uma doutrina de arte moderna, debatê-la entre eles mesmos, selecionar colaboradores e adeptos, separar o joio do trigo, corrigir a confusão inicial – quando até por complacência e ainda pela necessidade de formar uma hoste combativa [...] foram aceitos como inovadores alguns nomes pouco – ou mesmo nada – representativos de uma nova mentalidade. *Klaxon* pretende refletir esse *estado de espírito crítico*, escolher os rumos que merecem ser trilhados, evitar erronias. Toda *essa tarefa é construtiva*: não bastava derrubar os conceitos arcaicos e substituí-los por pensamentos modernos ou que assim aparentassem. É preciso construir refletidamente. Saber o roteiro mais fecundo para atualizar a arte brasileira em todas as suas formas de criação ou manifestação.

Fazer opções entre as muitas perspectivas que diante deles se abrem.

Enquanto Mário de Andrade é reconhecido como a figura central do mensário[7], deve-se lembrar que Sérgio Milliet, de novo na Europa, desde o início de 1923, além de trazer a colaboração de europeus, projeta, no exterior, o trabalho dos companheiros, através de contatos com intelectuais e de sua colaboração na revista belga *Lumière*.

Sérgio Milliet mantém o consulado mental paulista em centros europeus, trocando correspondência com Romain Rolland, Charles Vildrac, Baudouin, Avermaete e outros fortes espíritos contemporâneos e colaborando continuamente no *Lumière*, por onde vai vulgarizando os novos brasileiros, lembra Oswald de Andrade[8].

7. Mário da Silva Brito, *op. cit.*
8. Oswald Andrade, "Senhor Dom Torres e Arte Moderna", *Jornal do Comércio*, São Paulo, 14.05.1922, *apud* Mário da Silva Brito, *op. cit.*.

Na revista *Lumière* nº 7, de 15 de abril de 1922, no artigo "Une Semaine d'Art Moderne a S. Paulo", Sérgio Milliet resenha o evento Semana de Arte Moderna, descrevendo a participação dos literatos, a música de Villa Lobos, comentando a obra dos artistas plásticos: John Graz, Anita Malfatti, Di Cavalcanti, Rêgo Monteiro, Ferrignac e Brecheret. É o primeiro comentário sobre arte brasileira de sua autoria. Em forma de carta (à amiga Marthe), narra: "Eis, da esquerda para a direita, antigo discípulo de Hodler (John Graz), que nos apresenta telas de um colorido vigoroso e de um simbolismo místico, simples e duro e ingênuo. O melhor exemplo disso é a *Descida da Cruz*. Nas paisagens e nas naturezas-mortas essa mesma rudeza de expressão, que é um dos princípios de Hodler. *Paisagem da Espanha* é um belo quadro.

Lumière é a revista que mantém real intercâmbio com *Klaxon*

"*Zina Aita*, do Rio de Janeiro, bizarra mais que original, apreciando a cor sobretudo e moderna sobretudo nisso uma vez que ela conservou um certo realismo no desenho e que não é de bom quilate.

"Algumas telas de interpretação rebuscadas não me fazem mudar de opinião.

"*Anita Malfatti*, vigorosa e audaciosa, e inteligente.

"*O Homem Amarelo, O Japonês, Paisagens à Beira-Mar* são puras obras-primas. Seu desenho concentrado e seu colorido sóbrio a tornam a melhor pintora da exposição.

"Citemos ainda da mesma artista alguns retratos interessantes e uma *Índia* de sua última fase que assinala a evolução definitiva de Anita Malfatti para uma pintura de interpretação sintética.

"*Di Cavalcanti*, do Rio de Janeiro, cujas últimas obras são muito pessoais e modernas, lembrando algo o método empregado por Franz Masereel em *Souvenirs de Londres*. Masereel, que porém não conhecia antes de minha chegada, errou ao expor telas antigas. É claro que eu as aprecio assim mesmo, mas há entre elas duas ou três que são pinturas antigas, claro-escuros e telas mais ou menos impressionistas, seja enquanto fatura, como pela própria interpretação do assunto.

"Pode-se ainda apreciar seu talento de ilustrador em alguns desenhos de um belo movimento.

"*Rego Monteiro*, do Rio, também apresenta numerosos quadros que podem ser divididos em dois grupos: aqueles das telas impressionistas e mesmo as telas pontilhistas, entre as quais é preciso notar o *Baile do Assírio*, que interpreta o movimento de uma roda de máscaras dançando sob serpentinas e confetes. Um turbilhão de cores cujo centro é o ponto luminoso. E aquele das telas cubistas que marca a evolução do pintor no sentido da pintura intelectual.

"*Ferrignac*, com um só quadro, *Natureza-Morta Dadaísta*. É a extrema esquerda do movimento paulista.

"A escultura, admiravelmente representada pelo gênio de *Brecheret*, de um estilo que lembra Mestrovich, nos dava a oportunidade de apreciar as estatuetas de *Haarberg*, um escultor bastante jovem e a quem não falta talento.

"*Brecheret* revela-se um grande escultor, um gênio da raça latina, digno de suceder a Rodin e Bourdelle e também um admirável poeta pela sua extraordinária imaginação. Marthe, eu gostaria de lhe poder mostrar seu *Monumento às Bandeiras* que é por assim dizer a epopéia da arte brasileira e o mais belo canto de sua poesia. É o quadro poderoso da conquista do Brasil pelo aventureiro povo paulista, à procura do ouro e dos escravos índios, a ambição desmedida e nostálgica dos descendentes dos gloriosos portugueses da grande época, a necessidade de conquista e de dominação. Imagine, para traduzir essa grande idéia, um impulso formidável de corpos torcidos, músculos, sofrimentos, desesperos e entusiasmos através da floresta virgem, das febres e as guerras e a natureza hostil. Tudo isso sem uma só frase, um só artifício, sem uma imagem já vista. Imagine tudo isso e você terá uma idéia da arte de *Brecheret*".

Este artigo foi reproduzido no 'Suplemento Cultura' de *O Estado de S. Paulo*, 14 fev. 1982, p. 5, e traduzido por Walter Zanini e Josete Balsa.

O texto não pretende uma análise aprofundada; é ligeiro, "em tom de conversa", como apraz ao crítico, anos mais tarde. Como observa Walter Zanini ao comentá-lo (*idem*, p. 6), Milliet acerta principalmente nas observações sobre Di Cavalcanti, segue a opinião de outros companheiros modernistas quanto a Bre-

e a prova disso é a observação dos colaboradores de ambas[9]. Pode-se, portanto, depreender a importância do papel exercido por Sérgio nesse relacionamento[10].

Sérgio mantém correspondência com Mário de Andrade, nesse período de 1923 a 1925. Conhecemos algumas cartas de Mário enviadas a Sérgio[11], mas não as que este escreveu ao companheiro modernista. O que conteriam? Comentários da vida intelectual e literária francesa daquele momento? Uma conversa intelectual? Esta correspondência permanece ainda inacessível, guardada entre os documentos que Mário de Andrade recomendou manter lacrados por cinqüenta anos após sua morte.

Na correspondência que o Instituto de Estudos Brasileiros mantém aberta à consulta, situa-se Sérgio como contato para Má-

cheret. No comentário sobre Anita revela-a como a pintora mais importante, destacando a seriedade e força do trabalho da artista. Não percebe entretanto (ou não quis assinalar) que a seqüência cronológica dos quadros apresentados mostra um retrocesso em relação às obras expressionistas da exposição de 1917. É justa a aproximação de Graz e Hodler, ambos suíços, este último a expressão artística mais notória daquele país nos anos em que Sérgio lá viveu.

No comentário sobre Ferrignac, não haveria glosa? (*Natureza-Morta Dadaísta* é o título da obra exposta). Esta é a primeira abordagem de artistas plásticos modernos brasileiros. Evidentemente, o crítico tateia ainda.

9. *Apud* Cecília de Lara, *Klaxon, Terra Roxa e Outras Terras*, São Paulo, IEB/USP, 1972, p. 213.

10. Conclusão da análise da autora acima citada, p. 213.

Lumière, podemos acrescentar, reflete através de seu título a postura de uma geração que, depois da guerra, quer reconstruir e projetar uma nova relação arte/vida, na esteira de um "novo entendimento entre os homens". Veja-se, por exemplo, o depoimento do poeta desta geração, Henri Mugnier, companheiro que seguiu Sérgio Milliet ao Brasil, quando de seu retorno ao país, em fins de 1920:

"Jovens que éramos então, reagimos às primeiras ruínas, postulamos nossa fé no espiritual, na imortal poesia. Perdemos horas resfolegando, porém jamais deixamos de fixar a insigne luz que brilhava em nosso horizonte. Não achávamos que esta luz fosse um braseiro que pudesse clarear o mundo, mas queríamos fixá-la. Uma chama viva e quente de fraternidade humana, de liberdade e amor. E, sem aderir a políticas, mas dando generosamente de si, pela arte e poesia". Depoimento in *Notre Jeunesse*, *op. cit.*, p. 9.

Para *Lumière*, Sérgio leva também a colaboração dos companheiros de *Klaxon*, traduzindo-lhes a poesia. Entre os estrangeiros presentes nessa revista pode-se citar os seguintes: Roger Avermaete, Charles Baudouin, Ivan Goll, Vildrac, Marcel Millet, Bob Claessens (abr./maio 1923); René Arcos, Balzazete, Jean Richard, Block, Georges Chennebière, Duhamel, Maiakowski, Tolstói, Zweig, além dos já citados Avermaete, Claessens, Marcel Millet e Vildrac (no número consagrado à Rússia, de jun./jul. 1923). Em setembro e outubro, *Lumière* tem a colaboração de Block, além de Avermaete e Milliet. Em novembro e dezembro, há a colaboração de Albert Lapage, além de Avermaete, Guilherme de Almeida e Sérgio Milliet.

11. Paulo Duarte, *Mario de Andrade por Ele Mesmo*, p. 285.

rio junto aos intelectuais com que priva no meio cultural europeu. Menciona autores, livros, problemas literários em voga no momento em questão. Comparando os recortes de periódicos guardados por Mário e por Sérgio (recortes de *Nouvelles Littéraires*), pode-se acreditar que seria Sérgio quem enviava este material a Mário de Andrade. A mesma maneira de recortar os textos impressos se observa em ambos. Ivan Goll e Charles Baudouin[12] são freqüentemente citados na correspondência de Sérgio para Mário.

Enquanto Mário vive no Brasil e coleciona números da revista *L'Esprit Nouveau*, Sérgio está inserido no próprio meio artístico francês, tem contatos com Ozenfant e Jeanneret, acompanha de perto o desenvolvimento das novas teorias.

Menciona-se que o movimento de *L'Esprit Nouveau*, no primeiro lustro da década de 20, trouxe à tona, na França, a idéia de "uma tarefa construtiva" a ser cumprida pelo intelectual, perante um mundo atingido pelo primeiro conflito mundial. Há "a necessidade de compensar os tempos amargos da guerra pela confiança no porvir".

Ozenfant e Jeanneret, no rumo do que Apollinaire já afirmava em 1917, proclamavam que

o espírito novo que se anuncia pretende antes de tudo *herdar dos clássicos um sólido bom-senso, um espírito crítico seguro*, apreciação de conjunto do universo e da alma humana e o sentido e do dever que analisa os sentimentos e limita, ou antes contém suas manifestações. Pretende ainda herdar dos românticos *uma curiosidade* que o leva a explorar todos os campos próprios para fornecer uma matéria literária que possibilite exaltar a vida sob qualquer forma em que ela se apresente. Buscar a verdade, encontrá-la, tanto no domínio étnico, como, por exemplo, no da imaginação – eis os principais caracteres deste espírito novo[13].

Estas idéias, aqui brevemente resumidas, postas em confronto com "a estética" de *Klaxon*, revelam um encontro a olho vivo e, como se verá mais adiante, terão continuidade no projeto críti-

---

12. Ivan Goll, procedente da Iugoslávia, pertence a um grupo de intelectuais que deu origem ao surrealismo naquele país. Charles Baudouin, franco-suíço, é intelectual importante como elemento agregador, reunindo literatos, poetas, pintores e jornalistas para o debate sobre arte, em sua casa de Saconnex D'Avre. Criador de *Le Carmel*, onde mais tarde Milliet colabora, torna-se professor da Universidade de Genebra. É, também, psicanalista.

13. Gilberto Mendonça Teles, *Vanguarda Européia e Modernismo Brasileiro*, Rio de Janeiro, Vozes, 1977, pp. 146 ss. (Grifos da autora.). Ver também: Elza Ajzenberg, *Vicente do Rêgo Monteiro – Um Mergulho no Passado*, São Paulo, 1984, pp. 132 ss, tese de doutoramento apresentada à FFLCH/USP.

co de Sérgio Milliet. Nessa revista, como no pensamento de Sérgio, "tudo se articula em torno da busca de caracterização da modernidade como *atitude diante da vida*, ou seja, a construção de um espírito moderno compatível com a época". Essas idéias podem ser consideradas como o momento mais próximo de sua plataforma com a de Mário de Andrade. Aliás, após a morte de Mário, em 1945, Sérgio passa a ser considerado pela intelectualidade como o seu "sucessor natural"[14].

Nos tempos de Paris (1923-1925), Sérgio Milliet continua a ter participação na vida cultural brasileira, através dos textos que envia às revistas modernistas.

Em 1923-1924, colabora na revista *Ariel*, como correspondente especial, enviando comentários (crônicas) sobre a vida artística parisiense, na coluna 'Carta de Paris'. Localizam-se artigos seus nos seguintes números desta revista, existentes no IEB: nº 1, de outubro de 1923; nº 2, de novembro de 1923; e nº 12, de setembro de 1924.

Em 1924-1925, colabora na *Revista do Brasil*, com comentários literários e crônicas, tais como: "Cartões Postais" (nº XXV), "Rainer Maria Rilke", (nº XXVI), "A Propósito das Olimpíadas" (nº XXVII), "Crônica Parisiense" (nº CXI).

Em 1925, ainda, colabora na revista *Estética*[15], nº 2, com os seguintes textos: "Boxe", "Poema Análogo", e três poemas que levam o título "De Mil Réis a Dúzia".

Em 1926, *Terra Roxa e Outras Terras*, sob a direção de Alcântara Machado e Couto de Barros, traz a público uma produção

---

14. Depoimento de Luís Martins, em "Sérgio Milliet, O Amigo", em *Boletim Bibliográfico*, São Paulo, Biblioteca Mário de Andrade, nº 39, 3/4, jul./dez. 1978, p. 45. "A morte de Mário de Andrade, em 1945, assemelhou-se muito à de Sérgio Milliet: foi repentina, fulminante. Tivemos todos, então, a sensação de que se abrira, na intelectualidade paulista, um grande vácuo, com a perda inesperada da sua figura de maior projeção. Mas ninguém teve nenhuma dúvida quanto às mãos em que deveria parar, legitimamente, a pesada herança do mestre: o seu sucessor natural era Sérgio Milliet [...]. Nenhum outro intelectual da geração de 22 reunia o complexo de qualidades que fazia de Sérgio Milliet a ponte natural, o 'oficial de ligação' entre os homens da Semana de Arte Moderna e os integrantes das gerações mais novas. A sua própria *nonchalance* boêmia, a perfeita naturalidade com que discutia, em mesas de bar, os mais graves problemas da arte, da literatura e da vida, a falta de pose com que a todos acolhia, a recusa em ser ou parecer importante, davam-lhe uma autoridade que ele jamais pleiteara, mas parecia aceitar como um fato consumado, com espontâneo e despretensioso bom humor [...]. Por esta época, o prestígio de Sérgio Milliet nos meios literários e artísticos de São Paulo atingiu o apogeu".

15. Vigora nos anos 1924 e 1925 (de setembro de 1924 a junho de 1925).

assídua de Milliet, já de volta ao Brasil. Ele é também administrador e secretário da revista.

Em todos os números de *Terra Roxa* há capítulos do romance *Naturezas Mortas*, dedicado a Oswald, a Tarsila, a Mário de Andrade. No nº 1 (20.01.1926) na coluna Poesia, surge o comentário a *Raça*, de Guilherme de Almeida (São Paulo, ed. do autor, 1925); no nº 2 (03.02.1926), na mesma coluna, o comentário a *Borrões de Verde Amarelo*, de Cassiano Ricardo (São Paulo, Novíssima, 1925); no nº 3 (21.02.1926), comentário a *Losango Cáqui*, de Mário de Andrade (São Paulo, 1926) e "Pontos nos is"; no nº 4 (03.03.1926), artigo sobre *Toda América*, de Ronald de Carvalho (Rio de Janeiro, 1926); no nº 5 (27.04.1926), artigo sobre a carta de Anchieta entregue ao Museu do Ipiranga, intitulada "30 Sacas de Café" e na coluna Poesia, "Inéditos"; no nº 6 (06.07.1926), o comentário a *Um Homem na Multidão*, de Ribeiro Couto (Rio de Janeiro, Odeon, 1926); no nº 7, último exemplar de *Terra Roxa*, de 17.09.1926, somente a parte final do romance *Naturezas Mortas*, que, depois, publicará em seu livro *Términus Seco* (1932)[16].

16. A análise de Cecília de Lara traz as seguintes observações sobre essa produção de Sérgio Milliet:
"Analisando a obra *Raça*, de Guilherme de Almeida, Sérgio Milliet sente a falta de originalidade da obra, que o poeta, porém, consegue dinamizar, embora trate de um 'tema rebatido'. Reconhece um 'classicismo de inspiração' aliado ao 'modernismo de realização', mas o que atrai o público é a 'brasilidade'. E para o crítico prevalece o valor artístico, independente de tendências. 'Quando leio não me incomodo mais com modernismo e nem com passadismo. Admiro. Gosto ou não gosto. É tudo' ".
"Ao falar de Couto de Barros, Sérgio Milliet reflete, novamente, a mesma preocupação: 'Você, Ronald e Guilherme são os mais felizes de nossos poetas. Talvez não tenham a mesma força, na expressão, nem representem bem o sentimento de inquietação e de descoberta que existe na poesia de Mário, Tácito, Aranha, Bandeira e nos poetas de Minas. Mas vocês têm na poesia o que há de mais tradicional na raça, respectivamente a melancolia, o idealismo, o brilho'. Tenta destacar algo intrinsecamente brasileiro, sem preocupação de estilo ou de época."
"*Naturezas Mortas*, de Sérgio Milliet, aparece em todos os números do jornal, encerrando-se com o sétimo. É dedicado a Tarsila, Oswald e Mário. Apresenta cenas de viagem: episódios da Europa permitem a contínua referência a fatos, coisas, idéias, que caracterizam a vida civilizada das grandes cidades: *jazz-band*, automóvel, asfalto, cinema, vida noturna, circo, luta de *box*, psicanálise, Freud, enfim, certos símbolos eleitos na época como sinais de modernidade e progresso. Há preocupação estilística, concisão de linguagem; apesar da palavra romance, na realidade trata-se de uma sucessão de cenas nas quais desfilam mulheres diferentes em locais variados. Os diálogos são entremeados com pensa-

Terra Roxa, ao lado de *Klaxon*, onde Sérgio Milliet tem igualmente uma participação em todos os exemplares, constitui fonte significativa para observar sua posição no movimento modernista. Em *Klaxon* estão presentes poemas e apenas um comentário literário; em *Terra Roxa* aparecem comentários literários e um romance.

O perfil que se depreende da sua colaboração neste periódico, é o do Sérgio Milliet literato e comentarista literário. Embora este trabalho não pretenda a análise de sua produção como "crítico de literatura", mas como "crítico de artes plásticas", torna-se importante observar esta produção literária, para acompanhar o sentido geral das idéias e do projeto crítico do intelectual que já aí se delineia. É preciso ressaltar alguns pontos da sua maneira particular de comentar o fato artístico no meio cultural brasileiro daquele tempo.

Ao tempo de *Klaxon*, observa-se a aproximação dos ideais espírito-novistas e o concomitante intercâmbio intelectual de Mário de Andrade, no Brasil, com Sérgio Milliet, na França.

Em *Terra Roxa*, encontra-se já a prática do ideário e a presença de uma das chaves mestras da atuação de Sérgio Milliet como crítico: a tentativa de "orientar pela observação, de pôr abaixo preconceitos, a postura de respeitar as concepções individuais, a maneira de se expressar de cada artista, dentro de uma visão coerente com o tempo histórico". Na época de *Terra Roxa*, Sérgio Milliet já se encontra no Brasil.

mentos, reflexões mais pessoais, e são colocados na boca do amigo filósofo [...]. "O Brasil e São Paulo surgem entre as cenas européias como lembranças que afloram de forma mais direta na narrativa do filósofo [...].

O esporte é tratado como um assunto de 'atualidade'. Na seção Esporte, há um artigo 'Os nossos esportes' assinado por Teillin, pseudônimo usado por Milliet. Um balanço da situação esportiva brasileira após as olimpíadas de Paris realizadas dois anos antes, nas quais foram obtidas vitórias, leva à conclusão de que não houve resultados apreciáveis no período posterior à viagem. Compara recordes brasileiros e europeus, analisa dados, e aponta possíveis causas: falta de método, de constância nos treinos: os abusos. Nossos atletas fumam, bebem, farreiam".

"Sérgio Milliet escreve uma notícia com agradecimentos aos doadores da carta de Anchieta sob o título '30 Sacas de Café'. Informa que a carta foi entregue ao Museu do Ipiranga e conta que a idéia da subscrição surgiu entre os colaboradores de *Terra Roxa* em casa de Yan. Justifica o interesse dos modernistas pelo passado e refere-se, pela primeira e única vez no jornal, à situação da época: 'Num momento de pessimismo geral, de crise e de decadência acentuada, o nobre gesto dos paulistas merece todos os aplausos' ". (Cecília de Lara, *Klaxon e Terra Roxa e Outras Terras*, pp. 184, 195, 189, 226 e 227).

Neste ano de 1926, o periódico centraliza a colaboração modernista provenientes do Rio, de São Paulo e de Minas[17]. Há seções de resenhas e comentários, de poesia, pintura, música, esporte, teatro, romance e ficção[18].

Sérgio Milliet, ao lado de Mário de Andrade e Alcântara Machado, assina o maior número de colaborações. Seus textos já não são assinados "Serge Milliet", como em *Klaxon*. Assina "Sérgio Milliet" ou usa o pseudônimo "Teillin".

Não há, em *Terra Roxa*, um programa estético tão explícito como em *Klaxon*. O ideário emerge do conteúdo da matéria publicada, segundo mostra Cecília de Lara. Os seguintes pontos podem ser apontados como os principais: "brasileirismo" (nacionalismo, cor local); a demonstração de que "ser modernista não é renegar o passado"; a intenção de captar o leitor comum não diretamente interessado em literatura ou arte moderna, oferecendo-se por isso, matéria variada: manifestações folclóricas, relatos de viagem, transcrições de textos do passado (crônicas do período colonial), além dos comentários e resenhas, já mencionados; estilo pitoresco, autenticidade e espontaneidade na linguagem (repúdio aos convencionalismos)[19].

Ora, alguns destes pontos são elementos primordiais no trabalho crítico de Milliet: "ser modernista não é renegar o passado", mas o passado, como fonte da "tradição", da cultura (em sentido antropológico), é relevante para compreender a contemporaneidade. Nele devem ser buscada as raízes históricas dos fatos e processos vividos, o repúdio a convencionalismos e a busca da espontaneidade e autenticidade de estilo para si próprio, como crítico ("escrever é como conversar"), e para o artista, em sua expressão plástica.

No tocante ao "brasileirismo", a posição de Sérgio é mais crítica, menos engajada que a dos companheiros.

---

17. Reúne os remanescentes de *Klaxon*, *Estética* e *A Revista*. Ver Cecília de Lara, de *Klaxon e Terra Roxa e Outras Terras*, São Paulo, IEB/USP, 1972 e introdução à edição fac-símile de *Terra Roxa e Outras Terras, Um Periódico Pau-Brasil*, São Paulo, Martins/SCCT, 1977.

18. Como informa Cecília de Lara, *Terra Roxa* pretende ser um jornal quinzenal, mas se caracteriza mais como uma revista, pelo conteúdo e periodicidade. Não há, nesse jornal, registro da matéria em primeira mão ou noticiário da vida cultural da cidade. Este emerge através das resenhas e críticas de arte. *Terra Roxa e Outras Terras*, p. VII.

19. *Idem, ibidem*.

A análise de Cecília de Lara permite-nos observar esta postura, delineando já a maneira crítica de Sérgio Milliet discutir o fato cultural. Diz a autora:

> Sérgio Milliet afirma que estava muito em voga o debate em torno do brasileirismo, e inclusive analisa como os modernistas buscam diferentes realizações pessoais dentro do mesmo conceito: recorrendo à temática da natureza, da vida urbana, em São Paulo, ou a experiências de linguagem. [E conclui]: Daí, essa diversidade de opiniões, briga e pancadaria. Entretanto, eles se completam. O brasileirismo está na mistura disso tudo [...]
>
> Visão lúcida do momento, pois na diferente compreensão e realização nacionalista repousam as diversificações e as cisões do movimento, a esta altura, em 1926, contando com o grupo *Verde-Amarelo*, em combate com a corrente *Pau-Brasil* e os demais modernistas, liderados por Mário de Andrade[20].

É preciso reconhecer que, naquele momento, o Brasil não é para Sérgio um tema de envolvimento como o é para seus companheiros. A ligação não será tão "enraizada", mesmo quando passa a pesquisar intensamente o meio, quer como sociólogo, quer como crítico (anos 1930-1940).

Sérgio não vive, como seus companheiros, as transformações da estrutura política e as mudanças econômico-sociais locais. Para quem vem da Europa, São Paulo é ainda "provinciana, pouco internacional em suas normas de vida"[21]. E Sérgio é fundamentalmente, pela formação recebida, um "homem europeu" e, nesta posição, é-lhe possível ver "com lucidez" os sintomas do processo aqui vivido. Como avaliador, ele se coloca "fora" do grupo modernista. Diz em depoimento:

> Só voltei ao Brasil em 1925. Ainda havia o salão de D. Olívia Penteado, mas o centro do movimento artístico e literário se transferira para a casa de Mário de

---

20. Cecília de Lara destaca, ainda, como Sérgio Milliet dimensiona o modernismo em *Terra Roxa*: "não como movimento específico de arte localizado no tempo e no espaço. Identifica-o com uma atitude de pioneirismo, que pode ser reconhecida nas manifestações mais diversas da atividade humana, em seu desejo de fuga dos esquemas e da mediocridade. Oportunidade que leva os modernistas a se manifestarem em relação ao passado: não imitamos, apenas. Outros imitam, que não sabem lembrar-se da lição de todas as histórias, sejam elas literárias ou políticas". *Idem, ibidem*, p. IX. Péricles Eugênio da Silva Ramos observa: "Sérgio Milliet, tendo estudado na Europa, podia dar-se ao luxo [...] nas páginas de *Terra Roxa*, de discutir o que fosse e que não fosse moderno". *Do Barroco do Modernismo, op. cit.*, p. 258.

21. Avaliação de Mário de Andrade, em 1942, em "O Movimento Modernista", *Aspectos da Literatura Brasileira*, São Paulo, Martins, 1963.

Andrade e a residência de Paulo Prado, onde Blaise Cendrars, em visita ao Brasil, pontificava. Era a segunda vez que vinha à nossa terra, já tendo estado aqui durante a Revolução de 24. E havia também o salão de Tarsila, numa casa de muitas árvores. Foi mais ou menos nessa época que *o grupo modernista*[22] partiu para a descoberta do Brasil.

Seu papel como literato e crítico pode ser comparado ao papel científico e crítico de um Roger Bastide nos anos 1930 e 1940, pela visão de uma realidade cultural com um aparato metodológico sólido, fundamenta-se na informação e na capacidade de compreender diferentes perspectivas.

Ao mesmo tempo em que se agrupa como companheiro, sua postura como intelectual é a de não imprimir direções, mas compreendê-las e discuti-las. Se, ao tempo de *Terra Roxa*, adota, como os companheiros, o "brasileirismo" como critério de avaliação, o faz de maneira conciliadora.

Cecília de Lara já observa, em seu estudo:

Em *Losango Cáqui*, as inovações lingüísticas, que tanto deram o que falar, são vistas por Sérgio Milliet como "brasileirismo selvagem de estilo". E mais curioso é o caso de poetas dificilmente aceitos como modernistas em 22, como Ribeiro Couto, e que agora se afirmam pelo seu brasileirismo. Sérgio Milliet aproxima o brasileirismo em tom menor de Ribeiro Couto à pintura de Tarsila e à música de Villa Lobos. "Seu brasileirismo é o brasileirismo dos sítios e o nosso é o brasileirismo de imigração e de estrangeiros", afirma, conciliador[23].

Enquanto Milliet envia para o Brasil, no período 1923-25, uma produção literária, e inicia, em periódicos modernistas, uma atividade crítica diferenciada, captando a colaboração estrangeira para essas revistas, no exterior difunde o movimento de 22 e exerce junto aos brasileiros que acorreram a Paris, nesta época, papel significativo na mediação de contatos com intelectuais europeus.

Em 1923, estão em Paris Tarsila e Oswald, Di Cavalcanti, Brecheret, Anita, Rego Monteiro, Gomide, entre outros brasileiros.

Di Cavalcanti, em *Viagem da Minha Vida – I. O Testamento da Alvorada*[24], conta ter sido levado por Sérgio Milliet ao encon-

---

22. Grifo da autora. Ele vê o grupo como observador. Sérgio Milliet, "Uma Exposição Retrospectiva", *Tarsila*, São Paulo, MAM, 1950.

23. Cecília de Lara, *op. cit.*, p. 157.

24. Rio de Janeiro/São Paulo/Bahia, Civilização Brasileira, 1955. Diz Di Cavalcanti, na p. 131: "Sérgio Milliet marcou-me um encontro na Place Blanche e lá fomos encontrar-nos com Blaise Cendrars num café [...]. Do espírito de Paris pouco conhecia [...]. Minha facúndia de cronista fazia-se notar e já no dia 28 [de

tro de Blaise Cendrars, o poeta amigo de Apollinaire, Léger, Picasso, Gris e Delaunay, que depois visitou o Brasil, conviveu com os modernistas e a eles dedicou o livro *Feuilles de Route*, que Sérgio comenta para a *Revista do Brasil* (nº 111), em março de 1925. É também com Sérgio que se aproxima de Jean Cocteau.

Em texto introdutório ao catálogo da retrospectiva de Tarsila do Amaral, em 1950[25], o próprio Sérgio recorda freqüentar seu ateliê, então situado numa travessa da Avenue de Clichy,

a mais bela aquisição do modernismo europeu: Satie, Cocteau, Cendrars, Léger, Lhote, Gleizes, Supervielle, Valéry-Larbaud, Strawinsky etc., além de alguns escritores e artistas nacionais como Paulo Prado, Oswald de Andrade, Villa Lobos, Souza Lima, Di Cavalcanti, Brecheret, Anita Malfatti.

Aracy Amaral, em seu estudo *Blaise Cendrars no Brasil e os Modernistas*[26], lembra a presença de Jules Romains, no ateliê da artista, na rua Hegésipe Moreau. Este literato, como os demais intelectuais antes citados, são personalidades da convivência européia de Sérgio Milliet, muito presentes nos comentários críticos posteriores de sua autoria. Cendrars, franco-suíço, como o pintor brasileiro Gomide, são seus conhecidos desde os tempos de Genebra.

De Brecheret, comenta a participação no Salão de Outono de 1924[27], e de Anita acompanhará os desdobramentos do percurso artístico, historiando-o mais tarde.

O próprio Sérgio Milliet configura, afinal, sua participação no modernismo dos anos 20:

outubro] [...] lá estava de novo no *Correio*, outra crônica intitulada 'Figuras do Mundo Moderno', onde trato de Cendrars, o mutilado genial". À p. 133, relata o pintor: "Nessa época conheci também outro arlequim: Jean Cocteau, o mágico! Lembro-me da tarde em que fui à casa dele com Sérgio Milliet e lá encontramos o nosso homem desesperado com a morte do genial Radiguet!".
25. "Uma Exposição Retrospectiva", *Tarsila, op. cit.*
26. São Paulo, Martins, 1970. p. 10.
27. "Crônica Parisiense", *Revista do Brasil*, nº 111, mar. 1925, pp. 231-233. Diz Sérgio Milliet: "Nossa contribuição para esta como para outras exposições é, como foi sempre, pequena. Felizmente podemos apresentar Brecheret e, fora do Salão, Tarsila, Anita, Yan e Di Cavalcanti. Neste Salão de 1924, a *Madeleine Aux Parfums* eleva-nos à altura das nações civilizadas. A crítica não lhe poupou elogios. Sua escultura monumental e sintética, de linhas puras e de volumes cheios [...] provoca comentários os mais disparatados. O Salão é um verdadeiro anúncio mortuário da arte antiga, cujas telas passam já despercebidas no meio da manifestação unânime de saúde e de alegria".

Eu chegava da Europa e trazia na bagagem muita novidade literária. Servi de traço de união entre o modernismo de lá e o de cá. Mais nada. Só comecei a interessar-me, realmente, pela literatura depois de 1925. *Poemas Análogos* são de 1927. Na "Semana" disseram alguns versos meus, eis tudo[28].

Sérgio Milliet é, pois, incentivador das novas idéias modernas e contato importante na difusão européia do modernismo.

Cabe, agora, observar de que forma movimentos artísticos presentes na Europa do primeiro pós-guerra, especialmente os que se irradiam de Paris, incutirão no crítico valores de conduta reflexiva que marcarão sua atividade como comentarista de artes plásticas no meio cultural brasileiro.

Quando se observa Sérgio Milliet como colaborador em *Klaxon* e *Terra Roxa* e no intercâmbio com Mário de Andrade, situa-se já a necessidade de aprofundar o conhecimento da experiência francesa do crítico brasileiro (1923-1925). Esta análise leva agora mais adiante: será preciso clarear muitos dos fundamentos de seu pensamento crítico e de sua atuação como intelectual. Este quadro, entretanto, só estará completo após o percurso de sua produção crítica voltada para a pintura e suas reflexões no *Diário Crítico*. Neste momento, sim, virão à tona todos os elementos para configurar o lastro mais amplo do projeto crítico de Sérgio Milliet e seu perfil como intelectual, porque, além das teorias do modernismo europeu, ter-se-á a sociologia evidenciada como ferramenta básica do seu trabalho reflexivo.

---

28. Depoimento a Henrique L. Alves em 1958. Publicado em *Boletim Bibliográfico* nº 39, 3/4, jul./dez. 1978, p. 29.

3. De Novo a Europa: a Experiência Francesa – Idéias Estéticas em sua Crítica

> *A necessidade de concepções mais intelectuais afirmou-se em meu espírito. Passei a desprezar os pintores e escultores que não se haviam ainda libertado do assunto. O cubismo integral tomou posição definitiva na minha vida. Conheci Gleizes, Gris, Csaky, Brancusi.*
>
> SÉRGIO MILLIET*

O pensamento francês, no primeiro lustro da década de 1920, é profundamente marcado pela Primeira Grande Guerra.

A catástrofe de 1914-1918, segundo informa Sérgio Milliet[1] é, naquele momento, analisada em suas conseqüências, preocupando-se a intelectualidade com a desordenação da vida moderna. Dentro deste quadro, o conceito de civilização, com seus correlatos, é posto em discussão. As instituições e os valores burgueses estão em crise. Com a Revolção Russa de 1917, passam-se em revisão as idéias de esquerda; por outro lado, reacende-se a questão da retomada do humanismo, rediscute-se o papel da ciência e dos intelectuais na sociedade contemporânea. Surge uma pluralidade de anseios e posturas, como decorrência de um esforço de sintetização para delimitar as causas dos acontecimentos e procurar a necessária solução.

---

* *Términus Seco*, p. 52.
1. *Idem*, p. 133.

O conflito mundial arrefece o desenvolvimento das vanguardas artísticas do começo do século. No imediato pós-guerra, novos fundamentos estéticos emergem, sendo a revista *L'Esprit Nouveau* reduto de uma das novas direções da arte. Com vinte e oito números, a revista existe ao longo de cinco anos, de 1920 a 1925.

A matriz inspiradora é o chamado testamento de Apollinaire, isto é, o texto de uma conferência pronunciada em 1917, no Teatro Vieux Colombier, revisada no ano de 1918 e, então, publicada no jornal *Mercure de France* (1º dez. 1918).

Amedée Ozenfant e Charles Edouard Jeanneret lideram a orientação teórica da revista *L'Esprit Nouveau*, mas, nos primeiros números, a presença do poeta Paul Dermée, como seu diretor, deve ser destacada, uma vez que ele segue de perto a posição de Apollinaire, apresentando diferenças contrastantes com a posição dos dois primeiros teóricos. Como Ozenfant, Dermée convive com Apollinaire, desde 1915, na atividade literária do jornal *L'Effort*, de Paris. Suíço, Jeanneret chega a Paris, em 1917, só então entrosando-se no meio artístico francês. Para ele, os anos da revista são ainda anos de maturação; só mais tarde ele se torna conhecido como o arquiteto Le Corbusier.

A revista *L'Esprit Nouveau* propaga o ideal de construção e síntese que, retomando o passado, pretende avançar a modernidade.

Mas no jornal *L'Effort* já se manifesta, há mais tempo, uma tendência a estabelecer conciliação entre modernidade e tradição[2].

Este postulado emerge, coincidentemente, com o advento da guerra. É desta data o aparecimento de "Sobre o Programa dos Neoclássicos", texto-manifesto de Henri Clouard, publicado na *Revista Crítica das Idéias e dos Livros*. A palavra de ordem é sempre conciliação: "É em conciliar que devem tender todos os esforços de hoje. Em arte a conciliação deve-se fazer entre a arte propriamente clássica e a arte dita moderna"[3].

---

2. O romantismo vai ser discutido já no manifesto "Renascença Clássica ou Renascença Revolucionária?", publicado por Jean Richard Bloch (11.05.1911). Gilberto M. Teles, *Vanguarda Européia e Modernismo Brasileiro*, pp. 146-147.

3. *Apud* Gilberto M. Teles, *op. cit.*, pp. 146-147.

Na plataforma que a revista *L'Esprit Nouveau* lança, a retomada do passado não tira da arte moderna o seu caráter de precursora: "Uma arte que merece ser chamada moderna é uma arte precursora; a arte avançada ajunta uma célula viva ao músculo da tradição"[4]. E acrescenta, ainda: "a nova feição da arte modifica-se, não por moda, como se acredita freqüentemente, mas porque as novas sociedades e seus artistas têm necessidades novas. Isto não implica que as antigas obras-primas morram, pois há em nós necessidades que são permanentes"[5]. A revista pretende "educar o público francês e mundial na compreensão de uma estética nova"[6].

Além da arte, *L'Esprit Nouveau* interessa-se por problemas econômicos e sociológicos, pretende ser uma grande revista de conexão, de integração de pessoas que pensam, e a ligação desta elite de intelectuais quer ser completa. Relaciona, assim, a análise da situação político-econômica com um projeto artístico.

Laica e civil, a revista frisa sua posição ideológica sobretudo como negação de conseqüências da sociedade burguesa. Privilegia o aspecto ético da vida política, e esta atitude permite conduzir a análise não só ao âmbito do esclarecimento, como também investir numa relação possível entre a sociedade civil e a vida econômica. Dirige-se, essencialmente, às classes médias, não abre espaço ao dadaísmo mais predatório, nem mesmo ao surrealismo[7].

A dimensão ética configura a ordem, o dever, a liberdade, como valores de atuação intelectual. O sentido da construção e da síntese que se propõe tem um encaminhamento reformista e não revolucionário, aquém do próprio cubismo (sua raiz), aquém das vanguardas mais avançadas que lhe são contemporâneas.

A maior parte dos autores de *L'Esprit Nouveau*, intelectuais de diferentes países (Rússia, Itália, Espanha, Bélgica), aborda questões como:

---

4. Texto editorial do nº 1 da revista *L'Esprit Nouveau*, 1920. *Apud* Gilberto M. Teles, *op. cit.*, p. 161.
5. Amedée Ozenfant, *Art*, Paris, Jean Buday, 1928, p. 51.
6. Maria Helena Grembecki, *Mário de Andrade e L'Esprit Nouveau*, São Paulo, IEB/USP, 1969, p. 32.
7. Esta análise se depreende do trabalho de Roberto Gabetti e Carlo Olmo, *Le Corbusier e L'Esprit Nouveau*, Turim, Einaudi, 1975.

o homem contemporâneo e a mudança de seu comportamento existencial frente à nova época que se funda; a necessidade duma nova estética que visa corresponder às modificações ocorridas no ambiente social, marcado por um profundo avanço técnico; a tendência à universalização da arte, tendo como premissa o caráter universal das fontes subconscientes da criação[8].

Transplantadas estas idéias gerais para a plataforma crítica de Sérgio Milliet, nota-se, de imediato, algumas coincidências: a necessidade da ética ao lado da liberdade como valor motriz da ação intelectual; a presença de uma "ordem" que se traduz em ser necessário reconhecer a cultura, todo um sistema civilizatório, a tradição; o passado histórico, a possibilidade de conciliação de tradição e modernidade no fazer artístico; a idéia de modernidade como o que é precursor, o que é pioneiro[9]; a atribuição ao intelectual do trabalho social de "educar para que seja possível compreender".

O paralelismo deve, porém, ser nuançado. E a nuança quem dá é a "vontade humanista", herdada dos tempos suíços, do convívio intelectual com os literatos do grupo de *Le Carmel* ou *L'Eventail*: Romain Rolland, Jules Romains, entre outros, de cujas teorias resulta para Milliet a absorção do socialismo como dimensão ética mais ampla[10].

Quando Sérgio Milliet afirma que seu tempo é de construção, que é preciso conhecer a realidade para compreendê-la e interpretá-la, quando diz haver uma relação necessária entre arte e vida, traz por baixo desta vontade não só o referencial espírito-novista, mas também o das concepções éticas e humanistas absorvidas no período de Genebra. Por outro lado, é preciso frisar, novamente, a importância da ampla informação sociológica (em particular, da sociologia do conhecimento) em seu pensamento crítico. A necessidade de compreender o homem e redimensionar

---

8. Maria Helena Grembecki, *op. cit.*, p. 18.
9. Lembre-se, aqui, a maneira como Milliet lê o trabalho dos companheiros modernistas em *Terra Roxa* (tema tratado no Cap. 2 da Parte I deste trabalho).
10. Este problema foi igualmente tratado no Cap. 2 da Parte I deste trabalho. Sobre o ideário unanimista de Jules Romains e sua repercussão sobre o modernismo brasileiro, especialmente sobre Mário de Andrade, veja-se Telê Porto Ancona Lopes, *Mário de Andrade: Ramais e Caminho*, São Paulo, Duas Cidades, 1972.

Mário de Andrade é um exemplo similar a Sérgio Milliet neste "paralelismo nuançado" que aproxima valores espírito-novistas a uma vontade humanista a qual deságua numa posição socialista. Para Mário, como mostra Telê Ancona Lopes, o exemplo de Jules Romains é importante. *Op. cit.*, pp. 22 ss.

sua posição no mundo contemporâneo leva-o a procurar a gênese histórica e encaminhar leituras sobre a relatividade dos processos sociais, culturais ou artísticos, porém sem desprezar, numa instância última, a importância da ética. Como se verá adiante, Sérgio Milliet tem em Mannheim um correspondente intelectual significativo.

Na sua crítica, Sérgio explica posições, mede conseqüências, não admite dogmatismos. Com este amálgama de referências diferentes, Milliet não atinge posições extremadas. Mas no quadro cultural brasileiro, esta característica dá à sua ação uma cor progressista, avançada.

A somatória dos valores assimilados confere singularidade à influência que recebe do "Espírito Novo". Só levando isso em conta é que se torna possível rastrear, sem adulteração, a presença de conceitos estéticos dessa corrente no pensamento crítico de Milliet.

A relação com o segundo cubismo[11] é indicada por Milliet em *Términus Seco*: "o Cubismo integral tomou posição definitiva na minha vida"[12].

Nos anos 20, as raízes apollinairianas são as mais evidentes em Sérgio Milliet. É a fase da poesia analógica: poemas sintéticos de valor plástico. Seus *Poemas Análogos* são publicados em 1927. É a época de sua produção poética em *Klaxon* e outras revistas modernistas.

Os seus poemas deste período aproveitam a falta de pontuação cubista, os princípios da simultaneidade e representam uma produção das mais avançadas que se escrevem, na época, aqui no Brasil.

Os poemas cubistas ou portadores do *esprit nouveau*, como preferia dizer Apollinaire, preocupam-se não com as coisas, mas com a reação do poeta diante das coisas; a natureza, portanto, não deveria ser imitada, o assunto não importava, a obra de arte era autônoma. Os versos ou grupos de versos são independentes, criam um efeito inicial de descontinuidade, pois não há uma estrutura discursiva. A unidade do poema deriva das analogias e da inter-relação dos vários segmentos, contíguos ou não, mais do que de qualquer seqüência lógica e desenvolvimento da idéia[13].

11. Expressão também usada para designar o movimento espírito-novista. Veja-se Gabetti e Olmo, *op. cit.*, pp. 116 ss.
12. *Op. cit.*, p. 28. O livro reúne parte de sua produção entre 1923-1932.
13. Péricles Eugênio da Silva Ramos, *Do Barroco ao Modernismo*, Rio de Janeiro, Livros Técnicos e Científicos, 1979, pp. 258-259.

Não só a produção poética de Milliet recebe influências de Apollinaire. As suas idéias espírito-novistas têm como matriz o primeiro exegeta teórico do cubismo. Apollinaire morre a 26 de novembro de 1918, em conseqüência de ferimento de guerra, antes mesmo da publicação do texto-manifesto "O Espírito Novo e os Poetas", que fica conhecido como o seu testamento.

Este manifesto representa um *intermezzo* entre o primeiro cubismo, seu processo de teorização e o movimento de revisão de princípios, conseqüência da guerra. Dando as idéias gerais que norteiam o lançamento da revista *Espírito Novo*, não impõe, entretanto, uma direção de rigor como a que resultará, ao longo da vida da revista, do trabalho escrito de Ozenfant e Jeanneret, ou da produção deste último na arquitetura. O testamento de Apollinaire é, ainda, um projeto aberto. Por esta razão, torna-se a fonte mais significativa para medir a presença de idéias espirito-novistas em Sérgio Milliet.

Em "O Espírito Novo e os Poetas", Apollinaire fala em *esprit nouveau* o sentido de anunciar a intenção de "herdar dos clássicos um *sólido bom-senso*, um espírito crítico seguro, apreciação de conjunto do universo e da alma humana e o sentido do *dever que analisa os sentimentos e limita, ou antes, contém suas manifestações*"; de herdar dos românticos uma *curiosidade* que o leve a explorar todos os campos próprios à exaltação da vida sob qualquer forma em que ela se apresente. Buscar a verdade, encontrá-la tanto no domínio étnico como no da imaginação[14].

Para o crítico do cubismo a imaginação conduz à liberdade de pesquisa, a novos meios de expressão, implicando dar ampla vazão ao lirismo: "o espírito novo é antes de tudo inimigo do estetismo das fórmulas e de todo snobismo. Não luta contra qualquer escola que seja, pois não pretende ser uma escola". "Entretanto, propõe uma atitude filosófica enquanto luta pelo restabelecimento do espírito de iniciativa, pela clara compreensão de seu tempo e para abrir uma nova visão sobre o universo exterior e interior"[15].

---

14. G. Apollinaire, "O Espírito Novo e os Poetas". *In*: Gilberto M. Teles, *Vanguarda Européia e Modernismo Brasileiro*, p. 149. (Grifos da autora).

15. *Idem*, pp. 159-160. Apollinaire, em seu discurso crítico, como na produção poética, abre caminho para situar a arte em planos radicalmente novos. Deita raízes capazes de gerar esteios a diferentes movimentos de vanguarda. Foi o primeiro a utilizar o termo surrealismo.

Relativamente à questão da expressão pura na arte, é preciso lembrar a valorização que deu à arte de Delaunay em contrapartida à dialética mais austera das composições cubistas. Muito embora, como já foi dito, Apollinaire adote a sintaxe cubista instituindo um novo modo de escrever, não abole a importância da evasão, do sonho, da realidade poética.

Outro aspecto deste texto de Apollinaire deve ser destacado nessa aproximação com Sérgio Milliet: é a observação de ser característica cultural do homem francês o dedicar-se voluntariamente a princípios, não suportar o caos. Por isso, na poesia e na arte o lirismo conjuga-se complexamente com uma vontade de construção, com a *razão*[16].

No manifesto de 1918, estão configurados, pois, os pontos básicos do espírito novo que aparece em Sérgio Milliet.

Na crítica de Sérgio Milliet, o bom-senso se traduz em "necessidade de construção plástica" (equilíbrio); a curiosidade em "sensibilidade", a "imaginação" é inventividade, é liberdade de pesquisa. Estas são as permanentes estéticas. Para Sérgio, não há arte sem lirismo, mas é preciso ponderação para não incorrer em facilidades que negam a plástica. Ele quer explicar o "caos" da incomunicabilidade da arte com o público. Encontra a razão na quebra dos padrões clássicos do fazer artístico e, no âmbito da sociedade, aponta como causa as mudanças aceleradas de normas e valores sociais. Para a arte recuperar a sua função social de comunicar-se com o público, a sociedade precisa ser reconduzida novamente à estabilidade e a nova estabilidade advirá com o socialismo.

Na revista *L'Esprit Nouveau*, a questão do lirismo pode ser evidenciada pela posição de Paul Dermée, seguidor mais próximo da orientação de Apollinaire. A sua posição avança em sentido contrastante ao dos outros dois diretores (Ozenfant e Jeanneret). Dermée quer explicar a natureza do lirismo e aproxima-se de idéias que serão encaminhadas pelo surrealismo; mais tarde, será colaborador da revista *Surréalisme*. Por divergência, deixará a revista *L'Esprit Nouveau*.

Por via do lirismo, Paul Dermée quer levar o leitor ao seu *eu* profundo, fornecer-lhe representações transformadas pela afetividade, propor imagens surreais[17]. O lirismo é, para ele, o esteio da arte, porém relativiza, igualmente, não chegando a propugnar uma total evasão do eu: "um criador e, sobretudo, um poeta, é uma alma ardente conduzida por uma cabeça fria"[18].

---

16. *Idem*, p. 151.
17. *Apud* Gabetti e Olmo, *Le Corbusier et L'Esprit Nouveau*, p. 64.
18. Maria Helena Grembecki, *Mário de Andrade e L'Esprit Nouveau*, pp. 36-41. Mário de Andrade absorve Paul Dermée ao definir *poética* em *A Escrava que Não é Isaura*. Incorpora a fórmula de Dermée: "poesia = lirismo + arte". Assinala o trecho mencionado, de "Découverte du Lirisme", na sua revista *L'Esprit Nouveau* nº 3. Para Mário, poesia = máximo de lirismo + máximo de crítica.

A posição de Ozenfant e Jeanneret, que se explicita cada vez mais, ao longo da vida da revista, conduz a arte para um rumo racional. A arte purista quer "perceber, considerar e exprimir a invariante forma-cor"[19]. Na pintura, esta idéia conduz à afirmação do primado da forma, à recusa da fenomenologia sensiva[20]. Distante, portanto, de Sérgio Milliet, para quem a arte é fundamentalmente *expressão*[21].

ARTE/EXPRESSÃO

A relação arte/expressão deve ser discutida, pois encaminha a postura de Sérgio Milliet a uma orientação diferenciada em contrapartida ao quadro geral que o aproxima de teses do espírito-novismo. Este problema conduz o discurso crítico de Milliet a uma proximidade com a arte expressionista alemã.

Arte/emoção/expressão é um trinômio que acompanha a reflexão de Sérgio o tempo todo. A carga emotiva e lírica é sempre

---

19. O manifesto do purismo aparece em 1918, sob o título *Après le Cubisme*. Neste trecho, Ozenfant e Jeanneret sustentam que "depois de ter estabelecido bases sólidas para a pintura, a nova estética parece abandonar a disciplina inicial para retornar a uma espécie de impressionismo e voltar-se, principalmente, para a arte decorativa". (*Dicionário da Pintura Moderna*, São Paulo, Edimax, 1967). Pretendem abolir a fantasia, restituindo a simplicidade e a autenticidade à arte.

Adotam como símbolo plástico a máquina, objeto de perfeição absoluta, onde os acessórios supérfluos ao seu funcionamento são banidos. O purismo repele todo "acidente prejudicial ao equilíbrio arquitetural da forma; quer objetividade absoluta, afastando toda intervenção demasiado individualista. É, na arquitetura, como se verá, que tais teorias encontram maior campo de aceitação. Tenha-se em mente a contribuição posterior de Le Corbusier... Na revista *L'Esprit Nouveau*, Ozenfant e Jeanneret, que são os autores de *Aprés le Cubisme*, desenvolverão essas teorias.

20. Gabetti e Olmo, *op. cit.*, pp. 117, 192, 194-196.

21. Sérgio Milliet fala em permanentes ou invariantes plásticas e, conseqüentemente, ressalta a importância do metiê. Sua definição vai mais ao encontro de André Lhote, quando observa que a pintura é exercício do espírito, mas implica um certo número de operações e de elementos que não são da ordem do espírito. Tendo seu suporte determinado (o plano), só pode ocorrer através de princípios puramente intelectuais. Sempre haverá formas geométricas, cores localizadas, traços reguladores. Toda obra põe em evidência um método de pintar, implica conhecimento do fazer artístico. Lhote reconhece, por outro lado, a necessidade de considerar a contingência, quando pensa a criação, a aventura estética. Cf. Jean Cassou, "Introdução". *In*: André Lhote, *Les Invariantes Plastiques*, Paris, Hermann, 1967, pp. 11-15.

cobrada do artista plástico. A pintura é aproximada da poesia porque dá vazão à expressão mais íntima e profunda do indivíduo, à eclosão da personalidade. O indivíduo inserido no contexto sócio-cultural revela, através de um fenômeno afetivo – a arte –, uma verdade que, em última instância, é uma verdade da cultura e do tempo em que vive.

Referindo-se diretamente à arte, Sérgio Milliet diz que o "expressionismo é a solução mais fecunda, porquanto menos tem a temer o perigo das fórmulas"[22]. Para o artista moderno a deformação não é nem ignorância, nem desequilíbrio, nem aceitação de uma escala específica de valores: é intenção expressiva[23].

Milliet pensa a *expressão*, em sentido amplo, como o modo de resguardar a maneira individual com que cada artista dá vazão à sua expressão mais sincera. Este é o ponto culminante onde o artista deve chegar. O domínio técnico, do metiê, das regras de composição, permite ao artista assegurar, com honestidade, a expressão de sua intenção emocional através da forma[24].

---

22. Sérgio Milliet, *Diário Crítico*, vol. II, 13.07.1944, p. 202.
23. *Idem*, vol. I, 11.07.1943, p. 131.
24. A pintura simbolista já tinha esta intenção de expressão emocional através da forma. Recorde-se que Sérgio Milliet se formou no meio cultural suíço e que, convivendo com intelectuais em torno de *Le Carmel*, teve contato próximo com Hodler e Vibert, principais nomes da pintura e escultura locais no período 1915-1918. Além do mais, na literatura, o grupo de jovens poetas parte da matriz baudelairiana, onde, sem o abandono da necessidade formal, há uma preocupação com a sensibilidade, segundo análise do próprio Milliet ("Um Poeta da Vida Moderna", *Revista Brasiliense*, 1956, pp. 12-31). Os jovens literatos suíços de 1915-1918 têm Verhaeren como um marco significativo da poesia, este poeta que, "como todos os poetas simbolistas, quis exprimir todas as relações secretas que unem a vida do mundo exterior à do homem, e anotar a correspondência entre os diversos objetos que nos cercam e nós mesmos", criando o estado de alma, a atmosfera, o clima, isso que constituía o objetivo essencial da nova escola. (Sérgio Milliet, *op. cit.*, p. 13).

Com relação à questão do entendimento da arte como expressão da emoção, deve-se igualmente lembrar a possível discussão sobre psicanálise e arte que o grupo empreenderia em torno da figura de Charles Baudouin, poeta e psicanalista, mais tarde professor de psicologia da arte, na Universidade de Genebra. O livro de Baudouin, *Psicanálise de l'Art* (Paris, Félix Alcan, 1929), posteriormente, foi traduzido por Sérgio Milliet (ainda por publicar). Este livro está também na Biblioteca do IEB/USP, com dedicatória de Baudouin a Mário, e contém cuidadosas anotações em margem. (Nites Therezinha Feres, *Leituras em Francês de Mário de Andrade*, São Paulo, IEB/USP, 1969). Em 1929, Sérgio e Mário mantém convivência próxima. Atuam no *Diário Nacional* e Sérgio freqüenta, desde 1925, as reuniões em sua casa, na rua Lopes Chaves (cf. depoimento de Milliet em "Uma Exposição Retrospectiva", *Tarsila* catálogo).

Ao entender a arte como expressão manifesta através da forma, Sérgio concilia objetividade e subjetividade. Em sua análise do fato artístico, a relação com o real, por exemplo, é necessária para a comunicação com o outro. Na extroversão da subjetividade, por outro lado, está o fio condutor para explicar, mais tarde, a abstração. Por este enfoque lhe é possível dar a compreender também o surrealismo[25].

Por sua maneira de pensar a *expressão lato sensu*, Sérgio Milliet põe-se na linha de leitura de Wörringer. Repudia a expressão meramente correlata a uma determinada realidade sócio-cultural, a um nacionalismo *stricto sensu*, abrindo sua compreensão em função da constante emoção/expressão, que é algo presente no homem em todo lugar, uma relação transnacional, embora assumindo feições particulares em determinadas sociedades e circunstâncias históricas[26].

25. *Diário Crítico*, vol. IV, 11.06.1946, p. 62.
26. W. Wörringer, "Sistema Formal del Gotico Tardio y Sistema Formal Expresionista", em *El Arte y sus Interrogantes*, Buenos Aires, Nueva Visión, 1959. Para Wörringer, o expressionismo se revela em diferentes momentos históricos da arte: na arte gótica, barroca, primitiva, asiática. Além do entendimento do expressionismo em sentido amplo, questões como "divórcio entre a arte e público", que Sérgio Milliet discute, podem ser relacionadas a este autor. Entretanto, em seus textos Sérgio não cita Wörringer. É preciso lembrar, por outro lado, que o texto crítico de Milliet se faz em forma de notas de diário, crônicas, ensaios breves, não havendo preocupação acadêmica.

Tendo em vista a ausência de uma citação explícita do crítico brasileiro a respeito de Wörringer, vale a pena lembrar que Sérgio Milliet traduz, para a Editora Martins de São Paulo, *História da Arte*, de Warren Sheldon Cheney. O livro é publicado em 1949, pela referida editora, compondo-se de dois volumes, o que faz supor que Sérgio tenha despendido algum tempo neste trabalho.

Os principais textos de Sérgio Milliet sobre pintura surgem na década de 1930. Desde os primeiros aparece clara a noção de expressionismo em sentido lato, assim como a discussão do divórcio arte/público, que parece fundada em Wörringer.

Sheldon Cheney, porém, usou igualmente o termo expressionismo em duplo sentido, referindo-se às vanguardas que nos Estados Unidos se introduzem desde o começo deste século. Cheney é citado nos comentários de Sérgio, que tem contato com os trabalhos desse autor em 1943, quando viaja aos Estados Unidos.

Narra o editor José de Barros Martins à autora (depoimento em dezembro de 1981, ratificado em setembro de 1985) que a idéia de traduzir Sheldon Cheney adveio no momento em que toma conhecimento do seu trabalho. *A História da Arte* de Elie Faure, em 5 volumes, em francês, era o que mais se usava em nosso meio à época. Não havia uma História da Arte em português. Têm acesso à possibilidade de traduzir Sheldon Cheney. Convida, então, Sérgio Milliet para fazê-lo. Sérgio faz a tradução, ao longo de 1948-1949, aproximadamente. O livro é edi-

O problema emoção/expressão acresce-se, neste momento, da compreensão psicológica da *percepção: emoção/expressão*, constante da manifestação do homem, leva-o a discutir, junto com outros intelectuais contemporâneos[27], a arte do primitivo, do louco, da criança.

Arte/emoção ou *arte/expressão/percepção* conduz Sérgio Milliet novamente a valer-se da sociologia (sociologia do conhecimento): a relação que a obra de arte estabelece com o outro é *simpática*, no sentido scheleriano[28]. O canal emotivo é o que faz comunicável e lhe resguarda sempre, mesmo na arte moderna, que se afasta da mensagem explícita, a função social.

tado em dezembro de 1949 e obtém grande repercussão junto aos estudiosos do período. "Sérgio não era rápido nas suas traduções; era cuidadoso, trabalhava lentamente, lia e relia. Nenhuma tradução se fazia em menos de seis meses".

Martins escolheu *The Old History of Art* por ser o trabalho mais clássico do autor; sabia que em *Expressionism in Art* havia muitos pontos combatíveis e que além do mais, na obra que se traduz já estão as idéias básicas do autor. Para a situação brasileira, parece-lhe melhor a edição da *História da Arte*.

Nascido em 1886, Cheney é da Califórnia; dedica-se à crítica de teatro e ao estudo da história universal das artes. O livro que Sérgio traduz, editado originalmente pela Wicking Press, é publicado nos anos 30. Cheney escreve ainda *A Primer History of Modern Art* e *The Art and the Machine*, também editados pela Wicking Press, de Berkeley, EUA.

27. *Diário Crítico*, vol. III, 05.11.1946, pp. 172-173. O tema é discutido por Mário de Andrade, Luís Martins e Osório César, entre outros. A voga do assunto decorre, principalmente, do trabalho que o psicanalista e crítico Osório César desenvolve junto ao Hospital do Juqueri de São Paulo, como médico terapeuta: aplica a arte como terapia, extraindo daí também uma discussão correlata à arte moderna. Este trabalho de Osório César desenvolve-se desde os anos 1930, pioneiramente, em São Paulo.

28. Scheler afirma que a existência das experiências internas, dos sentimentos íntimos dos outros, é revelada pelos fenômenos de expressão; ou seja, adquire-se consciência não depois de um raciocínio, mas de modo imediato, mediante uma percepção originária e primitiva. Esta análise é conduzida no livro Essência e Formas da Simpatia (*Esencia y Formas de la Simpatia*, Buenos Aires, Losada, 1943) *apud* Thomas Giles, *História do Existencialismo e da Fenomenologia*, São Paulo, EDUSP, 1977, vol. II, Cap. I.

Da análise de Scheler é importante fixar os seguintes pontos: compreender não implica identificação, identidade de "estados de alma" ou "sentimentos". Implica, antes, a alteridade entre duas pessoas e entre os seus estados de alma e sentimento; a compreensão funda-se na relação simbólica que existe entre as experiências internas e sua expressão, relação que constitui uma espécie de gramática universal válida para todas as linguagens expressivas e que fornece o critério último das relações inter-humanas. O conceito de simpatia é útil a Sérgio Milliet para explicar a aproximação possível do crítico (e de outros leitores) à obra de arte, mas isto não nos permite considerar que absorva de Scheler a noção de *ab-*

Na linha de Scheler, Sérgio admite que a compreensão da arte é fundada numa relação simbólica (de crivo cultural) existente entre o indivíduo e a maneira como ele se expressa. Esta relação simbólica se coloca como uma espécie de gramática universal que fornece a base para a integração social (relações inter-humanas), para que o outro compreenda a obra de arte, a intenção expressiva do artista.

A compreensão da arte como expressão é finalmente, também, uma brecha para reafirmar, com lastro amplo, a questão do humano na arte, a relação arte/vida, a liberdade de manifestação do homem.

A RELAÇÃO COM MÁRIO DE ANDRADE

Em toda aproximação – que aqui sumariamente se faz – das idéias estéticas e influências artísticas em voga na Europa, nos primeiros vinte anos deste século, ao pensamento de Sérgio Milliet, encontram-se caminhos de confluência com Mário de Andrade, seu mais legítimo companheiro modernista, também crítico de artes plásticas. Em ambos, encontra-se um comportamento somatório dos principais ramais do pensamento europeu contemporâneo. Assim como do espírito novo, de ideais humanistas, Mário também se aproxima da corrente expressionista alemã.

Como mostra Luís Carlos Daher, a aproximação de Mário das teorias expressionistas já havia se dado por volta de 1921, pois o seu artigo "Debussy e o Impressionismo", na *Revista do Brasil*, em junho desse ano, indica que ele já descobrira Haaberg, o escultor alemão que participará da Semana de Arte Moderna. Segundo Daher, este é o impulso para que Mário estude ensaios e monografias sobre o expressionismo, que surgem depois da Primeira Guerra[29].

---

soluto como fundamento da axiologia. A noção de possibilidade é subordinada à realidade empírica, como se verá mais adiante.

Max Scheler é, também, absorvido por Mário de Andrade. Nelson Alfredo Aguilar mostra em sua tese de doutoramento que, nas análises que Mário faz sobre Lasar Segall, em artigos publicados no *Diário Nacional*, absorve a noção scheleriana de "paciência". Nelson Aguilar, *Figuration et Spatialisation dans la Peinture Moderna Brésilienne: le Sejour de Vieira da Silva au Brésil (1940-1947)*, Lyon, França, p. 16. Tese de doutoramento apresentada à Faculté de Philosophie da Université Jean Moulin.

29. Luís Carlos Daher. *Arquitetura e Expressionismo*, São Paulo, 1979, p. 86. Tese apresentada à FAU/USP. Hermann Barr é citado por Mário de Andrade, no

Segundo Telê Ancona Lopes, o contato com a exposição de Anita Malfatti, em 1917, o teria motivado a pesquisas sobre essa tendência artística[30].

Sérgio Milliet, passando a juventude na Suíça, tem vivo contato com as vertentes culturais francesa e alemã. A Suíça, segundo declara Rubem Borba de Morais, que está naquele país na mesma época, acolhe, no período da guerra, exposições de artes plásticas de diversos países, como uma forma até mesmo de proteção às obras de arte[31].

A produção relacionada aos movimentos A Ponte e Cavaleiro Azul teriam, portanto, repercussão no meio suíço, assim como as teorias psicanalíticas de Freud, desenvolvidas contiguamente na Áustria. Charles Baudouin, companheiro de Sérgio em *Le Carmel*, a cuja casa este acorre para o debate intelectual, é psicanalista e depois professor de psicologia da arte, conforme já foi referido. Todo o grupo *Le Carmel*, se relaciona com Hodler e Verhaeren, vocações expressionistas de grande repercussão no meio.

As posições de Mário de Andrade e Sérgio Milliet se desdobram no mesmo sentido?

Léon Kossovitch indica que o método de Mário de Andrade consiste em vincular a personalidade de um artista a seu meio histórico social e desta ligação obter as bases necessárias à interpretação formal e expressiva; mostra como, para Mário, a obra de arte não é auto-suficiente, relacionando-se ao artista e à cultura, sendo um modelo capaz de explicar os seus sentidos. A obra pode

---

artigo sobre Debussy, num parágrafo inteiro. Provavelmente, segundo Daher, este seja o primeiro texto modernista onde é citado o verbete "expressionismo". Em 1923, segundo Gilda de Mello e Souza, "Mário de Andrade já havia aprendido o alemão e se familiarizado com o Expressionismo, como provam o artigo 'Lasar Segall' em *A Idéia* nº 19, 1924, e a presença em sua biblioteca da revista *Der Sturm*, de abril a dezembro de 1923 e março a junho de 1924. Mário era também assinante da revista francesa *Europe*, de que possuía uma coleção ininterrupta, desde o primeiro número de 1923 até 1929. Este periódico mantinha uma seção permanente de notícias da Alemanha onde, sob a responsabilidade de Kasimir Edschmidt, comentava-se sobretudo o movimento expressionista e a sua evolução para o verismo social". Gilda de Mello e Souza, *Exercícios de Leitura (O Baile das Quatro Artes)*, São Paulo, Duas Cidades, 1980, p. 265.

30. Telê Porto Ancona Lopes, *Táxi e Crônicas no Diário Nacional*, São Paulo, Duas Cidades/SCT, 1976, p. 255. *Apud* L. C. Daher, *op. cit.*, p. 86.

31. Depoimento à autora, em abril de 1982, já citado.

conduzir o artista a uma prática moralizadora, que é uma atitude humana, e esta prática *deve* orientar e coordenar a criação[32].

A mesma proposta geral pode ser depreendida do enfoque da obra de arte feito por Sérgio. Sérgio também interroga a obra de arte do ponto de vista do indivíduo-produtor e do meio, da cultura que o envolve, além de buscar as suas características formais, tentando abranger o fenômeno por via da multiplicidade de enfoques possíveis através das ciências humanas (filosofia, psicologia, sociologia, antropologia etc.). Mas Sérgio conduz sua tarefa crítica ainda em outra direção: quer compreender e fazer compreender o sentido da arte do seu tempo, bem como os fatos artísticos inscritos em outras circunstâncias históricas, afastando preconceitos e dogmatismos que estreitam ou delimitam a sua abrangência.

A posição somatória de influências de movimentos artísticos e idéias teóricas das ciências humanas – muitas vezes, as mesmas influências – caracteriza os dois autores. O crivo de diferença parece estar na base do projeto ético dos dois intelectuais. Mário de Andrade tem um "projeto brasileiro", de explicação das raízes culturais da terra: pesquisa a arte, a linguagem, o folclore; visa a nacionalidade como uma etapa da universalidade[33]. Sérgio Milliet, mais distanciado (como um europeu), vê o processo artístico brasileiro sem inserir-se nele. Faz colocações gerais, de sentido, de conceituação, abrindo rumos para múltiplas discussões sobre a arte.

---

32. "As Artes Plásticas: Mário de Andrade e seu Método", *Discurso* nº 1, São Paulo, FFLCH, 1970, p. 83. (Grifo da autora).

33. Telê Porto Ancona Lopes, *Mário de Andrade: Ramais e Caminhos*, São Paulo, Duas Cidades, 1972, p. 11. Gilda de Mello e Souza observa que: "Mário, ao vislumbrar uma saída na conjunção Nacionalismo/Expressionismo, deixava transparecer a fidelidade à posição estética de mocidade – que será a sua posição mais duradoura: que a arte brasileira tinha de se realizar no afastamento da arte clássica, embora conservando com a Europa as ligações inevitáveis para o seu pleno desenvolvimento". (Note-se: "clássica" tem, no texto citado, o sentido de "acadêmica".). *Op. cit.*, p. 260.

Com intelectuais amigos, em São Paulo. Sentados,
da esq. p/ dir.: Pola Resende; Rino Levi, Rebolo e Noemia, ?, ?.
De pé, da esq. p/ dir., na 1ª fila: Ciro Mendes, Herbert Baldus,
Sérgio Milliet, Fernanda P. Wright, Rivadavia de Mendonça.
Foto do arquivo de Fernanda P. Wright.

No Congresso de Escritores, em Belo Horizonte, out. 1947.
Da esq. p/ dir.: Luís Martins; Arnaldo Pedroso D'Horta e Sérgio Milliet.
Foto do arquivo de Tereza Cristina A. Guimarães.

4. A Integração ao Meio Cultural Brasileiro (1930-1940)

> *A obra de Sérgio Milliet já é muito rica, baseando-se nos domínios mais diversos: sociologia e literatura, estética e crítica.*
>
> ROGER BASTIDE*

O período histórico, que se estende dos anos 30 até meados da década seguinte (cerca de 1945), marca em definitivo a emergência de Sérgio Milliet como crítico de artes plásticas, revelando-o também numa ligação mais intensa com o meio cultural paulista e brasileiro, em geral.

A experiência de *Términus Seco*, livro publicado em 1932, tendo por título o nome da coluna que assinava no *Diário Nacional*, já traz a contribuição de Milliet na crônica artística, constante do conjunto: "Arte Fotográfica", "Arte e Proletariado", "Teatro", "Cinema" e "A Psicanálise da Arte".

Mas é em *O Estado de S. Paulo*, a partir de 1938, que se dá sua atividade voltada para as artes plásticas mais regular. É nesse veículo que ele faz o comentário cotidiano sobre os artistas e a produção emergentes, apreciando os salões e outros eventos do período, bem como discutindo problemas e temas culturais em

---

* Roger Bastide, "Serge Milliet", *Alliance Française*, São Paulo, 1940 (texto original em francês: tradução da autora).

voga no momento. É nesse jornal que ele define sua plataforma de intervenção crítica no meio contemporâneo. É por aí que estabelece o debate e o diálogo com outros intelectuais atuantes na mesma época. Por aí, enfim, pode-se captar as principais trilhas do pensamento crítico do autor e da sua época.

O período de 1938 a 1945 concentra a produção sobre artes plásticas que Sérgio reunirá nos livros que vai publicando sucessivamente: *Ensaios* (1938), *Pintores e Pintura* (1940), *Diário Crítico* (dez volumes, lançados de 1944 a 1959)[1], *O Sal da Heresia* (1941), *Fora de Forma* (1942), *Marginalidade da Pintura Moderna* (1942), *A Pintura Norte-Americana* (1943), *Pintura Quase Sempre* (1944), *Contribuição para um Estudo da Expressão Gráfica dos Quadros Religiosos na Renascença* (1945). Neste vasto material basear-se-á, mais adiante, a observação de sua ação crítica.

É neste período também que se desenvolve a atuação de Sérgio Milliet junto a instituições voltadas para a cultura e as ciências sociais.

Será preciso, assim, acompanhar alguns fatos do meio paulistano, em conexão com as atividades desenvolvidas por Sérgio Milliet, observá-lo como animador da vida cultural da cidade, de forma a melhor situar sua contribuição e melhor delinear sua personalidade intelectual.

CONTATOS COM O MEIO LITERÁRIO E POLÍTICO

No começo dos anos 30 – e desde seu retorno ao Brasil, em 1925 – Milliet é ligado ao grupo de intelectuais formado por Paulo Duarte, Mário de Andrade, Antônio Carlos Couto de Barros, Rubem Borba de Morais, Tácito de Almeida, entre outros, todos eles personalidades da vida literária moderna e da política liberal do período. Nas freqüentes reuniões, em casa de Paulo Duarte[2], estende-se o grupo de convivência a outros participantes do meio artístico e intelectual: os artistas Vittorio Gobbis, Wasth Rodrigues, Paulo Rossi Osir e Paulo Magalhães, comparecendo também, quando de sua vinda ao Brasil, André Dreyfus, Benjamin Péret e sua esposa, Elsie Houston[3]. É este grupo que idealiza projeto do Departamento de Cultura, que Paulo Duarte apresen-

---

1. Neste capítulo, a análise estende-se até o ano de 1945.
2. Depoimento à autora (16.12.1981).
3. Ver, a propósito, Paulo Duarte, *Mário de Andrade por Ele Mesmo*, São Paulo, Hucitec/SECCT-CEC, 1977, p. 49.

ta ao prefeito Fábio Prado e que se enquadra na proposta geral vigente de estabelecer-se uma ação organizada, voltada para o conhecimento da realidade brasileira. No livro *Mário de Andrade por Ele Mesmo*, Paulo Duarte diz:

> Pois foi nessa sala (apartamento de Paulo Duarte na Avenida São João), em torno da fria mesa de granito, que um de nós – quem poderá saber qual de nós? – falou na perpetuação daquela roda numa organização brasileira de estudos de coisas brasileiras e de sonhos brasileiros[4].

A Revolução de 1932 envolve diretamente muitos desses companheiros, especialmente Paulo Duarte, cunhado de Milliet desde 1926. Assim, "por camaradagem, mais que por ativismo", Sérgio Milliet acaba participando do processo revolucionário, como contato que transfere informações. Desta forma, envolvido, compartilha com os companheiros e outros intelectuais e personalidades do meio paulistano do "clima de desencanto" ante o grande choque da derrota de 1932, que leva à necessidade de revisão crítica da realidade brasileira, fundada em uma atuação científica e objetiva. Tal postura desemboca na formação da Escola de Sociologia e Política (1933), da Universidade de São Paulo (1934) e do Departamento de Cultura (1935), todos campos de ação onde Milliet participa ou estabelece vivo contato com seus principais agentes.

Segundo a interpretação de Maria Helena Capelato[5], a Revolução de 1932 resulta de um conflito no seio da classe dominante. O setor paulista (agrário, industrial, comercial, intelectual) luta contra a fração da classe que conquista o poder em 1930. A classe dominante paulista, adepta do liberalismo, insurge-se contra o processo de centralização do poder, contra o impedimento da livre circulação de mercadorias, contra a interferência do Estado nas relações entre as classes. Do projeto dos liberais consta a superação do atraso, através da autonomia e da livre iniciativa dos Estados. O lema máximo é "por São Paulo" e "pela Ordem"; 1932 marcaria "a revolução de São Paulo pelo Brasil", enquanto 1930 significava "a revolução feita em nome do Brasil contra São Paulo": esta a imagem criada e divulgada amplamente pelos articuladores do movimento.

A defesa da ordem justifica a aliança do Partido Democrático com seu antigo adversário, o Partido Republicano Paulista (PRP).

---

4. *Op. cit.*, p. 50.
5. Maria Helena Capelato, *O Movimento de 1932 – A Causa Paulista*, São Paulo, Brasiliense, 1981.

Com os professores estrangeiros contratados
pela Universidade de São Paulo, em 1934, quando da criação
da Faculdade de Filosofia, Letras e Ciências Humanas.
Sérgio Milliet é o segundo, em pé, da dir. p/ esq.
Foto: Agência Estado.

Recomposta a classe dominante, luta-se "contra a ditadura" e contra quaisquer tentativas de mudança social, em defesa contra o comunismo. Lembra a autora que a grande imprensa paulista, como representante do pensamento de classe, não cessa de expressar as manifestações de repúdio ao comunismo: "São Paulo tem uma consciência cívica norteada principalmente pelo sentimento de ordem e disciplina social" (*O Século*, 17 jul. 1932)[6].

A ESCOLA DE SOCIOLOGIA E POLÍTICA

Na Escola de Sociologia e Política, Milliet ocupará as funções de secretário, quando de sua abertura (de 1933 a 1935), professor (de 1937 a 1944) e, mais tarde, também a de tesoureiro (1941 a 1946).

Quando os intelectuais e membros de destaque na vida econômica e social organizam-se a fim de criar a Escola de Sociologia e Política, em 1932, têm como plataforma básica "chegar à mudança pelo conhecimento profundo da realidade, tendo como arma principal a ciência". O próprio emblema desenhado por Wasth Rodrigues, com o dístico elaborado por Antonio Piccarolo, revela bem este dado. No emblema há um livro aberto e, por cima do mesmo, um sabre, indicando a deposição de armas, sugerindo que pela luta armada nada se resolveria e que seria o saber o principal instrumento de mudança social[7]. O dístico "Scientiae Robur Maxima" reitera a significação do símbolo.

6. *Idem*, p. 61. *O Século* é jornal católico.
7. O mesmo clima subseqüente à Revolução de 1932 impulsionou a criação da Faculdade de Filosofia, Letras e Ciências Humanas da Universidade de São Paulo. A Universidade deveria ser criadora e renovadora, voltar-se para o estudo de todas as áreas do saber, assegurando lugar à pesquisa. A pesquisa científica, portanto, seria fundamental ao desenvolvimento sócio-econômico e político. *Scientiae Vinces* – Pela Ciência Vencerás – este é o lema da USP. Membros da sociedade paulista, ligados ao movimento revolucionário de 1932, estarão à frente da criação da FFLCH: seu principal articulador é o Dr. Júlio de Mesquita Filho, líder da imprensa participante no movimento revolucionário bandeirante, ao lado de Teodoro Ramos, Francisco de Azevedo, Paulo Duarte, Cristiano Altenfelder Filho, os quais levaram o projeto a Armando de Salles Oliveira. Depoimento de Antônio Rubbo Müller à autora, em 22.12.1980.
O manifesto de criação da Escola de Sociologia, assinado pelas mais ilustres personalidades dos meios intelectuais, industriais e financeiros, diz: "A análise desapaixonada [...] de nossa história social revela [...] esforços sinceros para a reorganização da vida do País [...] entretanto constata-se a falta de uma elite numerosa e organizada, instruída sob métodos científicos, a par das instituições e conquistas do mundo civilizado, capaz de compreender, antes de agir, o meio so-

Os cursos da Escola de Sociologia e Política recebem orientação eminentemente científica[8], enquadrando-se numa direção empírica, na esteira do exemplo americano, sendo que seus efeitos se farão sentir de imediato sobre a vida administrativa da cidade.

Professores norte-americanos e ingleses, com grande experiência em pesquisa, são convidados a lecionar na Escola, devendo-se destacar os nomes, nos anos 30, de Samuel Harmann Lowrie, da Universidade de Colúmbia – que terá participação ativa, ao lado de Sérgio Milliet, no Departamento de Cultura – e de Horace B. Davies[9].

O DEPARTAMENTO DE CULTURA DA PREFEITURA

Em 1935, na gestão do prefeito Fábio Prado, dá-se a criação, com a assessoria de Paulo Duarte, do Departamento de Cultura[10], cuja direção é entregue a Mário de Andrade. Uma das divisões do Departamento, a de Documentação Histórica e Social, tem sua direção entregue a Sérgio Milliet. O setor de Documentação Social (subdivisão) é coordenado pelo estatístico Bruno Rudolfer, também professor da Escola de Sociologia e Política. Através da Divisão de Documentação Histórica e Social, em articulação com

cial em que vivemos [...]. Falta em nosso aparelhamento de estudos superiores, além de organizações universitárias sólidas, um centro de cultura político-social apto para inspirar interesse pelo bem coletivo, a estabelecer a ligação do homem com o meio, a incentivar a pesquisa sob as condições de existência e os problemas vitais de nossas populações, a formar personalidades capazes de colaborar, eficaz e conscientemente, na direção da vida social".

8. Quando de sua criação, a Escola de Sociologia e Política estabelece como norma "não permitir a vigência de preconceitos quanto a posições políticas, absorvendo profissionais e alunos de diferentes partidos políticos ou mesmo de diversas linhas dentro de uma mesma ideologia. Assim, acolheu tanto liberais-democratas como integralistas, trotskistas e comunistas", conforme depoimento de Antônio Rubbo Müller à autora.

9. Posteriormente, virão outros professores: Radcliffe Brown, da Universidade de Oxford (permanecendo de 1942 a 1944); Willard van Orman Quine, da Universidade de Harvard (1942); Carleton Sprague Smith, da Biblioteca do Congresso (Washington), que leciona em 1944 e atuará também no Consulado Americano em São Paulo; Kalervo Oberg, do Instituto de Antropologia Social da Smithsonian Institution, em 1946.

10. O Departamento de Cultura fica localizado na Rua Cantareira nº 216. É um dos seis departamentos da Prefeitura Municipal, sendo que os outros cinco são: Expediente, Fazenda, Obras e Serviços, Jurídico e Higiene.

a Escola de Sociologia e Política, dá-se o início da pesquisa sociológica aplicada.

O Departamento de Cultura, segundo narra Paulo Duarte[11], seria a "semente" de um Instituto Brasileiro de Cultura, com sedes em todas as grandes cidades e em interação com as universidades.

Tal projeto, que resulta inicialmente na entidade paulista, vinculada à Prefeitura, é redigido por Paulo Duarte, com sugestões de Mário de Andrade; depois da primeira redação, é ampliado com sugestões de Plínio Barreto, Anhaia Mello, Júlio de Mesquita Filho, Fonseca Teles, Fernando de Azevedo, Antônio de Almeida Prado, Cantídio Moura Campos e todo o "grupo da Avenida São João" (Sérgio Milliet, Tácito de Almeida, Couto de Barros, entre outros).

Além da Divisão de Documentação Histórica e Social, sob a direção de Milliet, há no Departamento de Cultura as seguintes divisões: Divisão de Bibliotecas, dirigida por Rubem Borba de Morais; Divisão de Expansão Cultural (não chega a ser composta em todas as suas seções), formada por uma Seção de Teatro, Cinema e Salas de Concerto, com a direção de Antônio Alcântara Machado; Teatro Municipal, dirigido por Paulo Magalhães; Discoteca, sob direção de Oneyda Alvarenga; e a Divisão de Parques Infantis (instalam-se 50 parques infantis, em 3 anos), comandada por Nicanor Miranda.

O projeto prevê várias outras atividades, iniciadas na época de Mário de Andrade: restauração de documentos localizados, criação do Museu da Palavra, pesquisas folclóricas, um congresso de língua nacional cantada; um coro madrigalista, a organização de um setor de iconografia, publicações e a construção de um grande prédio para a Biblioteca Municipal. Prevê, ainda, a criação de uma escola de gravura, de um laboratório cinematográfico para realização de filmes científicos e educativos; discute-se a criação de um museu de reproduções de caráter didático (proposta de Mário de Andrade)[12], e de um museu de arte moderna (proposta de Sérgio Milliet)[13] iniciando-se contatos na Europa e nos Estados Unidos.

---

11. *Mário de Andrade por Ele Mesmo*, capítulo "Departamento de Cultura, Vida e Morte de Mário de Andrade".

12. Cf. Mário de Andrade, "Museus Populares", *Problemas*, 1938, *Apud* Aracy Amaral, *Arte para Quê?*, São Paulo, Nobel, 1984, p. 104.

13. Cf. Sérgio Milliet, "Pintura Moderna", *O Estado de S. Paulo*, 22 jul. 1938.

A DIVISÃO DE DOCUMENTAÇÃO HISTÓRICA E SOCIAL

Além de Lowrie e de alunos da Escola de Sociologia e Política, a Divisão de Documentação Histórica e Social absorverá o trabalho de professores e alunos procedentes de outras faculdades, como a de Direito, do Instituto de Educação e do Departamento de Higiene.

Entre as pesquisas realizadas por Samuel Lowrie, destacam-se a de 1933, ainda sem vínculo com o Departamento, realizada nos bairros da Mooca e Cambuci, referente ao "Padrão de Vida do Proletariado", e – já na época do Departamento de Cultura e patrocinada pela Divisão coordenada por Milliet – a pesquisa sobre "Padrão de Vida dos Lixeiros", grupo escolhido como representativo dos setores menos remunerados. Tais pesquisas têm repercussão na vida administrativa da cidade, servindo de base para esclarecimento quando a Prefeitura propõe um reajuste salarial do funcionalismo[14].

Outros trabalhos são patrocinados pela Divisão de Documentação Histórica e Social, sob coordenação de Lowrie e Bruno Rudolfer: "Origem da População da Cidade de São Paulo e Diferenciação das Classes Sociais", um estudo sobre o "Custo de Vida", "Mapa da Distribuição das Instituições de Assistência Filantrópica na Cidade de São Paulo".

A primeira das pesquisas acima surge em conseqüência do recenseamento realizado pelo interventor Armando de Salles Oliveira no Estado de São Paulo. No município de São Paulo, são apontados cerca de um milhão de habitantes, em virtude da anexação do município de Santo Amaro, com 33 mil habitantes. Bruno Rudolfer sugere a distribuição da população por quarteirões, a fim de determinar a densidade. De certa forma, reelabora-se o recenseamento, quarteirão por quarteirão, nos diversos bairros, de forma a captar a densidade populacional dos bairros. A pesquisa desenvolvida pela Divisão repercute na revisão do sistema de transporte urbanos, já que a partir dela nasce uma nova investigação, patrocinada pelo Departamento de Obras e Serviços[15].

---

14. Cf. depoimento de Antônio Rubbo Müller, então aluno da Escola de Sociologia e Política e pesquisador da Divisão.

15. A investigação é realizada em 1938, tendo sido os pesquisadores distribuídos ao longo de toda linha de transporte (bonde) para calcular o movimento dos passageiros. Seu resultado é editado pela Divisão de Documentação Histórica e Social, sendo o trabalho assinado por Bruno Rudolfer e Antonio Eocci, engenheiro destacado para participar do estudo. As outras duas pesquisas mencionadas são publicadas na *Revista do Arquivo Municipal*, que, desde 1935, perma-

Proferindo conferência. Década 1930.
Foto do arquivo de Tereza Cristina A. Guimarães.

A pesquisa sobre custo de vida traz à tona, pela primeira vez, um índice a partir de dados coletados em feiras livres, mercado municipal, armazéns e açougues.

Em 1937, o Departamento de Cultura é representado, na Exposição de Paris, pelas pesquisas realizadas na Divisão liderada por Milliet, que as relata em comunicação apresentada em congresso. As pesquisas sociológicas chamam a atenção dos presentes e recebem uma menção honrosa, em sessão plenária. Os trabalhos desenvolvidos pela Divisão de Documentação Histórica e Social têm eco também em outras cidades: Haia, Buenos Aires, Nova Iorque, Praga[16].

A REVISTA DO ARQUIVO MUNICIPAL

É grande a contribuição de Sérgio Milliet na reformulação da *Revista do Arquivo Municipal*, da qual é o secretário de 1935 a 1946. Esta revista fora criada em 1935, sendo inicialmente publicação do Departamento de Expediente, tendo como objetivos a recuperação e a publicação de documentos históricos, leis, resoluções e atos municipais.

Sob a orientação de Sérgio Milliet, e dentro de projeto liderado por Mário de Andrade, passa a veicular também textos de antropologia, etnologia e folclore, textos lingüísticos e musicais, textos de arte, conferências, notícias sobre congressos e eventos e publicações culturais, resultantes de pesquisas vinculadas ao trabalho do próprio Departamento de Cultura, em que se incluem as primeiras pesquisas sociológicas realizadas em São Paulo. A revista apresenta ilustrações: trabalhos expostos no II Salão de Maio (1938), desenhos de Rugendas, von Spix, von Martius, Bel-

---

nece sob a responsabilidade do Departamento de Cultura, sendo Mário de Andrade o diretor (até 1938, data de seu desligamento do Departamento) e Sérgio Milliet o secretário (até 1946). "Origem da População da Cidade de São Paulo e Diferenciação das Classes Sociais" é publicado no nº XLIII da referida revista, enquanto "Mapa da Distribuição das Instituições de Assistência Filantrópica na Cidade de São Paulo" consta do volume XXX, em 1936. O Prof. Antônio Rubbo Müller participa dos trabalhos, na condição de pesquisador social da Divisão de Documentação Histórica e Social e fornece detalhes sobre o desenvolvimento dos mesmos, em depoimento à autora, datado de 22.12.1980.

16. Cf. depoimento de Paulo Duarte à autora e referências em seu livro citado.

monte, além de reproduções diversas, concernentes aos textos publicados[17].

São publicados trabalhos de Herbert Baldus, Karl von den Steinen, Plinio Ayrosa, Samuel Lowrie, Emílio Wilhens, Donald Pierson, Lévi-Strauss, entre outros professores e pesquisadores atuantes na época. Além deles, escrevem Oneyda Alvarenga, Nicanor Miranda e o próprio Sérgio Milliet, todos membros do Departamento de Cultura, então sob direção de Mário de Andrade.

Neste período de atuação de Sérgio Milliet junto à Divisão de Documentação Histórica e Social, além das pesquisas sociológicas já referidas, publicam-se na *Revista do Arquivo* os textos seguintes, tratando de temas sociológicos: "Dos Problemas da Circulação Urbana", de Plínio Branco (vol. XXX, 1936); "Ensaio de um Método de Investigação do Nível Social de São Paulo pela Distribuição da Profissão dos Pais dos Alunos das Escolas Primárias Públicas" (pesquisa elaborada pela subdivisão de Documentação Social, em colaboração com o Instituto de Educação da USP e Laboratório de Psicologia Aplicada – vol. XXXIII, 1936); "A Representação dos Fenômenos Demográficos", de Sérgio Milliet (vol. XLIII, 1938); "Mapas Folclóricos", pesquisa realizada no Estado de São Paulo sobre tabus alimentares, danças populares e medicina popular, apresentada pelo Departamento de Cultura no Congresso Internacional de Folclore, realizado em Paris em agosto de 1938 (vol. XLIII, 1938); "Recreação Operária na Cidade de São Paulo", de Nicanor Miranda (vol. XLIII, 1938); "Privilégio para Exploração do Serviço de Transporte Coletivo", de Ruy de Souza (vol. L, 1938).

Os textos sobre arte constantes na revista, nesta época, são os seguintes: "A Pintura Moderna", de Jean Maugué, e "Pintura e Mística", de Roger Bastide, ambos apresentados como palestra no II Salão de Maio (1938).

Este fato, ao lado de depoimentos de artistas plásticos ativos no período[18], demonstra que Sérgio Milliet está amplamente en-

---

17. Mário de Andrade atribui a Sérgio a responsabilidade pela remodelação da *Revista do Arquivo*. No artigo "Noção de Responsabilidade", *Diário de Notícias* (coluna "Vida Literária"), s.d., 1938, diz: "O senhor Sérgio Milliet [...] dirigindo com igual mestria o movimento de pesquisas históricas e sociais, tornando, por seu único e exclusivo mérito, a *Revista do Arquivo* a mais universalmente conhecida e citada dentre as publicações brasileiras [...] nem por isso deixou a produção literária".

18. Depoimentos de Rebolo Gonsales e Hugo Adami à autora, em 7 de março e 20 de maio de 1977, respectivamente, e depoimento coletivo de artistas plásticos da geração emergida nos anos 30 e 40, prestadas ao IDART, sob coor-

Sérgio Milliet, em 1943, desembarcando em Miami.
Na notícia da Revista do Globo, fala-se
do intelectual que fará conferências em Porto Alegre.
Foto de documento do arquivo de
Tereza Cristina A. Guimarães.

O CRÍTICO SÉRGIO MILLIET

VISITARÁ O RIO GRANDE DO SUL, ONDE FARÁ UMA SÉRIE DE CONFERÊNCIAS LITERÁRIAS — "MINHA LITERATURA NÃO ENTUSIASMA AS MASSAS, MAS TENHO TIDO ÓTIMAS CRÍTICAS", DIZ ÊLE NUMA ENTREVISTA PARA A "REVISTA DO GLOBO".

Aquela piada do irreverente sr. Oswald Marco Zero de Andrada a respeito da obscuridade do nome de Sérgio Milliet em São Paulo, foi injusta. Por um crítico, escrevendo para determinada élite, dirigindo-se mais aos próprios autores e a seus pares do que ao povo, é o escritor que naturalmente possue o público menor. A menos que êle seja tão engraçado quanto o sr. Agripino Grieco ou tão reacionário, capaz de chamar atenção, quanto o sr. Tristão de Athayde.

No dia em que um escritor como Sérgio Milliet fôr conhecido do grande público, até o romance "Marco Zero" será "best-seller" entre as mocinhas-da-gola-branca e os funcionários extra-numerários.

Entretanto, os críticos devem contentar-se com apenas uma parcela — e talvez a mais reconfortante — dessa cobiçadíssima glória que a literatura oferece aos que a ela se dedicam com acêrto; — a de serem conhecidos somente pelos círculos intelectuais.

Aliás, Sérgio Milliet não alimenta dúvidas sôbre a extensão de sua popularidade. Conversando, certa vez, com o repórter Silveira Peixoto, disse-lhe, para ser publicado: "Sou um escritor de muito poucos leitores. Minha literatura não entusiasma as massas. Não comporta nenhum pitoresco, não tem brilho, é demasiado sintética, difícil em suma. Tenho, sempre, ótimas críticas. Mas, quanto à venda... é pequena. Confesso-o sem amargura".

O INTELECTUAL

Dentro do gabinete côr-de-pérola, localizado na metade do arranha-céu em que funciona a atual Biblioteca Municipal de São Paulo, e da qual êle é diretor, conheci esse escritor paulista de nome afrancesado. Eu fôra até ali para entrevistá-lo, em vista de sua prometida viagem ao Rio Grande do Sul, onde deverá realizar, juntamente com o romancista Luiz Martins, uma série de conferências, à convite da União Cultural Brasil-Estados Unidos.

Mas o homem que me recebeu não foi um intelectual de óculos sem aro, raquítico, de mãos delicadas. Não. Contrariando a idéia do refinamento físico que o nome sugere, Sérgio Milliet ergueu-se à minha frente com o porte de um gaúcho e o jeito de quem fumasse cigarro-da-palha. Um tipo cem por cento nacional, portanto. Mas, só no físico... Por que, em verdade, êle não "fuma palheiro" e veste com a elegância de um europeu, sendo tão refinado quanto a mais sutil de suas idéias sôbre a arte de criticar uma obra.

A PROVÍNCIA É A CÔRTE

E é ainda no tom calmo e moderado de um gaúcho que me diz:

— Foi com grande alegria que aceitei fazer algumas conferências no Sul. A União Cultural Brasil-Estados Unidos não podia dar-me maior prazer. Conheço o meu País desde o Paraná até o Amazonas; com essa viagem completarei as visitas necessárias a uma visão de conjunto. Por outro lado, o meio literário do Rio Grande me interessa muito especialmente. Estou ansioso por travar conhecimento pessoal com os colegas que já admiro e quero muito através de suas obras.

— Visitará só Pôrto Alegre?

— Não. Embora minha permanência seja de apenas uma semana, irei, também, a Rio Grande e Pelotas. Viajo com Luiz Martins, o romancista de *Fazenda* e crítico de arte do *Diário de São Paulo*.

Então, o escritor passa a falar dos gaúchos. Diz que dos nossos escritores é sem dúvida alguma Erico Verissimo o mais conhecido em São Paulo, senão o único. Mas, que entre os intelectuais, na élite, um Viana Moog tem leitores entusiastas. Os outros são conhecidos de nome somente...

Evidentemente, Sérgio Milliet não tem culpa disso. Por si, êle faz o que pode com relação à nossa literatura. Conhece-a de longa data e já a

(Cont. na pág. 59)

ESTA É UMA FOTOGRAFIA de Sérgio Milliet, quando desembarcava em Miami, por ocasião de sua recente viagem aos EE. UU. Este conhecido crítico paulista publicará, dentro em breve, editado pela Livraria do Globo, — um livro de ensaios, intitulado "Cultura Quase Sempre". Êle está sendo esperado em Pôrto Alegre.

trosado com o meio e sempre atento ao fato artístico, embora só em 1938 venha a ter uma coluna cotidiana em *O Estado de S. Paulo*.

A partir de 1938, com o afastamento de Mário de Andrade pelo prefeito Prestes Maia e sua conseqüente ida para o Rio de Janeiro[19], a direção da revista passa ao novo Diretor do Departamento, Francisco Patti, mas é notória a continuidade da orientação de Sérgio Milliet. A mesma linha de publicações tem continuidade, embora diminua o número de volumes lançados anualmente. Em 1939, por exemplo, aparece o seguinte texto: "Prefácio a *O Folclore nas Ordenações do Reino*", por Sérgio Milliet (vol. LVI); em 1942, no vol. LXXXVII, "Ascensão Social do Mulato Brasileiro", por Donald Pierson; resenhados no setor publicações da revista encontram-se "As Ciências Sociais no Mundo de Hoje", por Donald Pierson, e "Sociology of Law" (G. Gurvitch), por Roger Bastide; no setor de etnografia e folclore, "Nos Sertões do Brasil", por Fritz Krause; no de documentação histórica, "Quem foi o Impressor e quem o Ilustrador da Edição Primitiva do Livro de Hans Staden?", por F. Sommer.

AS PUBLICAÇÕES DE SÉRGIO MILLIET NO PERÍODO

Concomitantemente à sua atuação no Departamento de Cultura e na Escola de Sociologia e Política, Sérgio Milliet apresenta numerosas publicações.

Em 1935, surge nas colunas literárias com o romance *Roberto*, o primeiro trabalho de sua autoria nesse gênero literário. O romance é destacado pela imprensa, que registra a "extrema habilidade com que o escritor conseguiu fusionar, numa realidade única, o genérico e o individual da psicologia de Roberto, com tão íntimo domínio da ficção e da verdade que a gente mal percebe este dualismo"[20].

---

denação da autora, em novembro de 1979: Rebolo, Volpi, Clóvis Graciano, Pennacchi, Rafael Galvez, Otávio Araújo, Luís Sacillotto, Athaíde de Barros, Geraldo de Barros, Luís Andreatini.

19. A propósito, ver *Mário de Andrade por Ele Mesmo*.

20. Antes, Milliet publicara poesias: na Suíça (de 1917 a 1920), *Par le Sentier, Le Départ sous la Pluie, En Singeant*; na Bélgica (1923), *L'Oeuil-de-Boeuf*; e no Brasil (1927), *Poemas Análogos*. Um outro romance, *Duas Cartas do Meu Destino*, será publicado em 1941. Cf. Mário de Andrade, "Roberto", recorte de jornal do arquivo Lourdes Milliet, data e fonte não indicadas.

O romance é considerado, em grande medida, como autobiográfico. No dizer de Mário de Andrade, revela "o problema do despaisado, de um ser que não se acomoda em pátria nenhuma [...]; na Suíça, desnorteado pelo seu brasileirismo sentimental e, depois, no Brasil, como um meteco oriundo de civilizações mais organizadas, vendo tudo de cima". Mário destaca, finalmente, num enfoque de análise calcado na psicanálise, a perspicácia de Milliet ao expor e acompanhar seu personagem através do livro, o romance como depoimento de uma geração, refletindo problemas das gerações formadas de 1890 a 1920. Ainda Mário, no artigo de jornal referido:

> Contém uma parte primacial do nosso espírito. Principalmente essa horrenda, tiraníssima, martirizante incapacidade de ser socialmente, que nos torna agora despaisados do espírito do tempo. Em vão alguns de nós, medrosos da própria ausência, procuram se corporificar num arraial qualquer. Honram-se de comunistas, lambusam-se de fachismo, dançam no mindinho do liberalismo democrático. Talvez só neste incolor liberalismo ainda possam ser, com naturalidade. Nos outros arraiais, por mais bem-intencionados, transformam-se em [...] palhaços gesticulantes de quem nem é possível rir.

ROTEIRO DO CAFÉ

Como conseqüência direta de sua experiência junto à Divisão de Documentação Histórica e Social e à Escola de Sociologia e Política, Sérgio Milliet escreve *Roteiro do Café*, publicando-o em quatro edições (a 1ª em 1938, a 2ª em 1939, a 3ª em 1941, a 4ª em 1946).

Este trabalho histórico-demográfico, fundamentado em dados coligidos de documentos da época, procura sistematizar o caminho percorrido pelo café e suas repercussões sobre a situação demográfica das zonas ocupadas, no período de 1886 a 1935. Leva em consideração o desenvolvimento cronológico da cultura do café no Estado de São Paulo, estabelecendo o zoneamento em obediência aos limites geográficos naturais ou às vias de penetração criadas pelo homem.

O estudo é pautado não só em documentação recolhida, mas leva em conta estudos de história, estatística, sociologia, muitos deles artigos ou ensaios publicados na *Revista do Arquivo*, e também livros recém-publicados no período, como *História Econômica do Brasil*, de Roberto Simonsen, *História Econômica do Brasil*, de Caio Prado Júnior, *Casa Grande e Senzala*, de Gilberto Freire. Interage, desta forma, com a reflexão científica do período, fornecendo subsídios para a formulação de uma resposta à crise do café, vigente na economia.

Roteiro do Café, em sua edição definitiva, inclui sete capítulos: 1. Introdução; 2. A Situação em Princípios do Século XIX; 3. O Caminho Percorrido; 4. Grandeza e Decadência do Café; 5. A Zona Norte; 6. A Zona Central; 7. Conclusões (e ainda um apêndice sobre o município de Piracicaba).

MARCHA À RÉ

Em 1936, um novo livro reunindo comentários sobre arte e literatura é lançado por Milliet: *Marcha à Ré*. Este trabalho traz reflexões sobre problemas da vida moderna, sobre o homem contemporâneo diante da crise que o envolve nesse momento. Ao lado da reflexão sobre arte, Sérgio discute algumas idéias de cunho social liberal, as quais tocam de perto a realidade brasileira. Diz, por exemplo:

> O que se deve procurar não é tanto o paliativo das intervenções econômicas do Estado, que podem ser úteis e podem ser desastrosas, segundo a orientação do momento e o caráter da sociedade em que se produzem, mas, sobretudo, a edificação de uma nova ordem espiritual [...] de um novo arcabouço filosófico para sobre ele levantar a sociedade do futuro. Nem marxismo, nem fascismo, nem comunismo, mas a primazira do espírito [...]. A filosofia nova construindo a doutrina da nova sociedade, assentada no valor trabalho (mas não no lucro), a liberdade dentro da hierarquia aceita. A idéia de elites intelectuais dirigentes para o estudo profícuo dos conjuntos[21].

Contra a postura tecnicista, inquieta-se pela orientação da mocidade, mostrando que é preciso um novo "misticismo". É necessário, diz, apontar-lhes os meios de "desalojar das posições de mando os velhos herdeiros e últimos representantes do 'yankeísmo' individualista, negocista e imperialista; é necessário convencê-la de que não é possível um movimento de renovação de valores sem que, nesse movimento, se reserve a parte do espírito".

Esta plataforma filosófica também norteia seus artigos literários e artísticos. Examina, por exemplo, a chamada literatura social do Brasil, mostrando as incoerências, a nível político, de pensar-se, naquele momento, na criação de um romance proletário. Diz ainda:

---

21. *Marcha à Ré*, Rio de Janeiro, José Olympio, 1936. Percebe-se, já neste momento, a presença fundamental do pensamento de Mannheim em sua obra.

Não temos movimentos conscientes de massas. Nossas revoluções vieram de cima e o próprio arranco da esquerda, hoje tão em foco, é ainda um movimento que vem de cima. Ao contrário de muitos países aonde as massas empurram para a frente as elites, as nossas elites é que empurram as massas para a esquerda [...]. A nossa literatura proletária situa-se longe da arte desejável. Não é mais que arma de propaganda, panfleto, tese e econômico-social. Nem mesmo como literatura de propaganda tem grande valor, pois pela sua "inteligência" fica longe das massas e pela sua pobreza voluntária de expressão artística afasta-se das elites. Não soou ainda a hora do ser social, isto é, de apanhar os homens na sociedade e pintá-los no estado de inquietação, de auscultação, de pesquisa da verdade em que vive.

Este trabalho, lançado num momento em que os jovens e os intelectuais assumem postura participante e debatem com empolgação os problemas político-sociais, ressoa como uma meditação fria sobre o alcance real da ação intelectual voltada para a transformação da realidade.

Em *Marcha à Ré*, Sérgio discute idéias de Ortega y Gasset, Romain Rolland, Julien Benda, André Malraux, Pascal, Spengler, entre outros. Discorre sobre a questão da finalidade da arte, trata da importância da técnica na arte, da psicanálise e da psicologia da gestalt. Porém, poucas são as referências diretas a problemas de pintura.

Como já percebera Mário de Andrade, Sérgio Milliet coloca-se um pouco "vendo tudo de cima", isto é, como analista que se separa do "agente da realidade" e põe-se numa angulação externa, chegando a ver a situação com a objetividade fria de quem vê "de fora".

Neste livro, Sérgio apresenta a sistemática do *journal intime*, que aparecerá, daí para frente, como tônica de sua reflexão sobre arte e sobre problemas da vida contemporânea, constituindo-se mesmo em marca de sua produção intelectual.

ENSAIOS

Ensaios, datado de 1938, reúne estudos sobre arte, literatura e história social, sendo de se destacar que muitos deles já haviam sido publicados na *Revista do Arquivo*. O livro divide-se em quatro partes[22]: I. Brasiliana, II. Literatura e Arte, III. Documentação Social, e IV. Miscelânea.

22. O simples registro do índice da obra revela-se exemplificativo das preocupações variadas do autor. Senão, vejamos: BRASILIANA: I. As Memórias de

A obra mostra o trabalho de Sérgio Milliet na imprensa especializada, como comentarista dos fatos da vida intelectual e como pesquisador que sabe extrair conclusões fecundas dos dados recolhidos em suas investigações, conforme destaca Augusto Meyer em carta a Sérgio, em 26.12.1938.

Ensaios revela, também, segundo a opinião de Mário de Andrade[23], a "equilibradíssima figura de intelectual, raro exemplo em nosso meio artístico, destacando-se pela segura noção de responsabilidade com que organiza a sua literatura, pela maturidade de pensamentos que está alcançando". No mesmo artigo, Mário detecta que:

> É possível verificar que as idéias expostas pelo Sr. Sérgio Milliet, se são ricas em número e firmeza, não são, todavia, muito, muito originais. Mas isso mesmo ainda vai na conta daquela noção de responsabilidade que faz deste escritor o utilitarista que busca mais energicamente a razão justa dos fenômenos e das coisas, em vez de procurar iluminá-los com qualquer invenção mais apaixonada. Para o Sr. Sérgio Milliet, a crítica certamente não será uma obra de arte.

Os textos do livro que versam sobre arte são comentários publicados em *O Estado de S. Paulo*: em "Pintura Moderna", discorre sobre os salões de São Paulo, em especial sobre o salão de Maio de 1938, defendendo a necessidade de criar-se um museu de arte moderna na cidade; em "Do Assunto", pondera sobre a sua correlação com a comunicabilidade da obra de arte, comentando, como ponto de apoio, a recente conferência de Roger Bastide no II Salão de Maio ("Pintura e Mística"); em "Posição do Pintor", vem à tona a questão da participação do artista em sua sociedade; finalmente, em "Almeida Júnior", estuda o artista correlacionando-o com a época em que viveu e o meio em que se de-

---

Oliveira Lima, II. Recenseamentos Antigos, III. Um Recenseamento Colonial, IV. Crise de Mulheres, V. Raízes do Brasil, VI. Um Escândalo na Corte, VII. - José Maria Bello e o Panorama do Brasil, VIII. Tentativas de Imigração, IX. - Bastidores da História, X. Gilberto Freire e o Espírito Científico, XI. Brasílio Machado, XII. Plantas e Bichos, XIII. Moral Colonial. LITERATURA E ARTE: I. Pintura Moderna, II. Arte e Criação, III. Do Assunto, IV. Posição do Pintor, V. Almeira Júnior, VI. Decadência do Cinema, VII. Poetas Novos de São Paulo, VIII. O Simbolismo, IX. Henri de Régnier, X. Diários Íntimos, XI. Posição do Paulista, XII. O Moderno Romance do Brasileiro, XIII. Romain Rolland. DOCUMENTAÇÃO SOCIAL: I. Moeda Divisionária, II. O Denominador Comum, III. Realidade Americana, IV. O Crime do Restaurante Chinês, V. Ceticismo, VI. Em Prol do Bom Senso, VII. O Terrorismo e a Psicologia, VIII. Generalização apressada. MISCELÂNEA: I. Ares da Europa.

23. "Noção de Responsabilidade", *Diário de Notícias*, s.d. (Recorte).

senvolveu. Tais textos reaparecerão, mais tarde, em *Pintores e Pintura* e *Pintura Quase Sempre*.

De uma maneira geral, as idéias e temas básicos de sua discussão sobre arte vão reaparecer em *Pintores e Pintura* (1940), *O Sal da Heresia* (1941), *Fora de Forma* (1942), *Pintura Quase Sempre* (1944), nos primeiros volumes do *Diário Crítico* e mesmo nos livros que tratam de temas específicos, tais como *Pintura Norte-Americana* (1943) e *Contribuição para um Estudo da Expressão Gráfica dos Quadros Religiosos da Renascença* (1945).

Um estudo das principais preocupações correlacionadas à pintura ocupará, mais adiante, todo um capítulo deste trabalho. Por ora, é importante lembrar que toda esta produção estará vinculada à atividade de Sérgio Milliet, a partir de 1938, em *O Estado de S. Paulo*, como crítico de arte e literatura. Em linhas gerais, pode-se adiantar que o produto principal, resultante desta atuação cotidiana nas colunas de *O Estado de S. Paulo*, nas sucessivas coletâneas de ensaios, revela sua preocupação e sua meta principal de atuar junto ao público didaticamente, buscando descondicioná-lo de preconceitos contra a arte moderna. Deve-se lembrar que se vive o período dos primeiros salões de arte moderna e que o público ainda se assusta diante da produção apresentada, acostumado que está a rígidos padrões acadêmicos introduzidos e enraizados, desde o século anterior, com a vinda da Missão Francesa e a criação da Escola de Belas-Artes[24].

24. São significativos os textos que apresentam ao público os primeiros salões de arte moderna, como indicadores da situação do modernismo face ao público, naquele momento. Na apresentação do catálogo da primeira mostra do Salão de Maio, em 1937, a comissão organizadora explica o sentido da exposição: "Reúne-se o Primeiro Salão de Maio com o fim único de mostrar à crítica e ao público, assim como aos meios intelectuais, responsáveis pela formação das novas gerações, os trabalhos dos artistas modernos do país, que prosseguem em suas pesquisas plásticas, não obstante a tendência, quase generalizada, de negar valor a essa produção. Com a sua finalidade informativa à compreensão da grande maioria, o Primeiro Salão de Maio não será uma mensagem solitária no panorama da vida cultural brasileira: pretende continuar, sempre como uma pura demonstração da firmeza de convicções que anima a corrente de artistas aqui reunida. Tenciona coligir, em cada ano, mais abundante e melhor selecionada, a produção dos nossos pintores e escultores que são capazes de rasgar novos horizontes à expressão plástica, absorvendo e reproduzindo o sentido da história viva da arte de nosso tempo, nos seus progressos técnicos e no seu conteúdo sentimental, ideológico e poético.

"Há, portanto, um fim social no Primeiro Salão de Maio, e como ele se efetua sem se apoiar em associações de artistas, isto significa que representa uma verdadeira necessidade do meio em que se produziu [...] pois data de três anos a última mostra coletiva de arte moderna em São Paulo [...].

A atividade didática de Sérgio Milliet objetiva aproximar o público dos novos valores estéticos. Para os jovens artistas surgidos no decênio 30, Milliet será, como crítico, o organizador das idéias vigentes, o sistematizador do projeto que intuitivamente põem em prática, mas sobre o qual não teorizam.

Sabe-se que este período é marcado pela emergência de uma nova base humana no contexto artístico.

Enquanto nos anos 20 os artistas procedem da elite, neste momento de transformações sócio-econômicas o movimento

"Assim, a importância da nossa iniciativa é fruto exclusivo da confiança e do apoio dos artistas aqui reunidos, numa firme cadeia de vanguarda, ligada pelos mesmos interesses, porque representantes de uma época e de uma fase construtora da história da arte, no Brasil e no mundo".

A apresentação deixa transparecer, claramente, a situação do artista plástico moderno que, naquele momento, representa "uma mensagem solitária na vida cultural", uma vez que, tanto da parte do público como dos salões oficiais, a tendência é negar sua produção e sua pesquisa.

No mesmo sentido, o texto de apresentação do catálogo da primeira mostra da Família Artística Paulista, em 1937, declara: "Evitou-se incluir, na denominação dada ao novo grupo, a palavra 'moderno', ou qualquer outra que a equivalesse. Já se disse que a Família Artística não nutre preconceitos de qualquer categoria. Cumpre acentuar, porém, o mau uso que se tem feito daquele adjetivo, o qual tem servido não raro para (criar) [...] no espírito do público menos informado do assunto a mais lamentável confusão. Dessa confusão se originou [...] uma surda revolta, uma [...] prevenção contra o que traga o rótulo de moderno – revolta e prevenção que se estendem aos mais altos expoentes da pintura e da escultura contemporânea, e impedem que se observe, com a devida serenidade, que os mesmos valores plásticos que se notam nos afrescos de Giotto ou nas telas de Greco surgem com o mesmo vigor e intensidade vital nas obras de um Corot, de um Derain ou de um Maillol [...].

"Das palavras acima se conclui, com clareza, que o Grupo dos Artistas Plásticos da Família Artística Paulista, repudiando, do mesmo passo, o academismo e não se encartando nas correntes mais 'avançadas' da arte [...] mas aceitando com imparcialidade o que de proveitoso elas trouxeram, quer se sentir integrado nas mais legítimas tradições da pintura, que ligam, através dos séculos, as realizações de um Cimabue às de um Masaccio; as de um Masaccio às de um Giorgione; as de um Cézanne às de um Matisse. Não que tenhamos a presunção de igualar as obras dos grandes mestres, composto que é o nosso Grupo, em sua maioria, de novos artistas em período de formação de sua personalidade. O certo, porém, é que mais facilmente se encontram aquelas tradições entre os que trazem o espírito virgem e uma concepção simples das coisas, do que entre os que já se deixaram contaminar das fórmulas e demais 'idéias feitas' no domínio das artes".

Na coletiva inaugural da Família Artística Paulista, aberta ao público a 10 de novembro de 1937, o Grupo Santa Helena comparece, em conjunto, pela primeira vez. Além dos membros do Santa Helena – Bonadei, Graciano, Volpi, Rebolo, Rosa, Pennacchi, Manoel Martins e Zanini, os demais componentes são: Anita Malfatti, Armando Balloni, Arnaldo Barbosa, Arthur Krug, Hugo Adami, Joaquim Figueira, Paulo Rossi Osir e Waldemar da Costa.

artístico reflete o processo de reorganização social: a presença do imigrante ou de seu descendente, artistas provindos do proletariado, advindos de atividades "de ofício", como a decoração de paredes, ou procedendo de uma baixa classe média cujo perfil vai ser melhor configurado.

De formação autodidata ou decorrente de escolas profissionalizantes – Escola Profissional Masculina ou Liceu de Artes e Ofícios –, raros são os casos de jovens artistas que têm a possibilidade de estudar fora do país, em centros culturais estrangeiros mais importantes e significativos.

Ao mesmo tempo que Sérgio Milliet contribvui para a formulação do "projeto estético" subjacente à atuação desta geração, é também um debatedor de questões em pauta na ideologia da época. Sua crítica discute, entre outras, a questão fundamental da função social da arte, o significado da arte na teia da cultura humana e o problema em voga nesse momento de véspera da Segunda Guerra Mundial: o papel do intelectual na sociedade, o problema da técnica e da criação na arte, a arte como expressão.

Neste contexto, toda a experiência européia, sua vivência de situações e conhecimento teórico de personalidades do campo filosófico e literário serão de grande valia na contribuição que presta ao meio cultural paulista e brasileiro.

Carlos Drummond de Andrade tem a definição precisa de Sérgio Milliet, neste momento de sua vida: "Nenhum entusiasmo fácil, mas também nenhuma passividade intelectual" (carta a Sérgio Milliet, de 25.07.1935).

A AÇÃO DE MILLIET NA BIBLIOTECA MUNICIPAL

Em 1943, Sérgio Milliet é transferido, pelo prefeito Prestes Maia, da Divisão de Documentação Histórica e Social para a Divisão de Bibliotecas, passando a atuar na Biblioteca Municipal até sua aposentadoria, em 1959. Ao mesmo tempo, Rubem Borba de Morais, que dirigia as bibliotecas, é colocado na Divisão de Documentação Histórica e Social, vindo a demitir-se logo depois.

Na Divisão de Bibliotecas, Sérgio dá continuidade aos trabalhos iniciados na gestão de Fábio Prado, por Rubem Borba de Morais, acrescentando novos projetos. A Divisão tem a seu cargo a Biblioteca Pública Municipal, a Biblioteca Infantil, as bibliotecas circulantes e as populares.

Segundo Paulo Duarte[25], no momento da criação do Departamento de Cultura há um São Paulo duas bibliotecas públicas: a do Estado, na Praça João Mendes, e a Municipal, na Rua 7 de Abril. Ambas possuem organização antiquada. A Municipal é muito movimentada, mas segue o gosto do público, comprando livros segundo a procura, ao invés de proporcionar uma orientação e uma ação educativa.

Rubem Borba de Morais, ao assumir a Divisão de Bibliotecas, inicia um trabalho de remodelação da Biblioteca Municipal. Tendo estudado na Europa, conhece as técnicas modernas de biblioteconomia, ainda não aplicadas no país. Realiza aquisições orientadas tanto de livros avulsos e periódicos, como de acervos particulares como os de Eduardo Prado, Alfredo Pujol, Estevão de Almeida, Félix Pacheco – esta última dá início à Coleção Brasiliana, que reúne livros sobre o passado histórico do Brasil. Desenvolvem-se atividades articuladas com a Universidade de São Paulo e tem início a construção do prédio da Rua da Consolação. Projetam-se bibliotecas circulantes, populares e infantis, que são colocadas em funcionamento: a primeira, anexa ao prédio da Municipal, as populares na Mooca, Brás e Lapa; as últimas, nos parques infantis e na Rua Major Sertório.

Com verbas da Fundação Rockfeller[26] abre-se a Escola de Biblioteconomia, que funciona junto à Biblioteca Municipal, permitindo iniciar a formação de base para atuar nessa área.

Em 1942, inaugura-se, ainda que precariamente, o edifício da Rua da Consolação, num programa de apresentação das obras realizadas pelo Estado Novo, que inclui a Avenida 9 de Julho e a Ponte das Bandeiras.

Quando Sérgio Miliet assume a direção da Biblioteca, esta sofre restrições de verbas e de pessoal, apesar do fato político inaugural tê-la destacado como uma realização de importância para o País e para o Estado. Mesmo em condições precárias, Milliet estabelece um processo dinâmico, organizando a seção de livros raros, a de microfilmagem, reorganizando a biblioteca circulante já existente, promovendo ciclos de conferências no auditório e iniciando a publicação do *Boletim Bibliográfico*, além de proporcionar ao meio artístico um fato de máxima importância: a criação da Seção de Arte.

---

25. *Mário de Andrade por Ele Mesmo*, pp. 72 ss.
26. A subvenção da Fundação Rockfeller estende-se ainda por dois anos consecutivos, passando depois o curso a funcionar junto à Escola de Sociologia e Política de São Paulo.

Sérgio Milliet na Seção de Arte
da Biblioteca Municipal de S. Paulo.
Segunda metade dos anos 1940.
Foto arquivo de Tereza Cristina A. Guimarães.

A SEÇÃO DE ARTE E O MUSEU

A Seção de Arte da Biblioteca Municipal é inaugurada, oficialmente, a 25 de janeiro de 1945, durante a cerimônia de abertura do I Congresso Brasileiro de Escritores.

A atuação deste setor da Biblioteca é pioneira no meio artístico paulistano, tendo surgido como conseqüência do projeto de criação de um museu de arte moderna em São Paulo, idéia defendida deste 1938[27].

27. Vera Horta Beccari vê a raiz do processo que possibilita o surgimento do Museu de Arte Moderna SPAM (Sociedade Pró-Arte Moderna), "pela função aglutinadora e irradiadora de idéias modernistas que exerceu, dentro de sua proposta de estreitar relações entre os artistas e de aproximar artistas e o público geral da arte moderna" ("A SPAM, Uma Festa da Arte", *SPAM - A História de Um Sonho*, São Paulo, Museu Lasar Segall, 1985. (Catálogo).

A idéia de um Museu de Arte Moderna veiculada por Mário de Andrade e Sérgio Milliet tem, porém, um lastro mais amplo: vai além da aglutinação de artistas e aproximação do "público de arte moderna", voltando-se para a comunidade em geral. O objetivo é a formação cultural do público em compasso com a contemporaneidade. Não é a "festa", mas uma ação organizada dentro da plataforma modernista de atualizar a inteligência artística brasileira, dentro também de uma orientação política que impregna a intelectualidade paulista voltada para os ideais liberais democráticos, depois da Revolução de 1932. A idéia de criar um Museu de Arte Moderna tem mais a ver com a política cultural que favoreceu o surgimento do Departamento de Cultura. Aliás, tanto Mário como Sérgio pensam o museu ligado ao Departamento. Para Mário, sua forma seria a de um museu popular, de reproduções; para Sérgio, o Museu preserva o sentimento tradicional da instituição que compõe um acervo significativo e propicia ao público o contato com os bens culturais. Mário quer a "desaristocratização da obra-prima", vê o museu popular "com o destino de pôr as suas coleções ao alcance de qualquer compreensão", através de reproduções (revista *Problemas, apud* Aracy Amaral, *Arte para Que?, op. cit.*). Sérgio quer o modelo tradicional de museu, mas prega a necessidade paralela de uma ação pedagógica.

Considerando este quadro, parece que o Salão de Maio (1937, 1938 e 1939) tenha uma relação mais direta com a idéia da necessidade de um museu de arte moderna na cidade. É, aliás, comentando o Salão de Maio de 1938, que Sérgio Milliet fala pela primeira vez sobre essa necessidade de criar um museu. Veja-se a plataforma da comissão organizadora do Salão de Maio, na nota 24 deste capítulo.

Vale a pena lembrar ainda que tanto Sérgio Milliet como Mário de Andrade têm participação na SPAM, através do jornal *A Vida de SPAM*, do qual eram, junto com Alcântara Machado, os diretores. Como sugere o nome, o jornal comenta os acontecimentos da sociedade. Mas, neste momento, são ainda as vertentes básicas do modernismo dos anos 20 que se manifestam. Para melhor explicação desta idéia pode-se observar a distinção das duas festas realizadas pela sociedade: " 'O Carnaval na Cidade de SPAM', verdadeira sátira ao poder constituído e seus representantes, significava o aspecto destruidor do Modernismo, en-

A Seção de Arte cumpre importante papel formativo, junto à geração que emergiu no chamado período de consolidação da arte moderna brasileira[28].

Além da coleção de livros especializados e organizados de maneira a permitir uma consulta ampla e sistematizada sobre os diferentes assuntos artísticos, a seção forma o primeiro acervo público de arte moderna brasileira, trabalhando museologicamente. A partir de 1944, passa a adquirir e expor regularmente pinturas, desenhos, gravuras e esculturas de artistas nacionais modernos, além de reunir um acervo de originais e de reproduções de obras de arte, organizando mostras didáticas sobre a história da arte, de grandes artistas e movimentos contemporâneos[29]. Há, além disso, mostras itinerantes desde 1944. Destacam-se, na coleção de originais adquiridos, óleos, desenhos, aquarelas, gravuras de artistas modernos dos anos 1920, 1930 e 1940, como Tarsila, Anita Malfatti, Di Cavalcanti, Rebolo, Graciano, Volpi, Bonadei, Aldemir Martins, Marcelo Grassmann, Gomide, Pancetti, entre muitos outros. Há ainda coleções de desenhos, como os de Rugendas (35 desenhos) e Belmonte (83 desenhos). No acervo de reproduções: 84 de Picasso, 56 de Renoir, 56 de Van Gogh, 50 de Chagall, 44 de Degas, 38 de Matisse, 23 de Braque, entre outras.

Pode-se dizer que a Seção de Arte oferece ao público, pioneiramente, um panorama sistemático e atualizado da história da arte universal, num enfoque formativo e informativo, tendo além do mais a preocupação com a "memória" artística da cidade.

---

quanto que 'Uma Expedição às Selvas da Spamolândia' se aparentava com uma proposta construtiva, dentro do movimento. Tratava-se de uma adesão ao repertório exótico, de um apelo ao primitivo, presentes tanto nas vanguardas européias como no esforço modernista de encontrar o caráter verdadeiramente brasileiro da nossa arte". O trecho citado é a da análise de Vera Horta Beccari, *op. cit.*, p. 20.

Sérgio Milliet, como Mário, é sócio da SPAM; sua assinatura é a 34ª na ata de fundação da Sociedade.

28. A discussão da "consolidação da arte moderna" é iniciada pela crítica de arte, já em meados de 1940. No artigo "Omnibus", publicado na *Folha da Manhã* de 25 out. 1944, comentando a primeira individual de Rebolo, na recém-inaugurada Livraria Brasiliense de São Paulo, e a produção recente de Graciano, Lourival Gomes Machado caracteriza o processo vivido no período como de afirmação e depuração da arte moderna.

29. Depoimento de Maria Eugênia Franco à autora, em 10 jan. 1982. A implantação da Seção de Arte projetada por Milliet deve-se ao trabalho de Maria Eugênia Franco, sua colaboradora na Biblioteca Municipal. O projeto das exposições didáticas foi elaborado por ela e recebeu o nome de "Museu Imaginário".

Os salões de arte moderna que surgiram nos anos 1930 são efêmeros. A SPAM (Sociedade Pró-Arte Moderna) e o CAM (Clube dos Artistas Modernos), ambos de 1932, os Salões de Maio (1937, 1938, 1939), os da Família Artística Paulista (1938, 1939, 1940), os do Sindicato dos Artistas Plásticos (1937-1949), são organizados pelo esforço particular dos artistas com apoio de alguns intelectuais e, às vezes, de personalidades da sociedade (caso da SPAM e do Salão de Maio), sem maior apoio de entidades oficiais ou, até mesmo, em oposição a elas. E, como observa Sérgio no mencionado artigo "Pintura Moderna", de 1938, "sem a necessária publicidade", pouca chance teriam de uma ação mais duradoura.

Desde aquele momento (1938), Sérgio Milliet reitera, na sua atividade crítica, a necessidade de se criar uma ação organizada, voltada para a arte moderna da cidade, a necessidade de se criar um museu de arte moderna em São Paulo:

> A ausência de um museu de arte moderna em São Paulo faz-se duramente sentir. Se este existisse na nossa capital [...] talvez não ficasse sem registro permanente o esforço notável dos pintores e escultores da atual geração brasileira. Em verdade, ao Departamento de Cultura cabe organizá-lo e é de se esperar que não abandone uma iniciativa tão útil, de tão grande valor cultural e educativo [...]. Enquanto não se realiza o sonho temos que nos contentar com as manifestações coletivas que tentam fixar, à custa de muito sacrifício, sem recompensas, sem apoio e até sem publicidade, os melhores momentos das artes plásticas nacionais (*O Estado de S. Paulo*, 22 jul. 1938).

A Seção de Arte, em 1945, representa um primeiro esboço na direção deste ideal pelo qual Sérgio vinha lutando desde o decênio anterior.

Criada a Seção de Arte, rapidamente cresce o número de adeptos da idéia – arquitetos, artistas, jornalistas, intelectuais de áreas afins apóiam o projeto do museu.

Os momentos são difíceis para o Departamento de Cultura, já sem o dinamismo e a liderança de Mário de Andrade e sem o suficiente apoio da Prefeitura e do Estado.

Abre-se porém uma brecha que Milliet e outros intelectuais reconhecem ser a viabilidade disponível.

Como professor da Escola de Sociologia e Política, Sérgio está em contato com representantes americanos interessados na política de aproximação com os países do continente – a chamada política de boa vizinhança. Em 1942, dá-se a visita do Dr. David Stevens, diretor da Divisão de Humanidades da Fundação Rockfeller, que fornece àquela Escola uma dotação de cinco contos de réis, destinados à constituição de um acervo bibliográfico e à pesquisa social (nos anos 1944 e 1946 novas dotações são fornecidas). Por outro lado, Carleton Sprague Smith, adido cultural ao Consulado Americano em São Paulo, é também colega de Sérgio Milliet no corpo docente da Escola e empolga-se com a idéia, tornando-se um intermediário junto à Fundação Rockfeller.

A Fundação Rockfeller apoiará a idéia da criação do Museu de Arte Moderna não só em São Paulo, mas também no Rio de Janeiro e, mais tarde, ainda em outros estados do País.

Ocorre um entrosamento mais direto com o meio americano em 1942. Em 1943, Sérgio viaja para os Estado Unidos, resultando desta experiência o livro *Pintura Norte-Americana*, publicado pelo Departamento de Cultura, no ano seguinte[30].

30. As pesquisas sociológicas, as reflexões sobre as artes plásticas e a participação de Sérgio Milliet nas instituições culturais da cidade se faz num clima político de grande tensão, pois ocorrem no período que vai dos antecedentes imediatos à implantação do Estado Novo e à eclosão da Segunda Grande Guerra.

À época da criação do Departamento de Cultura, Armando de Salles Oliveira é o governador de São Paulo e Fábio Prado o prefeito da cidade. Eles são representantes da classe "oligarco-burguesa" (termo utilizado por Edgard Carone, *O Estado Novo (1937-1945)*, São Paulo, Rio de Janeiro, Difel, 1977) que subsiste no poder, dominando o sistema sócio-político.

Esta gestão é considerada por Paulo Duarte "um dos momentos lúcidos na vida da cidade" (*Op. cit.*, p. 285). Em 1937, com a tomada do poder federal por Getúlio Vargas, governador e prefeito são substituídos, abatendo a vida do Departamento de Cultura. Mário de Andrade é retirado da direção em 1938 e vai para o Rio de Janeiro lecionar no Instituto de Arte da Universidade desse Estado. Sérgio continua à frente da Divisão mas sem verbas para continuar as pesquisas.

Em 1938, Paulo Duarte parte em exílio ao lado de Armando de Salles Oliveira e Júlio de Mesquita Filho, companheiros do Partido Democrático. Em 1940, *O Estado* sofre intervenção, ficando sob jurisdição federal. Apesar deste ambiente, Sérgio Milliet pode resistir. Sua atividade crítica torna-se mais intensa e passa a exercer maior liderança na vida cultural da cidade.

A oposição dos intelectuais ao Estado Novo se faz desde o início (facção liberal das oligarquias locais e a esquerda comunista), acentuando-se, porém, quando a política interna se modifica, em conseqüência da Segunda Guerra Mundial. Firma-se a luta contra o *eixo*, toma-se o partido dos países democráticos. Os Estados Unidos são o modelo exemplar: é o melhor mercado do país, indispensável ao governo Vargas, face à crise internacional, ao mesmo tempo que representa o ideal democrático das camadas médias e burguesas. Por via deste ponto de manobra da política interna brasileira, a influência americana penetra no Brasil.

Milliet visita os Estados Unidos em 1943. Através do Sindicato, artistas e intelectuais prestam-lhe homenagem, enviando aos "colegas norte-americanos" mensagem de paz e liberdade ("Homenagem ao Sr. Sérgio Milliet", *O Estado de*

Em 1946, São Paulo recebe a primeira doação de Nelson Rockfeller para constituição do museu: um total de sete obras – óleos, guaches, têmpera e um móbile, incluindo trabalhos de Browne, Graves, Max Ernst, Masson, Chagall, Léger, Grosz e Calder[31]. Os trabalhos ficam sob a guarda do IAB – Instituto dos Arquitetos do Brasil, mas permanecem, pela melhor condição de acolhimento, na Biblioteca Municipal. A entrega dos mesmos é feita, em solenidade, na Biblioteca Municipal e os trabalhos são apresentados ao público em exposição (novembro de 1946)[32].

S. Paulo, 22 jan. 1943). Depois da entrada do Brasil na guerra, os intelectuais, assim como os outros grupos de oposição, abrem franca reistência ao Estado Novo. No ano de 1943, dá-se a exposição de quadros doados por artistas à RAF.

Nesse ano, Sérgio publica o ensaio *Pintura Norte-Americana* e faz conferências em diversas cidades do país sobre sua viagem. O livro historia o percurso da arte nos Estados Unidos – das primeiras manifestações à implantação da arte moderna. Na introdução Sérgio informa ser sua intenção apresentar um esboço histórico da pintura dos Estados Unidos, visando atender à curiosidade do público. Ao acompanhar a história cronologicamente, utiliza-se dos principais conceitos que se observou anteriormente em sua crítica: a procura de uma expressão original, a ação voltada para a formação do gosto da comunidade, a comunicação da arte com o público, o Modernismo e sua relação com a Europa (e com o México).

31. Esta coleção integra hoje o acervo do Museu de Arte Contemporânea da USP, visto que em 1963 o acervo do antigo MAM de São Paulo foi doado por Matarazzo Sobrinho à Universidade.

A 25 de novembro de 1946, Nelson Rockfeller escreve a Sérgio Milliet: "Permita-me agradecer-lhe ainda uma vez por ter reunido o grupo interessado na formação de um Museu de Arte Moderna em São Paulo. Sei o quanto é difícil coordenar os diferentes interesses e como é preciso conduzir as suscetibilidades [...].

"Levando ao Brasil alguns exemplos da arte produzida nos Estados Unidos desde 1940, pensei que isto o ajudaria a chamar a atenção do público para o seu esforço, de que já me falara o amigo Carleton Sprague Smith [...] Minha idéia [...] não é fundar uma coleção nem somar obras a uma coleção já existente, mas sim acelerar um momento latente [...].

"Foi um grande prazer para Mme. Rockfeller e para mim visitar embora rapidamente sua magnífica biblioteca e sua bela seção de arte, florescente e bem organizada".

32. Diz o *press-release* distribuído pelo MAM de São Paulo, em 1949, quando acolhe finalmente a doação de Rockfeller: "Esta doação [...] antecedeu mesmo à fundação do Museu de Arte Moderna, pois o sr. Rockfeller apenas soube que em nosso meio se cogitava de fundar uma instituição destinada a cultivar as formas mais avançadas da arte contemporânea exprimiu sua simpatia pelo projeto, destinando ao futuro museu um lote de pinturas de alto valor e significação. Tratando-se pois de um donativo antecipado, por combinação entre o sr. Rockfeller e os fundadores do Museu de Arte Moderna, foram esses quadros confiados a um depositário. Incumbiu-se da função o sr. Eduardo Kneese de

Neste momento amplia-se a discussão e o empenho pela criação do Museu de Arte Moderna. Sucessivas reuniões são realizadas em São Paulo, no Instituto dos Arquitetos, com participação de intelectuais, artistas e outros adeptos. Algumas personalidades ligadas ao empresariado aproximam-se do projeto, por esta época. Assis Chateaubriand é sensibilizado, bem como Francisco Matarazzo Sobrinho, que passa a participar das reuniões do IAB. Mas, ao que consta, a decisão de acolher o apoio de Matarazzo se dá com o aval americano. Segundo depõe o arquiteto Vilanova Artigas[33], a palavra final que leva ao encaminhamento do processo de criação do Museu de Arte Moderna de São Paulo sob a liderança de Matarazzo surge numa reunião de Nova Iorque, da qual ele participa, quando bolsista nos Estados Unidos. Carleton Sprague Smith é o porta-voz de Rockfeller, falando do seu interesse pela participação daquele empresário no projeto.

Abre-se, enfim, o processo de preparação do futuro museu. Francisco Matarazzo Sobrinho e sua esposa Yolanda Penteado passam a comprar importantes obras internacionais, objetivando a criação de um acervo para o Museu de Arte Moderna, cuja fundação se dá, finalmente, em julho de 1948, abrindo ao público em 1949. Em 1951, o museu enriquece-se com a criação de uma bienal – a Bienal de São Paulo – estendendo, assim, sua ação ao âmbito internacional. Neste processo, Sérgio Milliet tem igual importância participativa.

Mello, do Instituto dos Arquitetos do Brasil, que contou com a colaboração do sr. Sérgio Milliet, diretor da Biblioteca Municipal".
33. Depoimento à autora, 6 dez. 1983.

No juri Internacional da I Bienal de São Paulo, em 1951.
Da esq. p/ dir.: Eric Newton (Inglaterra), Jacques Lassaigne (França),
Jan Van Haas (Holanda), René D'Harmoncourt (Estados Unidos),
Marco Valsecchi (Itália) e Sérgio Milliet (Brasil).
Foto: P. C. Scheier, do arquivo da Bienal de S. Paulo.

Milliet, ativo, na III Bienal de S. Paulo, Entre os sentados
o segundo, da esq. p/ dir., é o poeta Guilherme de Almeida.
Foto: Agência Estado, do arquivo da Bienal de S. Paulo.

5. O Projeto das Bienais e o Debate Abstração/Figuração (Anos 1950/1960)

> *No campo da Arte não há – não deveria haver – nenhuma rivalidade entre as nações. O único combate digno de nós é o que é travado, em todos os países e em todas as horas, entre a cultura e a ignorância, entre a luz e o caos. Salvemos toda a luz que possa ser salva!*
>
> ROMAIN ROLLAND, 1939*

Sérgio Milliet atua junto ao Museu de Arte Moderna de São Paulo, participando da organização das suas primeiras bienais. Na atividade crítica, acompanha o debate entre "figuração" e "abstração", que se acentua com o surgimento dessa instituição.

Promove-se, principalmente por via da bienal, intenso contato e, conseqüentemente, o confronto com a arte estrangeira, trazendo, de modo mais vivo e rápido, o conhecimento de movimentos e tendências que se desenvolvem no exterior. A abstração é introduzida e se consuma, polemizando com a arte figurativa dos pintores modernos brasileiros que, nessa época, reciclam no seu fazer artístico, em especial, informações do cubismo, do expressionismo, do surrealismo ou ainda das fontes pós-impressionistas.

---

* Citação feita por Carleton Sprague Smith no contexto do artigo "O Público e o Artista", *Diário de S. Paulo*, 26 set. 1944, de autoria do adido cultural norte-americano, quando professor da Escola de Sociologia e Política de São Paulo.

É profícuo, para Sérgio Milliet, este momento da nossa vida artística, pois a bienal traz um amplo confronto de tendências: salta aos olhos a predominância do espírito de liberdade. Ao lado das soluções abstratas e concretistas, as soluções figurativistas. Ao lado do expressionismo que se exprime pela deformação, o cubismo que se compraz na construção geométrica. Junto à tentativa de pintar o sonho e revelar o mundo do inconsciente, a ambição de descrever objetivamente o mundo da realidade, crítica social, participação, evasão, fantasias, ciências, toda a cultura de nossa época, caótica, contraditória, atraente e hostil a um tempo, se espelha nessa arte discutida e discutível, polêmica quase sempre, construtiva por vezes, mas viva, presente, que não podemos ignorar...[1]

Considera necessário não apenas o contato com a contemporaneidade, mas também a aproximação com os grandes patrimônios da história da arte moderna, isto é, com as obras produzidas pelos principais movimentos artísticos do século XX.

Assim, Sérgio Milliet, ao assumir a liderança na organização das II, III e IV Bienais de São Paulo[2] coloca novamente em foco

---

1. *Catálogo da II Bienal de São Paulo*, p. XVII. A primeira Bienal de São Paulo data de 1951. Desde 1949 cogita-se entregar a direção do Museu de Arte Moderna a Sérgio Milliet, mas ele não pode acumular esta função com a de diretor da Biblioteca Pública Municipal. Para a direção do Museu convida-se, então, o crítico francês Léon Degand e a I Bienal tem Lourival Gomes Machado como diretor. Sérgio permanece numa das comissões artísticas (na de Pintura e Escultura) do MAM e no Conselho Administrativo da Bienal.

Em 1952, Sérgio Milliet obtém da Prefeitura uma licença a fim de dedicar-se à organização da II Bienal de São Paulo como diretor. Na mesma condição lidera os trabalhos das III e IV Bienais.

À I Bienal comparecem 21 delegações estrangeiras exibindo sua produção atual. A arte contemporânea brasileira é apresentada através de salas especiais, com artistas convidados e de uma seção geral, com a presença dos que se sujeitaram a júri de seleção. Prevalece a idéia da Bienal como evento de atualização da arte brasileira.

Lourival Gomes Machado, apresentando a mostra, diz que a Bienal tem "duas tarefas principais: colocar a arte moderna do Brasil não em simples confronto, mas em vivo contato com a arte do resto do mundo, ao mesmo tempo que para São Paulo se buscaria conquistar a posição de centro artístico mundial" (p. 15 do catálogo da I Bienal). Sérgio, na "Introdução" ao *Catálogo da II Bienal*, diferencia seu projeto do anteriormente efetivado, historiando sua consecução (p. XV, 1953).

2. A organização das bienais cabe, nessa época, ao Diretor Artístico do Museu de Arte Moderna, onde Sérgio exerce esta função.

Maria Eugênia Franco diz que Sérgio Milliet, "ao assumir a direção da II

uma diretiva conciliatória. Evidencia-se no seu projeto crítico, uma vez mais, a característica pedagógica: a preocupação com a formação e a informação dos artistas e do público, com a educação do gosto da comunidade, de modo a abrir condições para o diálogo com a arte do presente.

A implantação do trabalho museológico, esboçada na Seção de Arte, configura-se, agora, mais solidamente. A infra-estrutura para a ação – o museu – já é uma realidade[3].

AS BIENAIS ORGANIZADAS POR SÉRGIO MILLIET

As coordenadas definidas por Sérgio Milliet para a segunda Bienal e as duas subseqüentes objetivam trazer ao público informação sobre os principais movimentos artísticos do século XX.

Com o apoio do Itamaraty e de D. Yolanda Penteado, são realizados contatos na Europa. Durante a Bienal de Veneza de 1952, Sérgio solicita às delegações dos diferentes países que tragam a São Paulo um panorama completo de suas atividades e apresentem, em salas especiais, "a súmula de sua maior contribuição para a evolução da arte contemporânea, ao lado de amostragens dos jovens artistas"[4].

Assim, a II Bienal trouxe a São Paulo as mais famosas obras do cubismo, apresentando Braque, Gris, La Fresnay e Léger, Gleizes, Delaunay, Duchamp, Villon, além de oitenta obras de Picasso, inclusive a *Guernica*. A França envia, ao mesmo tempo, uma sala especial de Henri Laurens e uma geral com trabalhos dos abstratos Bazaine, Manessier, Pignon e Soulages. O expressionismo é representado nas mostras da Bélgica, Áustria, Noruega, respectivamente, com salas de James Ensor, Kokoschka e Edward Münch. A Alemanha envia uma mostra especial de Paul

---

Bienal, pretendia trazer para o Brasil as grandes correntes da arte contemporânea, porque os jovens brasileiros não tinham a mínima possibilidade de ir à Europa e conhecê-las de perto") e assinala que "a II Bienal foi a mais bem programada de todas, dando as seguintes continuidade ao processo de informação museológica muito importante para o meio".

Para Antonio Bento, o trabalho desenvolvido por Milliet nas II, III e IV Bienais – especialmente na II, que por ser a do IV Centenário da cidade conta com apoio irrestrito dos meios culturais, políticos e econômicos – marca o ponto alto da sua atuação crítica. Antonio Bento é assessor da Bienal de São Paulo, no 3º certame, participando do júri de seleção. Depoimentos à autora a 28.06.1984.

3. O Museu é criado em 1948 e aberto ao público em 1949.
4. "Introdução", *Catálogo da II Bienal de São Paulo*, 1953.

Klee e a Holanda uma representação do De Stjil, com uma sala de Mondrian. No pavilhão da Itália tem-se uma panorâmica do futurismo e, numa sala geral, a presença de Afro, Birolli, Santomaso, Vedova, entre outros.

Na representação brasileira, idealizada e organizada por Rodrigo Mello Franco de Andrade, dentro das coordenadas gerais traçadas por Milliet, exibe-se a mostra Paisagem Brasileira até 1900, havendo uma sala para a obra de Eliseu Visconti. Há, também, uma exposição de Artistas Espontâneos do Brasil e uma sala geral, selecionada por júri, da qual participam 80 artistas modernos brasileiros ou estrangeiros aqui radicados.

A III Bienal segue a linha didática e de atualização, trazendo, como diz Milliet no texto introdutório do catálogo, "algumas retrospectivas suscetíveis de completar as informações anteriores fornecidas ao público". O expressionismo aparece nas representações da Alemanha (Max Beckman), da Áustria (William Thony e Alfred Kubin) e da Bélgica (Permeke, Gustave de Smet e Brusselmans). A França traz uma sala especial de Léger. O "abstracionismo concretista" é exibido pela Suíça, com uma sala de Sophie Tauber-Arp; o surrealismo aparece na representação inglesa com Sutherland[5].

Na IV Bienal, com a presença de 43 países, continua o processo. Entre as principais mostras, está a retrospectiva de Bauhaus. A Bélgica envia um conjunto surrealista, com Paul Delvaux, René Magritte, entre outros. A França exibe uma retrospectiva de Chagall, a Itália, a sala Morandi, a Inglaterra, o trabalho de Ben Nicholson e dos Estados Unidos vem a produção de Pollock.

O confronto da produção artística dos vários países não resulta, entretanto, no desejo da afirmação de uma "concepção própria" de arte brasileira. O que acontece é a imposição imperativa da tendência abstrata. Desta forma, o projeto de Sérgio Milliet, ao longo da década de cinqüenta, reforça o internacionalismo na arte, visão que já se manifesta de modo gradativo em acontecimentos anteriores à Bienal, entre os quais os Salões de Maio, as Exposições Francesas, o advento dos Museus de Arte[6].

5. *Catálogo da III Bienal de São Paulo*, pp. XXXVII e XXXVIII, 1955.

6. Como antecedentes imediatos podem-se assinalar os seguintes momentos da história da arte em São Paulo e no Rio: em 1945, a II Exposição Francesa, que traz a São Paulo uma panorâmica do abstracionismo lírico daquele país. Em 1947 e 1948, com o advento dos museus: Museu de Arte de São Paulo Assis Cha-

O efeito das primeiras Bienais sobre a arte brasileira é logo detectado pela crítica mais atenta: a absorção do abstracionismo vai-se fazendo em larga escala, em contrapartida à arte local que vigorava como "produção artística nacional"[7].

Sérgio Milliet em sua coluna de *O Estado de S. Paulo* comenta os "prós" e os "contras" deste processo.

A penetração do abstracionismo[8] em suas diversas modalidades se faz de tal forma que, na IV Bienal, a presença abstrata predomina entre os representantes do Brasil. A esta Bienal comparecem, em conjunto, os concretos de São Paulo e do Rio de Janeiro, bem como os artistas que aderem ao informalismo. Estão presentes, entre outros: Aloisio Carvão, Willys de Castro, Lygia

---

teaubriand e Museu de Arte Moderna (este fundado em 1948 e aberto ao público em 1949), a promoção de eventos que trazem informação sobre o que é o abstracionismo. No MASP, a mostra didática História das Idéias Abstratas. No MAM, a exposição Do Figurativismo ao Abstracionismo – ambas em 1949. Ainda no ano de 1948, ocorrem no Rio e em São Paulo uma exposição de Alexandre Calder (em São Paulo, no MASP). De 1947 a 1950, surge o movimento concreto brasileiro com núcleos nas duas cidades. No Rio, surge, entre 47 e 48, um primeiro grupo de que participam Palatnik, Serpa e Marvignier, tendo em Mário Pedrosa importante difusor e teórico da nova corrente. Em São Paulo, entre 49 e 50, agregam-se Waldemar Cordeiro, Sacilotto, Geraldo de Barros, Charoux, Féjer, Haar e Wladislaw, iniciando o movimento que se afirma efetivamente ao longo da década de 50.

Por volta de 1948, Samson Flexor começa a dedicar-se à pintura abstrata, criando, em seguida, o Ateliê Abstração.

7. Antonio Bento, ao apresentar a sala brasileira, no *Catálogo da III Bienal*, observa que: "A tendência nacional vai aos poucos se enfraquecendo, enquanto aumenta o número dos artistas abstratos". Destaca a orientação que começa a ser imprimida por parte dos críticos integrantes dos júris de seleção: "Na escolha dos artistas que concorrem à III Bienal de São Paulo, o júri teve, antes de tudo, o objetivo de selecionar as obras que pudessem ser classificadas dentro das diversas tendências do movimento de renovação das artes plásticas [...].

"Como a Bienal paulista é uma competição de vanguarda, tendendo mesmo a ser, dado o empenho de seus dirigentes, uma das mais avançadas do mundo, impunha-se ao júri o propósito de fazer uma escolha, senão rigorosa, pelo menos em harmonia com os princípios estéticos do modernismo. Foi igualmente seu desejo reunir um conjunto de obras que pudesse ser posto ao lado das exposições congêneres da Europa".

E mais adiante diz, novamente, Antonio Bento: "Como conseqüência das duas Bienais já realizadas, acentua-se a preocupação dos jovens artistas brasileiros de expressar-se através de uma linguagem plástica de caráter internacional, ao contrário do que se verificou nos primeiros tempos do modernismo...", pp. 11 ss.

8. Aqui o termo é usado heuristicamente para firmar a idéia de uma "mentalidade" oposta à figuração. Não considera, nesse momento, a tentativa de redefinição da arte não-figurativa, instituída pelo concretismo.

Clark, Ligia Pape, Franz Weissmann, Waldemar Cordeiro, Hermelindo Fiaminghi, Wladislaw, Milton Dacosta, Danilo Di Prete, Samson Flexor, Fayga Ostrower.

Na V Bienal (1959) – esta não mais coordenada por Milliet – a representação brasileira, composta de 134 participantes, conta com uma presença quase total de artistas já filiados às tendências abstratas. Quase como um contraponto à orientação geral dessa Bienal, há uma minoria figurativa, com salas de Segall e Portinari.

ABSTRAÇÃO X FIGURAÇÃO – O DEBATE DA DÉCADA

O trabalho crítico de Sérgio Milliet acompanha atentamente o debate "figuração x abstração", combatendo, em todas as oportunidades, as posições sectárias, tanto de uma facção como de outra.

Uma postura "compreensiva" (no sentido weberiano) marca a sua atitude, quando, ao acolher a polêmica como motivação, rejeita desdobramentos ortodoxos.

No prefácio do catálogo da exposição inaugural do Museu de Arte Moderna, em 1949, em que Léon Degand historia as teorias da abstração, Sérgio mostra, brandamente, a sua posição. Diz que folga em saber que o espírito que orientará o Museu de Arte Moderna não será sectário; que é preciso explicar ao público que a classificação por escolas é de interesse didático e que a arte (sendo expressão) não pode ser entendida de um ponto de vista estreito e unilateral[9].

9. *Do Figurativismo ao Abstracionismo*, S. Paulo, MAM, 1949, pp. 19 ss. O texto de Sérgio Milliet é o seguinte: "Do espírito que orientará o Museu de Arte Moderna saberão os interessados, por intermédio de Léon Degand, que não será sectário. Folgo em ouvi-lo, pois se fosse entrevistado sobre o valor da arte moderna diria o que a tempos escrevi respondendo aos adversários da arte abstracionista que censuravam a minha condescendência excessiva para com as novas tendências artísticas: não sou partidário da arte abstracionista, como não sou um entusiasta cego do realismo ou de qualquer outra tendência. Bato-me sobretudo pela distinção necessária entre arte e exteriorizações sociais da arte [...].

Na verdade isso nada tem a ver com a arte mas tão-somente com a forma momentânea dela. A arte está nas qualidades expressivas intrínsecas e independe dos temas aceitos ou da ausência deles [...]. Entretanto, a compreensão do fenômeno artístico não implica na aprovação irrestrita dos resultados. Acarreta apenas uma certa simpatia ao crítico na sua tarefa de penetrar e explicar. Não será somente por compreender um quadro de Kandinsky e saber não se tratar de uma brincadeira fácil que o apreciaremos. Mas esta verdade vale igualmente para o

De maneira elegante, como é seu estilo, Sérgio, na verdade, posiciona-se estrategicamente contra o exclusivismo que se manifesta nessa primeira exposição do MAM.

A exposição inaugural do Museu de Arte Moderna de São Paulo tem entre seus participantes apenas três artistas ligados à vida cultural brasileira, todos eles filiados à abstração: Cícero Dias (brasileiro radicado em Paris), Samson Flexor (rumeno, vivendo há poucos anos em São Paulo) e Waldemar Cordeiro[10], já introduzido nas pesquisas concretas. Apesar do título, a mostra não exibe trabalhos figurativos[11].

Em 1957, no Catálogo da III Bienal, tomando por suposto que o evento promove o confronto de posições, vê a polêmica entre abstracionistas e figurativistas como "um fato reconfortante porque pode dar margem a belas realizações"[12].

Mas, no artigo "Morte do Figurativismo", publicado em *O Estado de S. Paulo*, pouco depois (em 19 dez. 1957), volta a abrir oposição. Pergunta-se "para onde vai a arte?". E responde: "a julgar pelo que se vê nas exposições, para o abandono total das formas figurativistas". Depois da constatação, coloca o comentário: "o sectarismo implica em empobrecimento humanístico". É preciso haver liberdade de pesquisa, liberdade de expressão; é preciso manter viva a chama modernista para que haja criação.

Para Sérgio, o abstracionismo não é nem melhor, nem pior que o figurativismo. Sua principal ressalva à primeira tendência é quanto à brecha que abre para a exploração inesgotável de fórmulas.

---

julgamento das telas figurativas: o fato de preferir essa tendência não nos deve induzir a uma atitude beata diante de qualquer obra inspirada na realidade objetiva. O que importa sempre, acima das pesquisas, das modas, das doutrinas é a realização artística. O que importa principalmente é perceber e mostrar ao público que a classificação por escolas é apenas de interesse didático, e que não se deve olhar para a obra de arte de um ponto de vista estreito e unilateral...".

10. Cordeiro nasce em Roma, desenvolvendo sua formação no exterior. Chega ao Brasil em 1948.

11. Aracy Amaral, em *Arte para Quê?*, desenvolve um comentário a este fato, reportando-se à crítica da revista *Fundamentos*, p. 234.

12. Refletindo sobre o confronto necessário entre a produção local e a estrangeira que decorre de eventos como a Bienal já observa, em 1951: "O paralelo entre a produção nacional e a estrangeira é forçado pelo acontecimento e este certame servirá como escola e fonte de informação para os artistas brasileiros [...]. Temos de alcançar uma expressão nossa, de nosso momento, de nossa gente, aproveitar as lições do velho mundo" ("À Margem da I Bienal", *O Estado de S. Paulo*, 23 out. 1951).

Comentando a Bienal diz: "os tabiques estão cheios de 'subs' – sub-kandinskys, sub-modrians, sub-cubistas etc..."[13]

POLÊMICA COM A CRÍTICA ENGAJADA

A mesma postura de combate à fórmula e ao sectarismo aparece na sua leitura das tendências figurativas quando afirmam posição nacionalista. O debate com Ibiapaba Martins espelha o que pensa Sérgio Milliet.

Aludindo à retrospectiva de Di Cavalcanti (realizada em 1948) no artigo "Reflexões Inatuais" (*O Estado de S. Paulo*, 23 out. 1948), Sérgio discorda da fixação de cânones que se vai estabelecendo em sua pintura. Volta à questão de "a arte estar nos elementos de ordem estética intrínseca – composição, invenção, expressão, sensibilidade; volta a frisar o postulado defendido na Semana: "pluralidade das formas de expressão"[14].

A linha de atuação da crítica de Ibiapaba Martins apóia uma arte engajada na problemática social[15]. Respondendo à crítica de Milliet com o artigo "Academia Depois de Trinta Anos de Pintura" (*Correio Paulistano*, 30 out. 1948), Ibiapaba considera injusta sua "carapuça a Emiliano Di Cavalcanti" e, sem dizer que seja defensor do abstracionismo, discorda dele em sua tentativa de ignorar a grande exposição do artista no Instituto dos Arquitetos – prova de que se pode criar uma arte brasileira. E completa: "Agir dessa forma é levar água ao moinho dos que neste momento combatem quem resolva tomar uma posição correta no campo da cultura. Discordamos da dubiedade que, afinal, acaba levando água para o moinho da reação".

Ibiapaba Martins cobra de Sérgio Milliet uma posição mais definida.

---

13. "À Margem da I Bienal", já citado.

14. Sérgio Milliet diz: "Contra os acadêmicos de 22 que nos impunham como normas definitivas da arte os modelos premiados nos salões oficiais, erguemos o postulado da pluralidade das formas de expressão e sustentamos que a arte não estava nessas teorizações, porém em elementos de ordem estética intrínseca: composição, invenção, expressão, sensibilidade. Vejo com desprazer agora alguns companheiros de luta sustentarem contra os novos a fixação definitiva de uns tantos cânones absolutamente secundários, desmentindo-se a si próprios e restabelecendo a confusão no espírito do público" [...].

15. Aracy Amaral, em *Arte para Quê?* comenta a crítica de Ibiapaba Martins, pp. 138 ss. Deve-se lembrar que a mesma linha crítica pode ser vista em Quirino da Silva, Osório Cesar, Ciro Mendes e Luís Martins, entre outros.

Desagradam a Sérgio os argumentos de ordem nacionalista, porque escondem dogmas ideológicos[16]. Para ele, "a arte é uma linguagem universal [...] que não precisa de tradução. Numa época de amesquinhamento contínuo do homem, amplia as possibilidades de confraternização. Ela é um ponto de acesso à alma dos outros povos". E conclui, defendendo a liberdade de expressão:

> Como não sou nem abstracionista, nem figurativista e vejo em ambas as tendências soluções admiráveis e realizações medíocres, prefiro conservar a liberdade de opinar, comentar ou divagar, segundo as qualidades e sugestões do que for exibido nas galerias de arte e nos museus de São Paulo e alhures[17].

Situando-se *entre* os dois pólos conflitantes, Sérgio Milliet abre brechas para uma compreensão inadequada de sua crítica. Os que defendem a produção "nacional", como Ibiapaba Martins, consideram que favorece a facção abstracionista do debate. Os concretistas, por outro lado, o acusarão de pregar a "arte nacional" ancorado no projeto modernista.

POLÊMICA COM OS CONCRETOS

A crítica de Sérgio Milliet aos concretos funda-se igualmente na objeção à radicalização das tendências artísticas. Sua palavra combativa dirige-se não ao produto estético, mas ao sectarismo e ao conseqüente risco de repetição de fórmulas.

Os concretistas de São Paulo propõem-se introduzir no meio artístico brasileiro uma "arte que pretende ser um produto, nada

---

16. O lado político da polêmica abstração/figuração deve ser lembrado. Os problemas ideológicos não podem ser reduzidos à oposição de princípios artísticos. A conjuntura histórico-político-social do período permite entrever alguns fundamentos da questão. É o período da guerra fria e da solidificação das relações do Brasil com os Estados Unidos. As facções mais radicais da esquerda entendem o abstracionismo como um agente dos princípios de dominação norte-americanos. Os Estados Unidos, do outro lado, são vistos como a sociedade modelar. Almeja-se, no Brasil, a superação do subdesenvolvimento (o termo toma concreção na década de 1950); industrialização e desenvolvimento são pontos básicos no programa de metas do governo Kubitschek; projeta-se um novo ideal de estabilidade política. Para as facções da esquerda radical, o abstracionismo torna-se um correspondente, no plano da arte, aos ideais de superação da condição periférica do país. Sérgio Milliet rejeita as leituras políticas, vendo a arte como fenômeno que deve ficar acima das ideologias; seu teor é, antes, ético, como fato que pode aproximar os homens.

17. "Reflexões Inatuais", *O Estado de S. Paulo*, 23 out. 1948.

representando, nada expressando a não ser a si própria, contrapondo-se a tudo o mais que o meio artístico veicula". Com o manifesto "Ruptura", lançado na exposição de 1952, no Museu de Arte Moderna de São Paulo, o grupo Concreto pretende abalar o ambiente com uma arte racional, que procura uma nova linguagem que não contenha idéias, mas que seja a própria idéia"[18].

No manifesto "Ruptura", os signatários[19] rompem com o *status quo*, com "o velho", considerando como "velho" todas as variedades e hidridações do naturalismo; o naturalismo "errado" das crianças, dos loucos, dos "primitivos", dos expressionistas, dos surrealistas; o não-figurativismo hedonista, produto do gosto gratuito "que busca a mera excitação do prazer ou do desprazer". Para o Grupo Ruptura, o "novo", por sua vez, são: as expressões baseadas nos novos princípios artísticos; todas as experiências que tendem à renovação dos valores essenciais da arte visual (espaço-tempo, movimento e matéria). Querem conferir à arte um lugar definido no quadro do trabalho espiritual contemporâneo, considerando-a um meio de conhecimento deduzível de conceitos, situando-a acima da opinião, exigindo para o seu juízo conhecimento prévio[20].

Os concretistas rompem, ao mesmo tempo, com a figuração modernista e o informalismo lírico.

Comentando a exposição do grupo, Sérgio Milliet localiza as raízes históricas do concretismo; discorre sobre a qualidade da realização plástica dos artistas, discutindo os termos imperativos do manifesto. Na argumentação retoma a idéia de que há uma "razão" plástica em todos os tempos. Solicita clareza de conceitos, dizendo que "o conhecimento varia, a inteligência não e que o público precisa ser melhor esclarecido"[21].

Sucedem, nos comentários sobre arte, publicados nas colunas de *O Estado de S. Paulo*, a referência crítica ao dogmatismo presente na plataforma dos concretistas – rigidez na aplicação das teorias, busca do racional com base no pensamento matemático,

---

18. Aracy Amaral (org.), *Projeto Construtivo Brasileiro na Arte (1950-1962)*, Rio de Janeiro/São Paulo, MAM/Pinacoteca do Estado, 1977, especialmente os textos: "Ruptura", de Waldemar Cordeiro, p. 99; "Arte Concreta", de Ferreira Gullar, p. 105; "Resposta a Cordeiro", *idem*, p. 142; manifesto "Ruptura", p. 69.

19. Os signatários do manifesto "Ruptura" são: Charoux, Cordeiro, Geraldo de Barros, Féjer, Haar, Sacilotto e Wladislaw.

20. Texto do manifesto "Ruptura".

21. O texto "Ruptura" foi publicado em *O Estado de S. Paulo*, 13 dez. 1952.

invalidando tudo o mais que se produz no meio; "descambam rumo a um novo academismo".

Waldemar Cordeiro, líder do Grupo Ruptura, crítico no *Correio Paulistano* e na *Folha de S. Paulo*, responde impositivamente a Sérgio Milliet. Considera sua crítica "opinativa, eficiente para os joguinhos políticos do mundanismo artístico"[22].

22. A resposta de Waldemar Cordeiro assim se formula: "Lamenta inicialmente o sr. Milliet a concisão das declarações contidas no nosso manifesto e, principalmente, a ausência de exemplificações esclarecedoras. Tem ele razão – o manifesto distribuído no Museu de Arte Moderna – uma página apenas – está longe de constituir um tratado teórico e mesmo um estudo histórico de arte contemporânea.

"O primeiro exemplo reclamado pelo sr. Milliet é o de um artista não-figurativo hedonista. Um protótipo do não-figurativismo hedonista, produto do gosto gratuito – respondemos – é a pintura do sr. Cícero Dias.

"Um exemplo mais perfeito de concepção hedonista da arte abstrata é o do sr. Sérgio Milliet escrevendo sobre a pintura do sr. Cícero Dias [...].

"'Trágico destino da tela' – escreve o sr. Milliet. 'O canto do pássaro não contém anedota. Mas uma tela não pode ser apenas forma e cores sem sentido visível e lógico [...]. Por quê? Não é arte, responde-se'". (Realmente, não pode haver arte sem sentido visível e lógico).

"'Mas onde está a arte?', inquire o sr. Milliet, e ele mesmo conclui: 'A arte está então nos famosos elementos eternos'. Esses elementos eternos, continua, estão tanto num desenho de Miguel Ângelo como num *nanquim* chinês. 'Na pintura do mundo ocidental já o haviam compreendido os artistas do Renascimento'.

"Se bem compreendemos o pensamento do sr. Milliet, o canto do pássaro não tem um destino trágico, porque não se exige que tenha significado: esta seria a superioridade do canto do pássaro sobre o quadro. Onde estaria então a arte para o sr. Milliet? Nas formas e cores sem sentido visual e lógico, isto é, na anarquia. Isso teria sido perfeitamente compreendido pelo artista do Renascimento [...]. Continuemos com o sr. Milliet: o 'Tratado de Pintura' de Da Vinci, ao lado de pequenas receitas acadêmicas, assinala as grandes leis da composição. Mas seus seguidores só atentaram em geral para as receitas, até que Cézanne voltasse à essência da pintura e insistisse em considerá-la uma combinação de volumes geométricos e de valores colorísticos.

"Dessa concepção apurada pelos cubistas e levada a nível de uma disciplina, infalivelmente nasceria o abstracionismo. Teria sido mais simples dizer logo que o abstracionismo nasceu, infalivelmente, do 'Trattato della Pittura', de Leonardo Da Vinci.

"Voltemos às idéias do sr. Milliet: Cézanne retomou as leis de composição de Leonardo. Há leis da composição no 'Trattato della Pittura'? Não, não há. Há princípios e são os do naturalismo artístico renascentista. Ora, como acreditar que os cubistas apuraram a concepção renascentista, quando é fato notório que foram eles que desferiram um golpe mortal nessa concepção? Segundo o raciocínio do sr. Milliet chegaríamos infalivelmente à conclusão paradoxal de que o abstracionismo nada mais é que o naturalismo.

"Pensando dessa maneira anti-histórica, metafísica, substancialmente rea-

Cordeiro discute o conceito de arte de Sérgio Milliet, seu postulado dos elementos permanentes na arte de todos os tempos (diz ser sua atitude anti-histórica), conduzindo à conclusão de que sua postura crítica funda-se no "naturalismo".

O movimento pendular da leitura crítica de Sérgio Milliet ora para um lado, ora para o outro, a tentativa de conciliar, dá margem a mal-entendidos constantes.

Apenas em dois pontos Sérgio Milliet é sempre inflexível: na defesa da liberdade de expressão, rejeitando cânones; na afirmação da necessidade de *plástica* na arte. Assegura: acima das pesquisas da moda o que importa é a realização artística[23].

cionária é que o sr. Sérgio Milliet nunca compreenderá o 'salto qualitativo' da história da arte moderna; nem os quantitativos, porque não tem conhecimento do valor artístico, mas sim apenas sensações hedonistas diante das obras de arte [...].

"O sr. Milliet pergunta mais adiante se 'há novos princípios artísticos, fora do figurativismo e fora do que nos ensinaram os críticos acerca da composição, do colorido, da expressão linear etc.' [...].

"A seguir pergunta o sr. Milliet: 'Como é possível considerar a arte um meio de conhecimento deduzível de conceitos?' e acrescenta: 'Que conceitos? [...] e como se deduz de conceitos e conhecimentos, se em verdade deste é que se induzem os conceitos?'. A este propósitos recomendamos ao sr. Milliet que leia Konrad Fiedler, que é o fundador da teoria da 'pura visualidade', e inspirador de Walter Gropius que criou a Bauhaus, 'A beleza – escreve Fiedler – não se deixa deduzir conceitos: mas o valor de uma obra de arte sim'. Uma obra pode desagradar, e ser igualmente valiosa. Se entre Fiedler e o sr. Milliet deve haver um ignorante, este não pode ser Fiedler...

"Consta do último item, daquilo que nós definimos como novo no manifesto, o seguinte: 'Conferir à arte um lugar definido no quadro do trabalho espiritual contemporâneo, considerando-a um meio de conhecimento deduzível de conceitos, situando-a acima da opinião, exigindo para seu juízo conhecimento prévio'.

"Com efeito, a arte poderá participar do trabalho espiritual contemporâneo quando dotada de princípios próprios. A questão é considerar a arte um meio de conhecimento tão importante quanto as ciências positivas. Assim formulado o problema, o valor da obra de arte está acima da mera opinião [...]. Orientados por princípios como esse, não temos outra alternativa senão considerar a crítica do sr. Sérgio Milliet puramente opinativa e eficiente apenas para os joguinhos políticos do mundanismo artístico". ("Ruptura", Suplemento do *Correio Paulistano*, 11 jan. 1953, *Projeto Construtivo Brasileiro na Arte*, p. 99).

23. Maria Eugênia Franco observa que "Sérgio Milliet acompanhou com atenção o debate artístico da década, entendeu o seu processo e procurou explicá-lo". Como crítico, diz ainda, "tinha ampla visão do fato artístico e a capacidade de não revelar preferências". Por outro lado, lembra que Sérgio foi modernista, e que possuiu quadros tanto figurativos como abstratos; foi amigo tanto de

De resto, visa a busca dos significados; objetiva tornar os fatos compreensíveis ao público. Assim é que concebe a sua tarefa crítica.

O debate arrefece em 1959. Waldemar Cordeiro convida-o para apresentar o grupo Concreto na mostra da Galeria de Arte das Folhas[24].

pintores do grupo Santa Helena e da Família Artística, como Rebolo, Bonadei e Rossi Osir, como o foi de Samson Flexor que, não só freqüentava as salas de estudo reservadas para os intelectuais na Seção de Arte da Biblioteca, como oferecia almoços para Sérgio, ao lado de outros intelectuais do meio paulistano.

É preciso lembrar outro fato que o depoimento de Maria Eugênia Franco destaca: que Milliet sempre acolheu e dialogou com os jovens que o procuravam. Nos anos 1940, recebeu abertamente Grassmann, Otávio Araújo, Aldemir Martins, Geraldo de Barros e Luís Sacilotto; nos anos 1950, acolheu nas salas de estudo da Biblioteca o grupo concreto que, por um determinado período, lá se reunia semanalmente (depoimento citado).

Hermelindo Fiaminghi relembra essas reuniões: "Sérgio e Maria Eugênia nos cederam uma sala de estudos na Biblioteca. Sérgio sempre apoiou esses encontros. Conversava conosco [...]. No diálogo, na conversa, na troca de idéias ele sempre se revelou um imenso conhecedor de artes plásticas; era culto, sem empáfia, [falava] sem colocar a coisa como 'só eu conheço'. Sempre atuou com elegância, com conhecimento [...]. Ele defendia muito a Semana de Arte Moderna de que foi participante. E nós condenávamos os rumos da Semana. Este era um ponto de divergência. Outro ponto era a Bienal: não concordávamos com tudo o que a Bienal impunha, íamos ao jornal, denunciávamos. E com certa agressividade. Talvez isso chocasse ao Sérgio" (depoimento à autora, em 04.07.1984).

A capacidade de não revelar preferências em sua atividade crítica é reconhecida no depoimento de Luís Sacilotto, quando diz: "Acho que tanto no meu período figurativo, como no geométrico, ele me deu grande apoio [...]. Embora eu ache que o Sérgio Milliet nunca sentiu integralmente a arte construtiva, geométrica [...] mesmo discordando de uma série de posições nossas, em determinado momento, começou a ser solidário [...]. Essa solidariedade começou lá por 1956, com a exposição nacional de Arte Concreta, no MAM de São Paulo. Acredito que ele sentiu aí uma consciência nacional de arte concreta. Na época do grupo Ruptura acatou-nos apesar das ressalvas".

Lembrando as reuniões na Seção de Arte, diz Sacilotto: "Conseguimos uma das salas de estudo da Biblioteca, às quintas-feiras, para a realização de seminários. Livros da Seção de Arte, livros nossos ou mesmo um trabalho que estivéssemos desenvolvendo eram o tema desses encontros [...]. Tínhamos, neste aspecto, o apoio irrestrito de Sérgio Milliet e Maria Eugênia Franco – davam-nos acesso a tudo na Seção de Arte. No plano humano, Sérgio foi um grande companheiro pará nós" (depoimento à autora, em 05.07.1984).

Carlos Guilherme Motta confirma a sua receptividade para com os jovens até os últimos dias de trabalho na Biblioteca Municipal. Motta foi funcionário desta entidade, convivendo cotidianamente com Sérgio Milliet (depoimento à autora, em 16.01.1981).

24. Expõem na Galeria de Arte das Folhas, em 1959: Waldemar Cordeiro, Kasmer Féjer, Judith Lauand, Maurício Nogueira Lima e Luís Sacilotto.

Sérgio conduz a apresentação, pautando que sua oposição no passado, voltou-se ao sectarismo; reconhece a participação da arte concreta na vida presente, pesquisando, inovando.

O PERCURSO FINAL

> *Nasci para uma vida mesquinha, e fiz de minha vida uma vida louca. Faltou-me apenas a força de ir até as últimas conseqüências do rumo escolhido. É do que me penitencio.*
>
> SÉRGIO MILLIET, 1962[25]

A presença de Sérgio Milliet na animação cultural da cidade torna-se menos evidenciada após deixar a coordenação das Bienais. Continua, porém, como assessor na área de artes plásticas, realizando viagens ao estrangeiro.

A atividade crítica prossegue mais esparsa, sempre através de *O Estado de S. Paulo*. Escreve, agora, principalmente crônicas em tom de "memória".

O tempo o dobra rapidamente...

A morte do filho Paulo Sérgio no fim da década anterior (em 1949) determina um corte decisivo em sua vida, mas ainda atende aos estímulos do trabalho. A proposta das Bienais é um último reduto, que concilia, afinal, a possibilidade de estar na Europa e no Brasil. Sempre em busca, sem encontrar tranqüilidade[26]. É um homem triste, contemplativo, neste momento. A boemia apenas lhe disfarça o peso da existência.

Escreve, retira-se com freqüência para a casa da Praia Grande. Freqüenta pequena roda de amigos – muitos também se foram!

---

25. "Milliet Crítico de uma Geração", *Edição Extra*, São Paulo, 15 dez. 1962. Depoimento a Cláudio Simonetti.

26. "A morte do filho abalou Milliet em sua própria estrutura humana, revelando-lhe bruscamente o absurdo de uma vida que perdia toda a razão de ser, mergulhado desde então numa confusa e torturante noite de inconformismo, desespero e solidão. Ele nunca mais foi o mesmo homem.

"Não fantasio nem exagero nada. Não vou revelar aqui confidências feitas em momento de melancolia ou depressão, que estas pertencem ao meu arquivo íntimo de lembranças e saudades, mas posso contar um episódio que bem atesta a insatisfação, a inquietação de Sérgio Milliet, naquela perpétua e inútil fuga de si mesmo, que foi sua vida nestes últimos anos.

"Em 1950 estávamos juntos em Paris – e ele não via o momento de voltar ao Brasil. Eu deveria visitar a Itália, que ele então ainda não conhecia, passando dois dias em Genebra, a 'sua' Genebra de que tanto falava – e insisti longamente para que me acompanhasse. Não houve jeito. 'Não suporto mais a Europa' – justificava-se. 'Sinto falta da Praia Grande'. Embarcamos no mesmo dia, eu para

Sérgio Milliet, em Veneza, em 1958.
Foto de documento (recorte) do arquivo
de Tereza Cristina A. Guimarães.

Em 1959, decide aposentar-se. Pouco depois, a nova direção da Biblioteca lhe retira a sala de estudo que se havia reservado. Sem livros – pois doara tudo o que adquiriu ao longo do tempo àquela instituição –, sem ponto de referência para o trabalho intelectual, passa longas horas sentado à mesa nº 5 do Paribar, atrás da Biblioteca. É aí que o encontram os conhecidos. Quem quer se aproxima e com ele conversa.

Na crítica que desenvolve continua a acompanhar o processo artístico brasileiro, confrontando-o com o exterior. Fiel aos princípios que defende, observa que a arte feita no País precisa chegar a uma "concepção de si mesma", encontrar "seu caráter", "sua expressão", afastando-se deliberadamente das soluções adotadas "em outro clima, sob outras imposições de ordem geográfica, econômica, social. Porque conquanto o mundo seja cada vez mais um mundo só, as características de cada região variam e na sua originalidade reside a contribuição maior para a arte universal". Por isso, o que considera "importante na evolução de nossa pintura é, antes de tudo, o realce de seu caráter especificamente brasileiro. Não implicando essa aspiração nenhum desprezo pelas pesquisas alheias, antes aceitando certa linguagem comum para a expressão do particular"[27].

Visitando a Bienal de Paris de 1957, comenta a situação de descompasso do Brasil com relação ao exterior: no País, a abstração informal e o movimento concretista estão no auge, impondo-se em mostras nacionais, realizadas em São Paulo e no Rio. No exterior, vive-se um momento de transição. Na França e na Itália, diz, encontram-se manifestações voltadas à "reumanização" da arte: retoma-se uma figuração de linha dadaísta. Faz-se notar a "liberdade, o desdém, o senso crítico, o amor. Há espontaneidade e inventividade, qualidades hoje aqui agonizantes"[28].

Em 1958, Sérgio vai a Veneza, acompanhando a represen-

---

a Suíça, ele de regresso ao Brasil. Dois meses depois, encontramo-nos em São Paulo, e foi com surpresa que o ouvi dizer, com exasperação: 'Não agüento mais isto aqui. Preciso voltar à Europa'. Dias depois, tomava um avião para Paris e de lá escrevia-me, referindo-se outra vez à saudade do sol da Praia Grande...

"Em São Paulo, algum tempo depois, começou a sentir nostalgia do Velho Mundo... Foi então que eu lhe disse, gracejando: 'Você devia ser aeromoça. Assim ficava indo e vindo...'. Homem! – observou com um sorriso triste – pensando bem, seria uma solução...'. Interrompeu-se, meio absorto, para logo depois acrescentar: 'Mas não há solução' ". (Depoimento de Luís Martins, "Sérgio Milliet, o Amigo", *Boletim Bibliográfico* nº 39, 3/4, *op. cit.*

27. Sérgio Milliet, *De Ontem, de Hoje, de Sempre*, São Paulo, Martins, vol. I, 1960; vol. II, 1962, 10.mar.1957, p. 27.

28. *Idem*, 16.jan.1947, p. 14, e 20.out.1947, p. 84, vol. IV.

tação brasileira à respectiva Bienal. Em 1959, exerce, mais uma vez, atividades junto à UNESCO, visitando Genebra, Haia, Bruxelas[29].

A presença intelectual de Sérgio Milliet nos anos sessenta (até 1966, ano de sua morte) pode ser acompanhada pelos textos reunidos em *De Ontem, de Hoje, de Sempre* e *De Cães, Gatos, Gente*.

A maior parte procede da atividade jornalística em *O Estado de S. Paulo*: são comentários da vida literária e artística em que se recuperam imagens do passado[30].

No primeiro volume de *De Ontem, de Hoje, de Sempre* persiste a forma de diário, havendo datação, como ocorre na série dos dez volumes do *Diário Crítico*. Já no segundo volume daquele livro, assim como em *De Cães, Gatos, Gente*, publicados em seqüência, apenas registra suas reflexões, pensamentos breves, idéias, lembranças rápidas de tempos diversos que se sobrepõem ou se movem em sua memória, como um torvelinho. Eles são "como um devaneio, juntam-se como num sonho".

As memórias assumem presença maior, a partir de 1959, quando diminuem, por outro lado, as observações críticas. Nesta época, já não discute tanto o que de novo surge no meio artístico. Considera que termina sua atividade crítica, dizendo:

> Libertado da obrigação de criticar, avesso à polêmica das escolas, só me abalanço agora ao comentário quando deparo com qualidades que me agradam particularmente: honestidade de propósito e personalidade. Só me interesso pela obra quando percebo em seu autor a vontade de passar por essa porta estreita que conduz à realização, quando vejo que escreve, desenha, pinta, esculpe, compõe por necessidade interior, sem concessões[31].

O comentário, aduz: Quero-o inteligente e leve [...]. Não desejo que estas crônicas assumam ares de crítica, nem mesmo de contribuição para a reconstituição do passado.

Pretende total liberdade de formulação: a crônica pode construir-se como uma anedota, apresentar-se sem princípio nem fim, à maneira de uma anotação de diário sentimental. Serve-lhe qualquer pretexto: o aniversário de um amigo, o livro lido, a fita

---

29. Sérgio desenvolvera, também, trabalhos junto à UNESCO, em 1950 e 1954.

30. Segundo Maria Eugênia Franco, por volta de 1950, já considera que a crítica de arte deve ser exercida pelos mais jovens, e vai transferindo esta atividade para a nova geração (depoimento já citado).

31. *De Ontem, de Hoje, de Sempre*, vol. I, p. 23.

Na fazenda de Tarsila, São Paulo.
Da esq. p/ dir.: Tarsila, Giuliana Segre Giorgi,
Tina Costa e Silva, Luís Martins, Sérgio Milliet (sentado).

Em Campos do Jordão, com artistas e a família, em 1941.
Da esq. p/ dir. sentados: Sérgio Milliet, Rebolo, Paulo Rossi Osir,
Bruno Giorgi. De pé, da esq. p/ dir.: Tina Costa e Silva, Giuliana
Segre Giorgi, Lucinda e Antonio Moura de Albuquerque.
Fotos: Arquivo de Tereza Cristina A. Guimarães.

da véspera, a notícia escandalosa do jornal. E até os papéis envelhecidos que falam do passado, da família, da cidade[32].

O resultado, como observa adiante, poderá ser, para o leitor contemporâneo, "surrealista" e sem interesse. É, afinal, uma conversa com os amigos do seu tempo, consigo mesmo.

Fecha-se, assim, o círculo: reaviva-se mais intensamente o gosto formado na experiência literária de Genebra – "a cidade marcada pelo culto da análise interior. Cidade – como observa Antonio Candido – dos grandes fazedores de memória e de diários íntimos; de Rousseau, Benjamin Constant e Amiel"[33].

As memórias, como já se disse, revivem conjuntamente tempos diferentes. Os fatos não se organizam em seqüência cronológica ou se relatam na totalidade; são como pinceladas rápidas, imagens breves, às vezes reincidentes, repetindo-se aqui e ali em meio à conversa. Em certos momentos se emprenham de reflexões, de meditações que acabam lhes retirando um conteúdo concreto de "fatos". São expressão de uma sensibilidade, de um pensamento que encontra nos fatos um pretexto para se expandir. Sensações de hoje ligam-se às de ontem. Fecha-se o círculo. Sérgio Milliet é agora o observador mais sagaz de si mesmo.

Emerge destes três volumes produzidos entre 1957 e 1963 a imagem de Sérgio Milliet nos últimos anos de vida.

Evocações de Genebra, Paris, São Paulo, Estados Unidos, das várias viagens à Europa – Veneza, Roma, Nápoles, Bruxelas –, a Praia Grande, Campos de Jordão! O filho, a solidão, a morte... os bairros das cidades onde viveu, os pontos de encontro com os amigos – Leiteria Pereira, Bar Viaduto, Restaurante do Jacinto, Franciscano, o Clubinho, o Bar do Museu, a mesa nº 5 do Paribar, atrás da Biblioteca.

Os amigos, o seu tempo...

Na Suíça, Henri Mugnier, Henri Spiess, André Spire, Ivan Goll, Charles Baudouin, Stefan Zweig, Romain Rolland, a época de *Le Carmel*. O modernismo em São Paulo – Mário de Andrade, Oswald, Di Cavalcanti, Brecheret, Menotti, Olívia Penteado e Paulo Prado. Piolim, Tarsila, em Paris, na época do *Retrato Azul*, juventude. Cendrars, Cocteau e Max Jacob, em Paris. *Klaxon* e *Terra Roxa*. Os companheiros do *Diário Nacional* e do Partido

---

32. *Idem, ibidem*.
33. Antonio Candido, "Sergio Milliet, o Crítico", *Boletim Bibliográfico* nº 39, 3/3, p. 53.

Na casa da Praia Grande, pintando. Década 1960.
Foto do arquivo Tereza Cristina de A. Guimarães.

Na Praia Grande, com uma "caipirinha".
Foto do arquivo de Tereza Cristina A. Guimarães.

Democrático, da vida literária dos anos 1920 – Paulo Duarte, Couto de Barros, Alcântara Machado, Tácito de Almeida – São Paulo.

A década de 30 e Léo Vaz, Paulo Magalhães, Quirino da Silva, Guilherme de Almeida, Manuel Bandeira, De Fiori, Gobbis, Rossi, Wasth Rodrigues, Carnicelli, Clóvis Graciano, Waldemar da Costa, Flávio de Carvalho, Rebolo. Cícero Dias em Paris. Rebolo no Morumbi[34] e em Roma. Rossi no ateliê e na Praia Grande. Na Praia Grande também Carlo Tamagni. Arnaldo Horta, João Leite, Luís Martins, Luís Coelho e Ciccilo, no Museu. O bar do Museu.

As leituras de Amiel, Alain, Gide, Péguy, Montaigne e tantos outros.

O mundo deu muita volta.
Me diluirei no horizonte do definitivo.

34. Sérgio Milliet começa a pintar, por volta de 1940, em Campos de Jordão, onde se reúne com jovens artistas, amigos e familiares nos fins de semana. Pouco mais tarde, em 1942, aluga com Rebolo a chácara do arquiteto Oswaldo Bratke, no então bairro suburbano do Morumbi. Aí se realizam, igualmente, encontros com amigos para discutir arte, literatura, vida cultural.

Nos sábados e domingos, acompanha Rebolo nas sessões de pintura ao ar livre. Sérgio torna-se "pintor de domingo". Diz que a prática da pintura o ajuda a compreender problemas de técnica e de plástica.

Rebolo depõe sobre sua convivência com Sérgio Milliet, nesse período: "Ficamos amigos. Comecei a freqüentar a casa de sua família em Campos do Jordão. Pintei muito, em Campos, e o próprio Sérgio começou a pintar. Mais tarde, chegamos a ter juntos um sítio alugado do Bratke, o arquiteto, no Morumbi, cheio de morros virgens e chácaras de japoneses. Aí também pintamos muito nos fins de semana, sempre conversando sobre arte, pintura" (depoimento à Biblioteca Municipal, em 23 de nov. de 1979, no evento Homenagem a Sérgio Milliet).

Dessa época em diante, Sérgio prossegue pintando. Em 1942, o Sindicato dos Artistas Plásticos promove na sua exposição anual uma "sala de intelectuais" – críticos e literatos são convidados a apresentar um trabalho de artes plásticas. Sérgio Milliet participa da mostra ao lado de: Mário de Andrade, Oswald de Andrade, Giuliano Giorgi, Jenny Klabin Segall, Jorge de Lima, Luís Martins, Luís Saia, Mário Neme, Menotti del Picchia, Monteiro Lobato, Paulo Mendes, Nicanor Miranda, Rolmes Barbosa, Mozart Firmeza, Osiris Magalhães de Almeida e Carlota Pereira de Queiroz.

No fim da década de 1950, quando diminui suas atividades, chega a realizar algumas individuais. Pinta com freqüência palhaços que para ele representam uma presença irônica na realidade. Auto-retrata-se como palhaço.

Em 1969, três anos após seu falecimento, o Museu de Arte Moderna de São Paulo, reaberto ao público, presta-lhe uma homenagem, organizando uma retrospectiva de suas pinturas.

Agora vou transformar-me no homem invisível. É o fim.
Já a bruxa ergue a foice para decapitar o sol[35].

Estas reflexões encerram as memórias.
Sérgio Milliet morre, repentinamente, a 9 de novembro de 1966.

---

35. *De Cães, Gatos, Gente*, São Paulo, Martins, 1964, p. 106.

Parte II: NOÇÃO DE CRÍTICA – PAPEL DO CRÍTICO

Autocaricatura, s.d.
Foto de recorte de jornal (não identificado).
Arquivo de Tereza Cristina A. Guimarães.

CARICATURA

AUTOCARICATURA do crítico Sérgio Milliet.

6. Os Textos Sobre Pintura (1938-1944)

> *Talvez seja este escritor [...] o único verdadeiro crítico de pintura que tenhamos atualmente. Ele reúne ao hábil e sempre presente manejo das idéias estéticas gerais, o conhecimento histórico e técnico do seu assunto.*
>
> MÁRIO DE ANDRADE, 1940*

O projeto crítico de Sérgio Milliet evidencia uma orientação pedagógica voltada para o fato artístico, para a formação dos artistas e a informação do público. Neste caso, preocupando-se em romper definitivamente as barreiras do gosto estabelecido, de forma a abrir condições para o acolhimento e para o interesse pela arte do presente. Seu objetivo é introduzir a compreensão da arte moderna na comunidade.

Sérgio Milliet observa que o público prefere "a fórmula, a receita, porque a fórmula não exige esforço", que a classe média é "um público semiculto apegado aos padrões do academismo enraizado no século XIX, à idéia positivista da arte como 'progresso' e não como um fenômeno culturalmente situado, apresentando variações, configurações diversas". Para ela, "a arte é o belo, e o belo é o agradável". Vê, segundo diz, a arte moderna com preconceito, como uma arte de "loucos"[1].

---

* "Pintores e Pintura", *Diário de Notícias*, 17 mar. 1940.
1. Idéias gerais contidas ao longo dos textos de *Pintores e Pintura* e *Pintura Quase Sempre*.

Com relação ao artista, presente nos anos 1930 e 1940, por proceder, em sua maioria, não mais da elite erudita, sendo imigrante ou descendente deste contingente social, integrado à "classe média baixa" ou mesmo ao proletariado, possuindo formação profissionalizante – obtida através do Liceu de Artes e Ofícios ou da Escola Profissional Masculina ou mesmo na terra de origem – é necessário oferecer-lhe fontes de informação sistematizada. É preciso nortear a informação histórica, explicar o significado de determinados conceitos, orientar a discussão emergente no meio artístico, situando adequadamente os problemas em questão. É preciso, além do mais, gerar efetivamente um espaço para a arte moderna. Daí projetar a criação de uma Seção de Arte, na Biblioteca, nos primeiros anos da década de 40 e batalhar, desde 1938, por um Museu de Arte Moderna.

Atribuindo-se, como crítico, uma "missão prometéica", cabe observar como Sérgio Milliet encaminha seu projeto, através dos textos em que discute "pintura".

O conjunto formado pelos livros *Pintores e Pintura* (1940), *Marginalidade da Pintura Moderna* (1942) e *Pintura Quase Sempre* (1944) situa-nos num momento-chave da ação crítica de Sérgio Milliet e representa um campo profícuo para acompanhar como desenvolve as principais questões que analisa no campo da pintura. Esses livros aparecem paralelamente aos três primeiros volumes do *Diário Crítico*[2], onde a discussão sobre pintura está igualmente contida, porém em crônicas ou comentários mais breves.

Pintores e Pintura, de 1940, reúne textos escritos desde 1938, alguns deles já publicados na coletânea anterior, lançada nesse mesmo ano de 1938, com o título de *Ensaios*. Por outro lado, textos presentes em *Pintores e Pintura* reaparecerão, por sua vez, em *Pintura Quase Sempre*, assim como o ensaio *Marginalidade da Pintura Moderna*, publicação de 1942. *Pintura Quase Sempre* recupera, ainda, ensaios sobre arte publicados em *O Sal da Heresia*, em 1941, e em *Fora de Forma*, em 1942.

A formação de um "bloco" coeso de idéias é certamente a preocupação do autor, por força da necessidade de delimitar e acentuar a sua plataforma e sua posição no debate artístico que nesta época se desenvolve. Este produto coincide e resulta de sua atuação profissional, como crítico em *O Estado de S. Paulo*, tendo a oportunidade de comentar seguidamente o que acontece na vida cultural da cidade.

---

2. Publicados, respectivamente, em 1944 o I; em 1945, o II e o III e, em 1947, o IV volume.

Em linhas gerais, pode-se dizer que este conjunto de ensaios tem a seguinte direção básica: volta-se à conceituação de arte moderna, à observação da produção artística presente nos eventos públicos (os salões) e, como resultado de um anseio ético mais amplo, discute a relação, necessária para ele, de arte e vida.

Dentro deste contexto, aparecem as questões presentes no meio artístico paulista: a questão da finalidade da arte, da relação arte/público e, conseqüentemente, o problema do assunto na arte, a "criação" na arte moderna, a questão da técnica e, como apoio para a sua reflexão, surge, como freqüência, o exemplo da paisagem, característica na pintura do período.

Milliet parte sempre de um evento do cotidiano: dos salões modernos (Salões de Maio, da Família Artística Paulista, do Sindicato dos Artistas Plásticos), dos temas tratados em conferência por companheiros intelectuais, de assertivas correntes na opinião pública, de livros que lê ou que lhe cabe resenhar, construindo, a partir daí, sua reflexão.

Nesse trabalho, como observa Mário de Andrade, além de companheiro, seu mais arguto crítico, Sérgio maneja habilmente idéias estéticas gerais, conhecimento histórico e técnico dos temas tratados[3].

---

3. "Pintores e Pintura", *Diário de Notícias*, 17 mar. 1940. Neste período, Sérgio mantém com Mário de Andrade estreita discussão sobre arte. No Rio, desde 1938, Mário ministra um curso de estética, ao mesmo tempo que Sérgio, em São Paulo, começa intensa atividade crítica em *O Estado de S. Paulo*. Os dois intelectuais iniciam um animado diálogo a respeito da arte moderna que acontece no Brasil. Esta conversa, e muitas vezes amável polêmica, se faz por cartas e por via de artigos e ensaios que ambos vão publicando, neste período de 1938-1945. Gira em torno de questões como arte/criação, arte/expressão, arte/técnica, técnica/fórmula, arte/divórcio com o público, "função social da arte", entre outras.

Mário que, desde os anos 20, comenta os trabalhos literários de Milliet e observa sua atitude como intelectual considera, em 1939, que eles dois são os únicos críticos de artes plásticas no Brasil e define, com precisão, a natureza do diálogo que estão desenvolvendo: "um certo acordo de fundo e uma diametral oposição de espécie entre ambos. A espécie deriva dos temperamentos: ambos estamos buscando a plástica, não há dúvida, e sabemos onde ela está. Mas você, com seu temperamento frio, se estreitiza um bocado, eu com minha paixão talvez me alargue por demais". (Carta a Sérgio Milliet, 20.08.1939, in Paulo Duarte, *Mário de Andrade por Ele Mesmo*, p. 325.).

Comentando *Pintores e Pintura* de Sérgio Milliet, no *Diário de Notícias* (Rio de Janeiro 17 mar. 1940), Mário deixa entrever a característica da atitude crítica de Sérgio que este trabalho vem sublinhando: atitude sempre conciliadora, relativística, moderadora. Mário observa que, ao mesmo tempo que está rejeitando o individualismo exacerbado, o cientificismo, o intelectualismo na arte do presente,

A CONCEITUAÇÃO DE ARTE MODERNA: O DIVÓRCIO ARTE/PÚBLICO

Para aproximar-se do problema "pintura moderna" Sérgio coloca para o leitor o que o induz a tratar a questão:

dá com seus argumentos a compreensão e a validação dessas tendências artísticas. Diz: "Ora a mim me parece que si Sérgio Milliet, que no seu livro toma posição de moralista, no sentido mais elevado do termo e que eu aplaudo calorosamente, si Sérgio Milliet aceitasse a coexistência, socialmente falando importantíssima, do assunto no problema da pintura, poderia encontrar causas mais profundas do fenômeno que estudou. Pintura não é apenas 'a arte das cores', como diz o crítico, coincidindo exatamente com o cientificismo abstracionista de hoje. Essa parte da pintura, que se restringe na técnica (no mais geral sentido da palavra) pode, quando muito, nos dar a beleza. Ora a pintura não é apenas uma realização de beleza, mas é uma arte também, uma coisa social, de prodigiosa complexidade, que jamais os estetas conseguiram definir claramente. Como arte, a pintura se auxilia da beleza, da técnica, pra realizar o seu destino social. Mas neste destino social, o assunto interfere, como manifestação indispensável da arte".

Mário toma posição. Sérgio coloca-se perante o fato como observador.

Analisando a atitude de Sérgio não tomar posição, na referida carta de 20 de agosto de 1939, Mário argumenta: "Antes de mais nada, você tem de corrigir a sua atitude pra que ela tenha valor normativo: sem peso, sem valorizar, principalmente mais uns que outros, escolhendo os valores, fixando times, sua crítica é fundamentalmente errada [...]. Enfim, Sérgio, juro por Deus, que a sua posição está completamente errada. Certa em teoria, mas contra a vida. Você dirá que a minha é que está [...]. Eu tenho pelo menos uma prioridade: minha atitude é mais fecunda" (*Mário de Andrade por Ele Mesmo, op. cit*, pp. 326-327).

Antes, Mário já observara a ambigüidade gerada da atitude de Sérgio. Em carta, comentando os romances *Roberto* e *Duas Cartas do Meus Destino*, diz: "Há em você uma estranha incapacidade de escrever coisa marcante. A coisa que, mesmo quando não abre caminho, faz prosélitos [...]. A palavra mesmo bem fiel que exprime o que eu penso é 'marcar': você não marca, você não faz obras marcantes. Está claro que marcar de forma alguma implica sempre maior perfeição" (*Idem*, 3 nov. 1938, pp. 326 ss.).

O debate entre Sérgio e Mário prolonga-se até a morte deste último, em 1945. Ainda em *O Banquete*, obra inacabada, Mário retoma definições elaboradas na discussão com Sérgio, desde a publicação de *O Baile das Quatro Artes*.

Um ponto interessante para balizar esta discussão são os artigos "Esquerzo", de Mário de Andrade, de 17 jun. 1943 (coluna Mundo Musical, *Folha da Manhã*) e a resposta de Sérgio Milliet "Fui Bulir em Vespeira" de 18 jun. 1943 (*O Estado de S. Paulo*). Mário discute a crítica que Sérgio vem elaborando ao seu conceito de "técnica pessoal", desde a publicação "O Artista e o Artesão" (1938), em *O Baile das Quatro Artes*, e faz comentários à interpretação de "estilo" que Sérgio lhe atribui, recusando-a, ao mesmo tempo em que põe em discussão o uso do conceito sociológico de "marginalidade" feito pelo companheiro. Enfim, ameniza a discussão, dizendo que a discordância entre ambos não passa de uma "dissonância apressada".

É o fato dela representar um estado de espírito que é o estado de espírito do nosso século: contraditório, doloroso e alegre,

"O Artista e o Artesão" constitui a aula inaugural do Curso de Filosofia e História da Arte, da Universidade do Distrito Federal, em 1938. Mário de Andrade explica ter dividido a técnica, para melhor compreensão dos alunos, em três manifestações: o artesanato, as diferentes técnicas históricas e a técnica pessoal. Sérgio considera a já existência de muita confusão no campo da terminologia artística, recomendando seguirem-se definições que vêm sendo regularmente usadas ("Terminologia Artística", *O Estado de S. Paulo*, 11 fev. 1940). Mário não aceita a sinonímia, a ele atribuída, entre "técnica pessoal" e "estilo", definindo "estilo" como sendo não só a manipulação técnica, mas como "jeito característico de perceber as coisas". Além do mais argumenta contra o uso, igualmente livre, desses conceitos feitos por Milliet em *Pintores e Pintura* ("estilo é o todo, técnica é a parte, diz, citando Milliet) e protesta contra o uso inusitado de "marginalidade" em *Marginalidade da Pintura Moderna*. E a discussão prossegue ainda quanto ao termo "artesanato", e Mário prova que ambos o usam no mesmo sentido.

Sérgio Milliet, em "Fui Bulir em Vespeira", responde amena e amavelmente. Concorda, até certo ponto, com as considerações de Mário sobre o uso de "técnica pessoal" e "artesanato", mas recusa sua crítica à "marginalidade". Afavelmente abre caminho para prosseguir a discussão, mostrando que o debate da terminologia artística é uma necessidade no momento em que a crítica de artes plásticas começa a se formular. Conciliador, afirma que "a tempestade em copo d'água" serviu para esclarecer idéias e provocou da parte de Mário lições "aproveitabilíssimas". Ele, afinal, é o centroavante do time literário nacional.

Em outros artigos, Sérgio prosseguirá pregando necessidade de definir o "conteúdo" dos conceitos, a fim de manter esclarecido o público que "começa a se interessar por arte moderna". Discutirá noções em vigor na crítica local contemporânea: "academismo" (= o que é preso ao objeto) x "modernismo" (= liberdade e invenção); "beleza" e "tradição" (usando Sumner em *Folkways and Mores*, para tornar relativo o conceito de beleza segundo a cultura); "pintura" x "decoração"; "arte" x "técnica", e assim por diante. Pergunta-se, talvez respondendo à crítica de Mário à sua atitude intelectual ("Você não marca"), até onde é possível a "imparcialidade na crítica"; observa que tomar posições implica um discurso mais vigoroso, mas pode levar a definições formalísticas e a fórmula é uma "quase verdade"! Por outro lado, observa que, como ensaísta (ele assim se considera) pode ter liberdades maiores que o professor.

A discussão de Milliet aqui referida encontra-se, de maneira geral, em toda a sua produção do período mencionado. Pode-se, entretanto, citar como significativos os artigos: "Da Crítica de Arte" (9 abr. 1941), "Teorias Sociais da Arte" (13. abr. 1941) (publicados em *O Sal da Heresia* e *Pintura Quase Sempre*), "Crítica e Críticos – Arte e Artistas" (14 dez. 1941) – todos publicados em *O Estado de São Paulo*, antes mesmo do núcleo "Esquerzo"/"Fui Bulir em Vespeira", aqui, especialmente observado.

Vale a pena lembrar uma vez mais que a produção artística, na qual se apóia a discussão dos dois críticos, é a veiculada através dos *Salões* do período: Salões de Maio (1937-38-39), Salões da Família Artística Paulista (1937-39-40) e Salões do Sindicato dos Artistas Plásticos (1937-1939), onde comparecem artistas plásticos de diversas procedências. Nos Salões de Maio, organizados por Quirino da Silva, Geraldo Ferraz, Paulo Magalhães, Madelene Roux e, extra-oficialmen-

materialista e místico, desabusado e construtivo. O que lhe comove na pintura moderna é a inquietação diante do mundo em contraste com a pacata satisfação das artes oficializadas. Ela está cheia de incongruências, de malogros e de idéias, como nós mesmos e como a vida. Para bem compreendê-la é preciso ter nascido com o século XX – uma época em que nasceram e amadureceram conflitos profundos: liberdade e igualdade, alfabetização e cultura, malthusianismo e desemprego, superprodução e consumo, riqueza e miséria. A vida revelou-se em toda a sua aspereza. A arte tinha que sofrer a influência das mutações. Ela espelha agora exatamente toda essa tragédia que vivemos, toda essa anarquia de época de transição, em que vislumbramos de quando em vez alguns ensaios construtivos [...]. Hoje a realidade é anarquia e a aspiração o "bem" em lugar do "belo"[4].

No conjunto destes textos explica também o que é a arte moderna: "é como um ensaio de interpretação", pretende uma volta a um estágio criador, procura a "criação pura", a essência da realidade, desprendendo-se das aparências. Tem como fonte de inspiração o primitivo, releva a expressividade, por isso "é mais espiritualista", mais interpretativa, mais cerebral[5]; há na arte moderna uma abstração voluntária: rompe com a representatividade da realidade. É "anárquica", sua realidade é autônoma. Não é literária, rompe com o anedótico, distancia-se do "assunto", mas tem a ver com a vida porque o assunto existe, embora mascarado: "o mundo exterior existe em função de nós mesmos, e ante o fenô-

---

te, Flávio de Carvalho, pretende-se levar a público a informação da "pesquisa plástica dos artistas modernos, imbuída do sentido histórico da vida e da arte do tempo presente, tirando o artista moderno da situação de isolamento" (cf. apresentação do catálogo *I Salão de Maio*, já citado). Comparecem ao Salão de Maio, de um lado, artistas já presentes às experiências da SPAM (Sociedade Pró-Arte Moderna) e do CAM (Clube dos Artistas Modernos), surgidos em 1932, no ensejo de "uma aproximação entre os artistas e o público de arte". De outro lado, quer através do Salão de Maio (a partir do II Salão), quer através do evento concomitante "Família Artística Paulista" ou ainda do Salão do Sindicato dos Artistas Plásticos, passam a ter participação na vida do período os chamados "artistas proletários", isto é, artistas provenientes de formação profissionalizante, de um novo segmento social que, nessa época, toma feição mais nítida na sociedade, em conseqüência das transformações econômico-sociais – o operariado ou o elemento da "pequena classe média", o imigrante ou o seu descendente. Conhecendo o artesanato, estes artistas passam para a pintura de cavalete, desenho ou gravura, esboçando, por via de sua produção, um novo projeto estético. É este projeto que Mário de Andrade e Sérgio Milliet acompanham através do seu debate e em correspondência do período 1933-1941. As questões mencionadas: arte/técnica/artesanato, arte/criação, arte/expressão dizem respeito a este contexto.

4. *Pintores e Pintura*, p. 114.
5. *Idem*, "Bronzes do Benin", pp. 79 ss.

meno de expressão". Reflete seu tempo e "se não ficar é porque esse tempo não merecia registro". Tem um espírito áspero, nada há de cômico, de loucura, de ingênuo, na arte moderna. Há, isto sim, "uma penetração profunda no âmago das coisas", às vezes uma face social, populista. O que seria beleza na arte moderna? A comunhão do artista com a vida e não uma "euritmia", a capacidade de exprimir parcela da "alma" do homem do presente e o modo como "sente" a sua realidade e se expressa. Compreendo-a assim é possível "entendê-la e estimá-la".

Sérgio Milliet observa, por outro lado, que os movimentos modernos (está escrevendo em fins da década de 1930, início dos anos 1940), em sua liberdade criativa, abolindo o enfoque representativo em favor da interpretação, acabam colocando a questão da inutilidade do assunto. Na verdade, Sérgio considera que o assunto (a relação com o real) não é abolido, mas "mascarado", tanto assim que a arte moderna é para ele a mais perfeita expressão dos conflitos de valores vigentes. Diz em "Do Assunto"[6]:

> Essa questão da "inutilidade do assunto"[7] carece [...] de alguns esclarecimentos. Tal como ela se coloca, em geral, vem eivada de confusão. À palavra inutilidade dá-se o mais das vezes o significado de "ausência". Eis o absurdo que só não o seria se fosse possível a total abstração do mundo exterior. Ora, o mundo exterior existe e o assunto embora mascarado também. E, em que pesem as afirmações ousadas dos críticos, nenhuma escola o aboliu de fato. Os futuristas movimentaram-no vertiginosamente na tela, os cubistas simultaneizam-lhe os ângulos de visão e os surrealistas transpuseram-no para o plano do devaneio. Nada mais. Com isso desprenderam-se da realidade o suficiente para se tornarem incompreensíveis ao público [...]. Por inutilidade entendem eles (os artistas) apenas que o artista plástico não se deve subordinar cegamente ao assunto, à anedota sobretudo. Este não pode passar de um pretexto à expressão de um temperamento. Não é o fim da arte, mas o meio de atingir o público, de comungar com o amador, de revelar sentimentos e emoções.

6. *Pintores e Pintura*, p. 26.
7. Está comentando um artigo de André Gide para uma revista de arte (não menciona o título do artigo ou a revista). Como costuma proceder, parte deste "pretexto" para discorrer sobre a questão em pauta. "Inutilidade do assunto" é expressão utilizada por Gide, que se opõe, segundo Sérgio, à posição por demais intelectualista dos artistas. Milliet, por sua vez, procura explicar a posição dos artistas modernos e de Gide. Diz que a revolta de Gide foi infeliz, por aludir à "inutilidade do assunto". Mas, por outro lado, mostra que Gide tem razão, de outro ponto de vista: Não em relação à arte, mas em relação à função educativa da arte, que se perde no esoterismo das doutrinas atuais. "Esse pretexto do assunto, a que nos referimos acima, se é dispensável à realização da obra de arte, não pode ser dispensado quando se procura a educação do grande público e a sua elevação cultural. O assunto é um ponto de apoio, de referência, de que parte o amador para as mais altas esferas do sentimento e ao qual ele volta mnemonicamente para reviver suas emoções. Abolido ou deturpado o assunto, a ponto

E completa:

> No fundo isso tudo são truísmos e é mesmo de estranhar que ainda se faça necessário discutir tais assuntos para a elucidação do público espantado com as acrobacias picturais e literárias da arte moderna. Esta deve ser apreciada ou negada de outro ponto de vista, do ponto de vista do seu valor representativo, isto é, em relação ao seu grau de coincidência com os desejos do século.

Observa, finalmente, que "quando há criação [...] logo se evidencia a desnecessidade do assunto, esse trampolim *ad usum intelectu*, esse motivo filosófico".

A questão do assunto e, em conseqüência, da relação arte/público aparece centralmente nos ensaios: "Farmacêuticos e Artistas", "Em Defesa do Bom Decorativismo", "Do Lugar Comum", "A Propósito da Escultura", "Técnica e Fórmula", "Posição do Pintor" e em "Marginalidade da Pintura Moderna", publicados em *Pintura Quase Sempre*. Estará subjacente em toda sua produção, sempre que precisa pautar o significado da "expressão" moderna na arte. Assim, pode-se localizá-la em outras passagens dos livros ora observados, como é encontrada no *Diário Crítico*. Este é o caso mais explícito em que Sérgio Milliet mantém uma única posição ao longo do tempo. Torna-se significativo vê-lo recolocando o problema em 1955, a propósito de uma mostra de pintura abstrata da artista Maria Leontina[8]:

> Abolido o tema, tem-se a alma nua do artista ("fenômeno expressivo, portanto"). O tema é para os que não sentem a pintura em si. E, conquanto possa não prejudicar a expressão, e mesmo constituir um elemento a mais à disposição do pintor para dizer sua mensagem, em absoluto não é o assunto necessário. O importante é a "exrpessão" do artista, de sua personalidade, de sua época.

O que é arte moderna, qual é a atitude do artista moderno e como o público se coloca diante desta produção contemporânea é mais uma vez a lição transmitida por Milliet, através dos comentários sobre os salões modernos do período: os Salões de

de torná-lo irreconhecível, exige-se do amador um esforço de análise, de síntese ou de transposição que, ou está acima de suas forças ou o desvia da emoção para a inteligência. A obra de arte, conclui, perde contato com o quotidiano, morre para o público e o repele para a arte mais acessível e nem sempre honesta dos comerciantes de pinturas".

8. Texto de apresentação da mostra de 1955, reproduzido no catálogo *Maria Leontina*, Rio de Janeiro, IAB, maio 1982.

Maio, da Família Artística Paulista e do Sindicato dos Artistas Plásticos[9].

No artigo "Pintura Moderna"[10], Sérgio comenta o segundo Salão de Maio (1938) e o Salão do Sindicato dos Artistas Plásticos. Diz ser preciso que os visitantes destes salões ponham-se diante do quadro "como Descartes se colocou diante da verdade, abstraindo as convenções anteriores"; e, "de posse dessa inocência artística, olhe, examine, sinta". E observa: "só assim, compreenderá o amador que todas essas telas nada têm de cômico, salvo uma ou outra, intencionalmente, que esses homens que as pintaram também não se hospedam no Juqueri, que a arte não se limita à cópia da natureza, mas é paralela à natureza e que, para um retrato 'bem parecido', existem excelentes fotógrafos".

A propósito do Salão de Maio, comenta a presença dos surrealistas ingleses, explicando a intenção desta corrente artística. A seguir, refere-se à pintura social, e com o exemplo das xilogravuras mexicanas explica o trabalho de Goeldi e Lívio Abramo. Comentando outros expositores da mostra – Segall, Volpi, Rebolo, Cícero Dias e Brecheret, entre outros –, diz que "a expressão crua, as pesquisas plásticas de equilíbrio, de volumes e valores" são indicadores da "pureza de intenções e realização da arte moderna". Para didatizar a explicação do efeito da produção em foco sobre o público, compara o artista moderno ao político, diferenciando-os: para o político, "a boa norma reside na satisfação da turba; o artista tende à realização de si próprio [...]. O bom político é aquele que tranqüiliza, que dá estabilidade e confiança; o verdadeiro artista é o que inquieta o público, forçando-o a uma revisão de conceitos". Observa que o Salão de Maio é plenamente representativo do que é arte moderna.

Ao discorrer sobre a mostra do Sindicato, nota que, por ser uma organização de classe, não representa, como ocorria com o Salão de Maio, "um estado de espírito", não pretende uma manifestação de tendências – é apenas um mostruário de obras sem parentesco. Aí sente a necessidade da palavra da crítica, pois, ao lado de "nomes acatados pelo grande público, estão os artistas egressos de escolas mais ousadas" (isto é, estão presentes acadêmicos e modernos). Aí, para Sérgio, evidencia-se o contraste de posições e, por isso, torna-se um campo profícuo ao entendimen-

---

9. "Masorca Plástica", *O Estado de S. Paulo*, 16 ago. 1939, e *Pintores e Pintura*, p. 123; "O Salão do Sindicato", *O Estado de S. Paulo*, 16 nov. 1939.

10. *Pintores e Pintura*, p. 111. Originalmente em *O Estado de S. Paulo*, 22 jul. 1938.

to da sensibilidade da arte moderna. Sérgio estimula, neste Salão, os que, "em tempos tão difíceis, vêm se dedicando à arte moderna, arte verdadeira". No Sindicato, comenta em especial a obra dos artistas da Família Artística aí presentes – Bonadei, Rebolo, Volpi, Waldemar da Costa, Figueira, Graciano – e o trabalho de Oswald de Andrade Filho[11].

Como observador crítico quer "ver o fato de fora". Numa atitude de ponderação, como "o fiel da balança", aponta para outro lado: os riscos de uma adesão irrestrita às "novas teorias". Ceticamente, então, alerta para o perigo do cerebralismo da arte moderna; os riscos de apoiar a arte do presente na experiência científica, filosófica ou literária e descambar para uma arte, uma pintura que negligencia sua questão essencial – a questão plástica. Mede sempre os prós e os contras de todo fenômeno em análise. É por este encaminhamento que devemos situar sua conferência pronunciada no III Salão de Maio e reproduzida em *Pintores e Pintura*, com o título de "Parentescos", bem como as críticas e comentários aos surrealistas e abstracionistas presentes naquele salão.

Em "Masorca Plástica" discorre sobre o III Salão de Maio (1939), onde ao lado de artistas brasileiros – de São Paulo, do Rio de Janeiro e de Minas Gerais – estão, pela segunda vez, presentes artistas estrangeiros[12].

Neste texto, Sérgio Milliet toma posição contrária ao abstracionismo, ao mesmo tempo que parece oferecer os elementos para a sua compreensão. Diz que o progresso da fotografia modificou a noção de pintura, que não se pode pensá-la como reprodução, cópia da natureza. Se o abstracionismo deve ser entendido dentro deste quadro, e como uma resposta às inquietações de nosso século, Sérgio lhe critica a pretensão de "sabença", de "re-

---

11. Analisa a composição, a fatura plástica, como se realiza a "expressão plástica" de cada um dos artistas mencionados.

12. *Pintores e Pintura*, pp. 123 ss. Estão presentes neste salão os seguintes artistas nacionais: Anita Malfatti, Antonio Gomide, Barbara Ruchti, Clóvis Graciano, Di Cavalcanti, Elizabeth Nobiling, Flávio de Carvalho, F. Rebolo Gonsales, J. Lopes Figueira, Lasar Segall, Lívio Abramo, Lucy Citti Ferreira, Manoel Martins, Oswald de Andrade Filho, Paulo Rossi Osir, Renée Lefevre, Rino Levi, Vitor Brecheret, Tarsila do Amaral. No item "artistas estrangeiros" constam: Ernesto De Fiori, Bernardo Rodofsky, Duja Gross, Alexandre Calder, Carl Holty, Josef Albers, W. Drewes, Jean Helion, John Xceron, François de Martyn, Yolanda Mohalyi, Eileen Holding, Alfredo Magnelli, Fúlvio Pennacchi, Leopoldo Pettini, Hans Erni, Jacob Ruchti, Arne Hosek, Esther Fridriková, Gervásio Muñoz.

velação". Vê, a partir da mostra em questão, o "abstracionismo como negação da plástica", que para ele é dado essencial na pintura. Criticando, diz: "conhecem as descobertas da ciência, a teoria gestaltista, falam do behaviorismo, da psicanálise. Citam Freud, Kafka, Watson. Fazem 'a expressão gráfica' disso tudo. A expressão artística torna-se estéril, esquemática e tristemente técnica, sem seiva vital; afastam-se os artistas da finalidade da pintura que é a expressão plástica; afastam-se de um sentimento qualquer diante do objeto".

E rebate, em seguida, para os problemas éticos vividos no momento presente: que o levam a pensar na "coerência" do abstracionismo como linguagem artística, no momento histórico então vivido. Diz que é necessário, "nesta instância, uma ação humana e, portanto, mais objetiva".

> Quando tudo se esforça por construir em torno de nós, é um crime contra o homem e contra a sociedade (no sentido sociológico) permanecer em companhia dos masorqueiros das artes plásticas.
> Se combatemos o individualismo da tela destinada ao burguês, da tela-divertimento, da tela-repouso do espírito, com função decorativa, sem pretensões ideológicas, religiosas ou outras, se vivemos a reivindicar o direito ao painel, à pintura mural, num esforço para voltar a uma arte honesta, sem requintes, direta e expressiva, como podemos, concomitantemente, criar um esoterismo de superelites?

Ainda comentando o mesmo Salão de Maio de 1939, em outro artigo ("Em torno do III Salão de Maio")[13], faz as seguintes considerações a respeito do abstracionismo: "A obra abstrata, para ser boa, *precisa ser plástica*[14] e não apenas cerebral". Relativiza, porém, sua posição, quando diz:

> Não se veja nessa minha insistência em combater o cerebralismo artístico nenhuma atitude negativa. Não quero negar ao pintor o direito de ser inteligente, de tentar a consolidação de suas idéias num corpo doutrinário lógico. Não. Quero apenas rebelar-me contra a tendência de certos pintores para se prender estreitamente à doutrina em prejuízo da obra de arte, a expensas da capacidade criadora. Que o artista ponha a escrita a serviço da arte, nada mais justo: fizeram-no com grande talento e para benefício coletivo inúmeros pintores, desde Leonardo da Vinci até André Lhote. Mas que o artista coloque a arte a serviço da escrita é o que não se justifica em absoluto, porque então a arte deixa de ser arte para passar a ilustração de tese e como tal falhar à sua natural definição desinteressada. Foi Gide quem disse, a propósito do romance socializante, e a frase continua de grande atualidade: "Vous voulez écrire pour prouver et ce

---

13. *Pintores e Pintura*, p. 131.
14. Grifo da autora.

faisant vous ne prouvez rien et vous avilissez l'oeuvre d'art". Mudem-se algumas palavras e a observação aplicar-se-á à pintura contemporânea das escolas surrealistas e abstracionistas. Elas também pintam para provar e, assim fazendo, não provam coisa nenhuma e ainda por cima aviltam a arte. Com tudo isso eu não posso negar o valor inventivo e algumas vezes expressivo desses artistas estrangeiros que expõem no Salão de Maio.

Novamente, portanto, introduz uma "relativização" do que afirma. E, neste momento, Milliet estende seu comentário também ao surrealismo, vendo nesta tendência o mesmo risco de "sabença", a mesma posição à reboque da ciência que, para ele, desvirtua a arte. Diz ainda:

> Com o surrealismo caímos na psicologia gráfica, ou melhor, no campo mais restrito ainda da psicanálise ilustrada [...] Acontece, algumas raras vezes, que esses filósofos e psicólogos são também pintores e então suas obras vão colocar-se, naturalmente, dentro do plano plástico. Mas isso apesar da psicologia e não por causa dela. É o caso de Chirico, de Dali ou de Miró. Em torno desses homens curiosíssimos, porém, evoluem inúmeros artistas de pequeno valor, que abrigam sua incapacidade plástica no esotetismo, quando não, simplesmente, na mistificação.

Aqui se esclarece o ângulo de sua crítica a estas tendências modernas: o risco de perda do domínio do universo "plástico", por força de uma justificativa intelectual; a ruptura da arte com o "humano", elemento essencial, para Milliet, do ponto de vista ético. Afinal, para ele, a arte tem como fundamento ser expressão, ser sensibilidade perante a vida, ao mesmo tempo que sua legitimidade é essencialmente a plástica.

Vale a pena lembrar, neste momento, como a posição de Sérgio Milliet se inclina para o outro lado novamente no decênio posterior (anos 1950), quando se dá a grande penetração do abstracionismo em nosso meio artístico, principalmente por via das Bienais. A abstração é então igualmente lida por via da noção de "sensibilidade plástica", valendo como recurso útil para explicar o significado último da pintura. Esta questão é estudada em outro capítulo.

MARGINALIDADE DA PINTURA MODERNA: UM MODELO EXPLICATIVO

Para didatizar a compreensão do que é a arte moderna, Sérgio Milliet constrói um modelo explicativo, baseando-se na questão do divórcio arte/público. Apoiado na observação do processo histórico da civilização escrita, desde o Egito, desenvolve a tese de que se podem localizar, nesse longo percurso, momentos clímax e períodos de transição. Nos períodos clímax há perfeita integração da arte com o público, e nas fases de transição desenvolve-se uma arte marginal, no sentido de afastar-se dos padrões e valores instituídos e de corresponder a um período de aculturação. Sérgio utiliza o conceito de "marginalidade" (termo emprestado a Stonequist, *The Marginal Man*[15]", através da história da pintura, demonstrando que o marginalismo artístico alcança a mais aguda expressão na pintura moderna. Sua análise desenvolve-se do Pré-Renascimento ao surrealismo.

Neste estudo, vale-se da sociologia, antropologia e etnografia para guiar as suas observações. As *Origens da Arte*[16], de Ernest-Grosse, é, além do trabalho de Stonequist, fonte de apoio de sua

---

15. Everett Stonequist, *The Marginal Man: A Study in Personality and Conflits*, Nova Iorque, Scribner's, 1937. Cita também, no ensaio, Robert PARK, *An Outline of the Principles of Sociology*, Nova Iorque, Barnes/Nobles, 1939.

16. São Paulo, Cultura, 1944, tradução de Edmundo Rossi.

Grosse parece ser um autor importante para Sérgio Milliet. É, também, amplamente citado em toda a série do *Diário Crítico*. Resenhando para *O Estado de S. Paulo*, em 22 de janeiro de 1944, o livro citado, Sérgio Milliet diz que Grosse se vale de métodos antropológicos e sociológicos, assim como da etnografia; passa em revista as várias explicações sociológicas dadas à arte, começando seu estudo a partir dos povos primitivos, onde, segundo o autor resenhado, seriam encontradas as formas mais próximas das origens da arte. A partir daí, Grosse, segundo Milliet, procura definir o fenômeno artístico: "desperta uma sensação imediata (de prazer) e comunica-a a outros. A arte é explicada como expressão-comunicação e um fenômeno social entre todos os povos e em todas as épocas.

As várias formas da arte são verificadas por Grosse, bem como a semelhança de expressão, segundo o modo de produção dos grupos sociais (ex. a dos grupos caçadores e pescadores), isto conduzindo-o à conclusão de que a arte é uma expressão cultural.

Sérgio adota essas duas definições – a da arte como "expressão-comunicação" e como "fenômeno social" e a da arte como "expressão cultural", fazendo entretanto uma ressalva à posição do autor analisado, a qual permite melhor situar a sua própria posição: "o ensaio de Grosse não trata do *gosto*".

Para Sérgio este é um problema capital. Diz: "Arte e moral são complexos culturais transmitidos de uma a outra geração e sujeitos a modificações de ordem pessoal em conflito aberto com os costumes e tradições. Daí a luta permanente entre concepções pessoais revolucionárias e cristalizações conservadoras. Desta nascem os academismos. Daquelas as renovações e os realismos".

Fundamenta também aqui a orientação de seu projeto crítico num sentido pedagógico, explicativo, de esclarecimento voltado para a compreensão segundo determinadas perspectivas; um projeto voltado para a formação do gosto da comunidade, de modo a atualizar a informação, colocando-a no quadro da contemporaneidade.

análise. Dele se vale Milliet para afirmar que "na base de todas as formas de expressão artística existe um intuito utilitário de comunicação e que todo segredo do fato social artístico está neste conceito de comunicação". Disso decorre que a arte é expressão não só como fenômeno afetivo, mas também por ser representativa da cultura do grupo em que surge (a cultura condiciona a arte).

Sérgio Milliet observa que, ao aceitar este ponto de vista antropológico, recusa-se, principalmente, a filiar a manifestação artística de modo exclusivo à economia ou a qualquer outro aspecto restrito da cultura[17]. Filia, então, segundo deixa compreender, o fato artístico a uma conjuntura de valores, a uma "configuração cultural". A arte é, pois, uma expressão cultural no sentido antropológico, e só alcança seu objetivo social de comunicação quando exprime com fidelidade o modo de viver e sentir característico da maioria. Por essa razão, compreende-se a dificuldade de entendimento entre culturas diversas que se tocam no espaço.

Transpondo o problema dos contatos culturais, isto é, do encontro entre configurações culturais diferentes, do espaço para o tempo, Milliet vai situar para o leitor "o fenômeno psicológico de transição, de aculturação, quando em período de mudança verifica-se o desajustamento em relação ao padrão cultural. E dessa situação resulta a sua teoria da "marginalidade da arte moderna".

Tomando este modelo, observa a civilização escrita do Mediterrâneo ao Ocidente. Vê pontos de perfeito ajustamento entre o padrão coletivo e a expressão artística na cultura egípcia, na cultura clássica greco-romana, no cristianismo. E encontra transição em Creta, Bizâncio e na Idade Moderna.

Discorre sobre cada uma das circunstâncias, avaliando a presença de padrões culturais estáveis (valores grupais estáveis).

Toda época moderna, desde o Renascimento, revela-se, segundo demonstra, um período de decadência da cultura cristã e

---

17. Sérgio Milliet responde à concepção, vigente na crítica a ele contemporânea, da relação da arte com a infra-estrutura econômica – leitura insuficiente, segundo demonstra, para a compreensão do fato artístico. Esta concepção surge em colunistas de arte atuantes em outros jornais paulistas, em ensaios e conferências. Sérgio estabelece uma polêmica mais direta com Luís Martins, a propósito de sua tese de que a ausência de luz na pintura paulista – uma pintura de tons baixos – advém da depressão da economia cafeeira em São Paulo.

Sérgio escreveu, a propósito da tese de Martins (defendida em artigos na imprensa e apresentada em conferência no VI Salão do Sindicato dos Artistas Plásticos), entre outras, a crítica "Luz, Paisagem, Arte Nacional" em *Pintura Quase Sempre*, pp. 72 ss.

de transição para uma nova cultura (ainda mal perceptível) que ele denomina "cultura socialista".

Para observar o processo de choque no sentido do tempo, o autor apóia-se na observação dos contatos de sociedades diferentes no espaço. O que acontece é "o conflito de atitudes do qual resulta uma interpenetração dos complexos culturais, havendo fusão ou assimilação, prevalência de padrões de outra cultura, ou ainda contribuições de ambas. No processo de aculturação há perda de valores e desintegração social. Para o indivíduo, explica Milliet, apoiado em Donald Pierson[18], "conseqüência do contato cultural é a libertação mental, pois o espírito se torna mais livre, mais fecundo, na medida em que se desintegram os costumes do grupo [...]. Nos grupos estáticos, as suas idéias, os seus valores, os seus padrões fornecem a cada indivíduo a base para a organização da própria experiência. A solução dos problemas, em outras palavras, é sempre convencional. O espírito permanece, portanto, sob o controle dos costumes do grupo". Com a desintegração deste, o espíritos "emancipam-se, tornam-se maleáveis e livres". Colocam-se, assim, à margem de sua cultura.

18. A obra de Pierson que serve de base ao raciocínio de Milliet é *Negroes in Brazil – A Study of Race Contact at Bahia*, Chicago, University of Chicago, 1942.

Nesta época, Sérgio Milliet é assistente de Donald Pierson, na Escola de Sociologia e Política, e o professor americano orienta pesquisas no Departamento de Cultura, tendo uma sala para trabalho na Divisão dirigida por Milliet.

No ano de 1942, Pierson publica, na *Revista do Arquivo Municipal* nº LXXXVII, "Ascensão Social do Mulato Brasileiro", pp. 107 ss., texto decorrente das pesquisas que por dois anos realizou na Bahia, de 1935 a 1937. Utiliza neste estudo o conceito de "marginalidade" de Stonequist (*The Marginal Man*). O preconceito racial é questão debatida por sociólogos naquele momento. Samuel Lowrie, também colaborador de Sérgio no Departamento de Cultura, pesquisara o problema. Oracy Nogueira, aluno bolsista da Escola de Sociologia e Política, e trabalhando sob orientação de Pierson, publica, em 1942, um estudo sobre o tema, na *Revista de Sociologia* (out. 42). Rediscute-se o trabalho de Gilberto Freire, debate do qual Sérgio participa com vários artigos, criticando o uso de conceitos sociológicos feito pelo autor. O trabalho de Pierson é traduzido para o português, sendo publicado em 1945 pela Editora Nacional, assim como os textos de Stonequist, traduzido pela Editora Martins na coleção Biblioteca de Ciências Sociais dirigida pelo próprio Pierson (vol. VII da coleção).

Oracy Nogueira, aluno de Pierson e de Sérgio, depõe: "Nessa época ele estava muito entusiasmado com a descoberta de certos autores norte-americanos introduzidos por Pierson, entre eles, Stonequist e Park. Como assistente, Sérgio Milliet dava os seminários do curso de Sociologia. O prof. Pierson ministrava as aulas; havia organizado uma série de leituras – textos traduzidos do inglês, mimeografados, que eram comentadas em seminário".

A marginalidade, diz Milliet, apoiado agora na formulação de Stonequist, representa um *status* em que as raízes do indivíduo plantadas dentro de uma cultura são cortadas sem que novas raízes tenham tido tempo de se aprofundar em outra cultura em embrião, e à qual cabe acomodar-se ou contra ela revoltar-se...

Sobre Sérgio Milliet, Donald Pierson depõe: "Estive no Brasil de 1935 a 1937; porém isto não foi em São Paulo e sim na Bahia, onde fui encarregado de pesquisas sob os auspícios da Social Science Research Committe, da Universidade de Chicago. Convidado a voltar ao Brasil, mais tarde, a fim de ajudar o desenvolvimento daquela instituição pioneira nas ciências sociais, [Escola de Sociologia e Política], cheguei em São Paulo só nos meados de outubro de 1939; e dei aulas só em março de 1940. Ao chegar em São Paulo, Sérgio Milliet gentilmente me arrumou, a pedido do Diretor Cyro Berlinck, mesa na sede do Departamento de Cultura e lá trabalhei às tardes, ensinando alunos, informalmente, e supervisionando pesquisas 'pequenas' empenhadas por eles. Quando as aulas de 1940 começaram, Sérgio se tornou meu assistente, enquanto eu estava melhorando o uso da sua bela língua. Assim Sérgio deu aulas naquele ano uma vez por semana, em que respondeu às perguntas dos nossos alunos referentes ao que eu ensinava, e frisou certos pontos sobre os mais importantes textos apresentados. Mais tarde, eu mesmo lia as aulas, ditadas a uma secretária e depois traduzidas. Já não tive então tantos contatos diários com Sérgio. Comecei a desenvolver amplo programa de pesquisa, de preparo de jovens pesquisadores, de traduções, de administração, de publicações, de novas aulas etc., para que fossem desenvolvidas mais as ciências sociais no Brasil, mormente quanto à pesquisa. (Sérgio, depois, deixou igualmente a Divisão que coordenava no Departamento de Cultura, passando a trabalhar na Biblioteca Municipal).

"Tenho recordações felizes, referentes aos contatos pessoais com Sérgio, embora ele, neste meio tempo, tenha ido trabalhar em outro lugar, tornando-se diretor da Biblioteca Municipal em São Paulo, de modo que os contatos foram menores. Ele já era formado antes de eu chegar a São Paulo, já era autor reconhecido; e era, então, mais colega que assistente. Lembro-me, contudo, que a formação dele quanto às ciências sociais foi, na sua maior parte (se não totalmente) francesa, embora mostrou interesse também nos trabalhos de Karl Mannheim. Quanto a qualquer influência do nosso ensino sobre ele, se houve, não foi só dos Estados Unidos. Deve ser lembrado que minha formação não foi só norte-americana [...] tendo contato, na época de minha formação na Universidade de Chicago, com correntes de pensamento, e de pesquisa, oriundas de vários países, inclusive da Alemanha, Inglaterra, França, Itália etc., e lembrar ainda as pesquisas que foram feitas em outras partes da Europa, da Ásia, da África e das Américas, que nós estudamos...

"É provável que Sérgio 'descobriu' Robert Park e também grande número de pesquisadores sociais dos Estados Unidos através das apostilas mencionadas. Lembro que ele ficou bastante impressionado com o conceito 'homem marginal', originado por Park e elaborado pelo seu aluno Everett Stonequist. Sérgio uma vez visitou brevemente algumas universidades dos Estados Unidos, tendo sido lhe dado por minha senhora, naquela ocasião, algumas aulas particulares sobre língua inglesa." (depoimento de Donald Pierson à autora, em carta de 30 mar. 1982). A informação sobre o contato de Sérgio com o pensamento sociológico se confirma com o depoimento de Oracy Nogueira, seu aluno, à autora, em 14 de janeiro de 1982.

Transpondo, heuristicamente, a teoria da marginalidade do espaço para o tempo, observa nos ciclos de uma mesma cultura a presença de homens marginais, exemplificando com escritores e artistas.

Apoiado no postulado sociológico de que "o homem é um produto de sua cultura" (o escritor e o artista são uma expressão fiel dela) deduz, logicamente, que a arte dos períodos de transição em que a cultura sofre violenta mudança é uma arte marginal.

No Cap. III desse ensaio – "O Caminho da Decadência" – passa Milliet a considerar a posição de nossa cultura. "Achamo-nos no declive da civilização cristã e, aparentemente, no ponto, por assim dizer, inicial da nova gestação. É no Pré-Renascimento, com Giotto e Cimabue e, efetivamente, com o Renascimento que começa a processar-se a desintegração da cultura cristã. É o período das descobertas de 'novos mundos' e se processa o contato da cultura cristã com as culturas indígenas da América, negras ou asiáticas, desequilibrando o quadro de valores ocidental. Escritores e filósofos, como Montaigne, Rebelais e o próprio Pascal, antevêem a questão da *relatividade das éticas*. Um século e meio depois, com os enciclopedistas, tem-se a tentativa de 'refazer o mundo' e o preparo da Revolução Francesa, onde, segundo relata, encontram-se as primeiras raízes (igualdade) da cultura vindoura que ele chama 'socialista'. E, desde então, o marginalismo na arte acentua-se sem interrupção, até o período que chama 'intelectualista', entre as duas grandes guerras".

Percorre, então, o autor do século XVIII ao período entre guerras do nosso século, localizando na segunda metade do século XIX o momento crucial em que se dá o divórcio arte/público, a marginalização da "boa arte", do artista que se fecha num mundo específico. Para balizar seu raciocínio, observa o que se passa na cultura européia à época do impressionismo.

França, Inglaterra e Alemanha encontram-se em pleno processo de aculturação o que implica mudanças sociais. As invenções essenciais da época moderna acham-se agindo no sentido da transformação da cultura material, assim como os "traços espirituais" são sacudidos pela adoção de métodos científicos objetivos. Lançam-se as bases da sociologia com Comte, recebendo impulsos com Tarde, Durkheim e Simmel. A ciência positiva investe contra a metafísica, a psicologia se encaminha para a experiência e o laboratório. Constata, então, o paradoxo: Em plena transição, em plena marginalidade, a arte que espelha este estado de patologia social deixa de ser compreendida pelo grande público. Alheia-se do mundo do homem vulgar[19].

Do Cap. IV ao VIII do livro, Sérgio Milliet percorre o processo histórico da arte do Pré-Renascimento ao surrealismo, apontando como exemplo alguns dos artistas que podem ser considerados "marginais" nos diversos momentos históricos. Sua justificativa para tal consideração apóia-se na observação de características da produção do artista e da configuração de valores sociais vigentes.

Tomando para exemplificação os extremos do processo histórico estudado por Milliet tem-se o seguinte: no Pré-Renascimento, a seleção dos artistas Giotto e Cimabue, na Itália, como representativos dessa marginalidade; entre os flamengos, Van Eyck, Van der Weiden, Hans Memling; na França, a tendência de Fouquet. No outro extremo do processo histórico analisado, o crítico vai deter-se no estudo do período que vai do fim do século XIX à solução onírica dos surrealistas, procurando demonstrar que o marginalismo artístico atinge aí a sua etapa mais aguda de expressão, manifestando-se ora como "inadaptação e revolta", ora na "forma de evasão". Considera que o mais alto grau da crise de desintegração do processo coincidiu com a Grande Guerra de 1914-1918 e que, àquela época (anos 1940), já se encontra o processo passando por um momento de "subida" para um novo clímax social – o do socialismo, de uma nova consciência moral coletiva, o que pode implicar, para a pintura, a recuperação da sua função social (a comunicação com o público) e a "reumanização" – problema que ocupa sua reflexão extensivamente.

De um modo geral, pode-se dizer que, do conjunto de textos sobre pintura, ressaltam as seguintes preocupações de Sérgio Milliet:

- definição da arte moderna em relação à configuração histórico-cultural contemporânea;
- acompanhamento do processo (a gênese) histórico que motivou o surgimento do fenômeno, buscando elementos para a sua compreensão no passado;
- como crítico diante da realidade imediata, posição de quem oferece meios para compreender o fenômeno em pauta (define conceitos, explica); é "mediador", é aquele que avalia, sem jul-

19. *Marginalidade da Pintura Moderna*, p. 28.

- gar, os prós e os contras dos desdobramentos que o fenômeno manifesta;
- focalização do fenômeno artístico como um "fenômeno expressivo", produto do homem (do artista), perante a vida do seu tempo, perante sua cultura e que tem na "plasticidade" a particularidade mais significativa.

Então, além da orientação de seu projeto crítico para um sentido pedagógico de formação do gosto da comunidade e informação sistematizada sobre arte e sobre o processo histórico, é possível apreender deste conjunto de textos uma direção básica da leitura crítica de Sérgio Milliet, a saber:

A afirmação de sua posição relativa (relacionada a uma determinada circunstância histórica) diante do fato analisado. Milliet preocupa-se sempre em medir os prós e os contras do fenômeno em avaliação e, embora se posicione, manifesta o desejo de deixar aberta para o outro a possibilidade de divergir. Os valores culturais que envolvem o fenômeno artístico são apontados no interesse também do "auto-conhecimento" do público, isto é, de que se tome consciência da existência de uma conjuntura presente, orientada em determinada direção. Procura explicar didaticamente as razões desta orientação, estabelecendo como um eixo importante para pensar a expressão artística a relação arte/vida, a integração da arte com o seu tempo e, portanto, a obra como reveladora de "sentimentos humanos", de maneiras de pensar, sentir e agir do homem do presente.

Na Biblioteca Municipal de S. Paulo. Década 1940,
De frente: Sérgio Milliet e Roger Bastide.
Foto do arquivo de Tereza Cristina A. Guimarães.

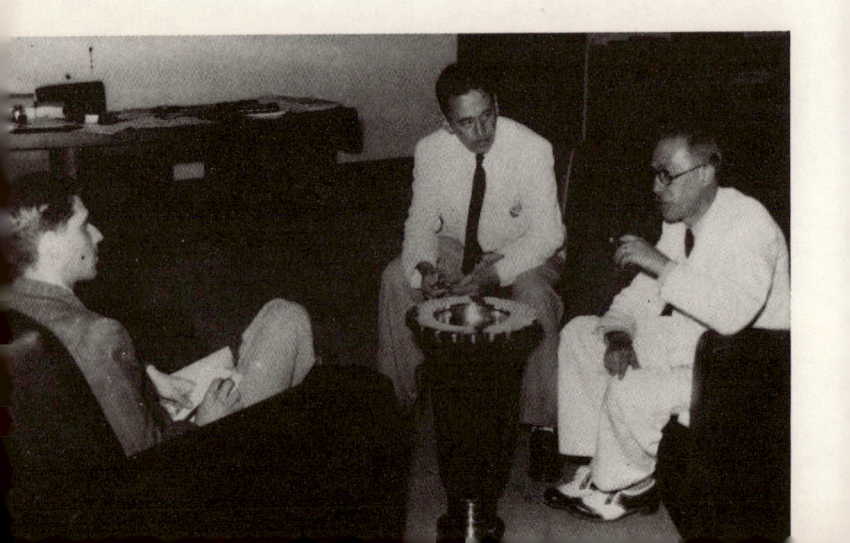

7. O Diário Crítico

> *Gosto dos diários pelos vazios que eu posso encher com a minha imaginação. E mais ainda, porque neles nada me obriga a uma leitura metódica com seus cansaços, seus obstáculos, o sentimento de desperdício que nos infunde um mau trecho de romance ou ensaio.*
>
> SÉRGIO MILLIET, 1947*

As principais considerações de Sérgio Milliet sobre crítica podem ser localizadas em seu *Diário Crítico*, um conjunto de dez volumes publicados de 1944 a 1959, reunindo textos selecionados de sua produção na imprensa, em jornais ou revistas.

Os volumes do *Diário Crítico* contêm, mais predominantemente, reflexões e comentários sobre literatura, em especial sobre poesia. Embora com esta característica, constituem fonte de importância para situar problemas do pensamento crítico de Sérgio Milliet nas artes plásticas, aspecto que interessa diretamente a este trabalho.

Além de abordar a questão da crítica em geral, o *Diário Crítico* contém comentários sobre muitos dos eventos artísticos ocorridos no período mencionado: exposições coletivas ou individuais, pesquisas de artistas plásticos, questões gerais sobre pintura e arte, diretamente relacionados à cidade de São Paulo, ao Brasil ou

---

* *Diário Crítico*, vol. V, 17.06.1947, p. 133.

ao estrangeiro (França e Estados Unidos, principalmente), a que o crítico se refere por tomar conhecimento através de catálogos, revistas especializadas ou outras publicações, ou mesmo em viagens que realiza.

Encontram-se nesta série de livros, além do mais, observações e avaliações sobre a aplicação da sociologia à leitura do fato artístico. Evidenciam-se algumas das preocupações cotidianas que envolvem o trabalho intelectual de Sérgio Milliet, as suas reflexões sobre a pintura e a arte moderna em geral, sobre a contribuição das gerações modernas de 1922 aos jovens contemporâneos dos decênios 1940 e 1950. Podem ser detectadas constantes fundamentais no norteamento da reflexão do autor:

- A discussão sobre a viabilidade da crítica no seu momento contemporâneo (que "forma" a crítica pode tomar: "a forma exigida pelo assunto").
- A importância da sociologia para o seu desempenho intelectual, agindo como crítico de arte no Brasil.
- Como problema geral, um debate sobre o drama intelectual do seu tempo: a necessidade do homem reumanizar-se ou "humanizar-se cada vez mais e sempre", à procura da definição de uma ética.

A reflexão de Sérgio Milliet parte do comentário de um fato: uma publicação literária recente, o surgimento de um novo escritor ou poeta, uma exposição de artes plásticas, a pesquisa ou uma frase dita por um artista, a citação de um autor lido. Aí o pretexto para meditar, ou como ele próprio diz, "dar margem ao devaneio". Meditar, para ele, "é pensar profundamente, é abrir as válvulas para a alma deixar que venha à tona essa coisa mais complexa, a sensibilidade"[1]. A razão primordial de suas reflexões é o debate, a conversa[2].

A escolha da forma de um diário de crítica para apresentar seu pensamento parece estar relacionada à consideração de que é, como crítico, portador de uma visão de mundo particular, de uma compreensão historicamente dada. Em 29.01.1944, diz: "recuso-me terminantemente a dar às minhas divagações, para as quais os livros recebidos são um pretexto útil, a menor parcela de valor objetivo". E, em 03.02.1944, "nossas idéias não são realidades, mas apenas manifestações subjetivas de nossa cultura"[3].

1. *Idem*, vol. VI, 01.01.1948, p. 7.
2. *Idem*, vol. II, 11.03.1944, p. 96.
3. *Idem*, vol. II, p. 45.

A forma do diário de crítica torna-se, portanto, condizente e instrumento útil com relação à sua posição diante da obra de arte: o diário permite-lhe não concluir, mas registrar uma reflexão em processo. "Um diário de idéias expressaria sentimentos e reações em curso. Quando revista a idéia, mais força adquire, maior intensidade. Por outro lado, permite (o diário) captar pensamentos, dúvidas ligadas ao instante vivido e que podem se desenvolver com o tempo, pela meditação [...]. A crítica encontra nos diários um campo admirável de exercício e beneficia-se com o tempo que gera para a decantação do pensamento. Os diários permitem ainda a renovação no tempo[4].

Admitindo o relativismo dos valores, não pode estabelecer ou aceitar o julgamento como tarefa da crítica. Afirma, a todo tempo, não pretender julgar, mas sim liberar sua própria expressão e a do público leitor (objetiva interessar o seu leitor). Em 30.07.1949, por exemplo, diz: "Nunca pensei em dar aos meus comentários qualquer ponderação julgadora"[5].

Estabelece uma relação de "simpatia" com determinada obra que lhe é dado comentar, procura apreender as intenções do autor e, ao mesmo tempo, projetar uma meditação sobre um problema que o sensibiliza e que a obra lhe propõe: "o que importa são as reflexões inatuais que uma determinada obra sugere"[6].

Se nos primeiros volumes dos diários (nos três primeiros, sobretudo) predomina o comentário breve, depois Sérgio Milliet aprofunda questões e pondera sobre o que observa a propósito da obra. Procede sempre empiricamente, apoiado na observação do fato real que analisa com recursos sobretudo histórico-sociológicos. Quer sugerir ao leitor uma motivação para ler ou ver a obra, jamais, porém, estabelece um direcionamento único.

"A teoria funciona como instrumento de trabalho científico" e não pode jamais ser totalitária. A teoria é um meio para penetração possível de uma parte da verdade universal[7]. Apóia-se em Mannheim para desacreditar toda e qualquer consideração definitiva. Sua postura é por princípio cética, procurando evitar, com isso, uma maior incidência de erro na compreensão do fato artístico. A dúvida e a modéstia diante do fato a ser analisado são sempre dados positivos para Sérgio Milliet.

4. *Idem*, vol. I, 07.08.1943, p. 157.
5. *Idem*, vol. VII, p. 10.
6. *Idem*, vol. I, 15.02.1942, pp. 43-44.
7. *Idem, ibidem*.

Tendo em vista o "relacionismo" dos valores, empreende uma reflexão sobre a possibilidade da "verdade" e chega, em última instância, a um problema ético: quer investigar sobre a essência humana e sobre a moral do seu tempo; chega a indicar como meta "uma revolução moral". Esta seria, afinal, a meta da existência: "a codificação do que é útil à sociedade, de tudo o que reitera o humano". Parece haver nesta postura uma visão ou uma proposta socializante que vai, aos poucos, ao longo de suas reflexões, explicitando-se. Pergunta-se sucessivas vezes: "Poderá haver uma revolução que não seja moral?"[8].

Para Sérgio Milliet, o verdadeiro e permanente problema a ser resolvido pelo homem é "o problema ético da carência de humanidade". No seu presente imediato, a questão advém, segundo diz, da "inumanidade da organização social na era da máquina". A guerra o faz refletir, constante e agudamente, sobre a atitude do intelectual no sentido de cumprir uma tarefa de contribuição a esta reumanização necessária.

Montaigne, Gide, Péguy, Alain são os principais autores citados, lidos e relidos, ou, como afirma, "os ídolos de sua formação".

Entre outros fatores, pode-se dizer que admira em Montaigne o ceticismo e a antecipação que este pensador faz das intenções das ciências sociais. Em Gide, a absorção da noção de verdade relativa. Em Péguy, a busca honesta e sincera da definição de uma moral. Em Alain, o gosto pela reflexão a partir do cotidiano, o tom de sinceridade diante dos fatos, a dignidade diante da vida, a coragem na discussão dos problemas, a terminante recusa em abdicar da "razão e do humano", atitudes que, aliás, encontra também nos outros autores[9].

Nesses pensadores, à exceção de Péguy, cujo estilo rebuscado salienta, encontra também o exemplo de contínua procura de definição de um estilo "limpo", direto, de uma expressão nascida da sensibilidade e da sinceridade consigo mesmo. "Escrever é como conversar"[10]. "Não entendo por honestidade a obediência aos fatos históricos, aos dados objetivos ou à verdade psicológica simplesmente [...] mas sim à necessidade íntima de realização"[11]. É preciso, para Sérgio Milliet, chegar a "uma expressão que se comunique". Esta é, aliás, uma das lições ou conselho que, no de-

8. *Idem*, vol. I, p. 6.
9. *Idem*, vol. I, 18.11.1943, pp. 276-277.
10. *Idem*, vol. II, 05.04.1944, p. 119.
11. *Idem*, vol. I, 01.10.1942, p. 69.

sempenho da crítica, procura transmitir. Esta é também, segundo ele próprio diz, uma das "chaves da estética moderna"[12].

Assim, na obra de arte, como na crítica, destaca como valor essencial a pesquisa e a busca refletida de uma expressão pessoalizada: "Procurar acertar, eis a pista".

Por ser contra todo e qualquer preciosismo ou padronização, contra os dogmatismos, a ânsia de seguir escolas em voga, tomando a dúvida como postura essencial diante da realidade, destaca, como modelo, em pintura, o grande exemplo de Cézanne: "sua lição foi o abandono das soluções prontas e a retomada da força expressiva, a partir da pesquisa"[13].

Não acreditando na objetividade absoluta dos juízos, está convencido de que as obras "ficam ao longo do tempo" em função de qualidades ou leis que lhes são constantes, em função de "elementos estéticos permanentes", concordando, nessa linha de raciocínio, conforme diz, com as posturas de Ozenfant e Jeanneret e de André Lhote (cita diversas vezes a tese das invariantes plásticas em "Parlons Peinture"). Reflexões a este propósito aparecem sucessivamente a partir de 1946. Estes elementos primordiais da obra de arte são a construção (equilíbrio da composição), a sensibilidade e a imaginação (invenção, expressão). Cabe observar que, no período da guerra, Sérgio Milliet apregoa mais agudamente a tomada de posição do intelectual perante a vida (crítico, escritor, poeta, artista plástico): "nesse momento não há, nem pode haver, arte desinteressada, hermética; a arte tem que ser humana". Em 24.06.1944, diz ser a função da arte exprimir a dignidade humana, "através do que nos elevamos acima do vulgar, participamos do humano profundo"[14]. A arte capta, segundo diz reiteradas vezes, a essência da vida e a tarefa do artista seria fundamentalmente uma tarefa ética: a de aprofundar o humanismo.

A explicação do divórcio da arte com o público, através do conceito sociológico de marginalidade, correlaciona-se ao postulado crítico da necessidade de recuperação da função social da arte, qual seja, a comunicação. Para tanto, a arte precisa reumanizar-se. A obra de arte é expressão da vida e vida é emoção. A inteligência interage com a emoção na criação da obra e deste equilíbrio se produz "a grande arte" – a arte que permanece[15].

12. *Idem*, vol. I, 04.01.1940, p. 6.
13. *Idem*, vol. I, 20.09.1940, pp. 9 ss.
14. *Idem*, vol. II, pp. 182 ss.
15. Existem, segundo Sérgio Milliet, "variáveis plásticas", de ordem percep-

A CRÍTICA: UMA CONVERSA INTELIGENTE

Na atitude crítica de Sérgio Milliet localiza-se uma postura de interrogação da realidade artística para "compreender". Sua posição é a do pensador inteligente que lança mão de várias perspectivas, acionando-as segundo a necessidade ou o interesse voltado a um determinado fato que observa o estudo. Jamais se apega a um pensamento estruturado unidirecionalmente, apoiado em uma teoria única ou uma só escola.

Diretamente conectada à atitude compreensiva de Sérgio Milliet, encontra-se a busca permanente de "significados", preocupando-se o autor em mostrar as circunstâncias em que um

tiva, elementos racionais que podem ser encontrados na arte de todos os tempos e que, para o crítico e para o público, constituem um caminho para inferir a análise e a recepção da obra de arte.

A crítica de Milliet procura manter em foco o confronto das questões de espaço pictórico na Renascença e na Modernidade, reconhecendo que a arte moderna estabelece uma ruptura com o espaço renascentista – ruptura que projeta novos rumos a este problema na Contemporaneidade.

Sérgio empreende um ensaio sobre a expressão gráfica dos quadros renascentistas (*Contribuição para um Estudo da Expressão Gráfica...*), admitindo a ocorrência de interpretações e mesmo de invenção de sua parte, na qualidade de autor. Seu objetivo é captar "a essência espiritural que motiva a criação artística, centrando a atenção no problema: perfeito entrosamento do artista com a sociedade ou marginalismo dele" (pp. 8-9). A Renascença interessa-o por constituir "uma fase de transição rica de sugestões, de inquietudes fecundas e de alguns ensinamentos humanísticos" (substituição do espírito místico pelo científico; p. 1). A escolha de um único tema – o tema religioso – é explorado pelo autor como recurso para provar que "importa menos o assunto que as qualidades intrínsecas da pintura" e procedendo à análise da construção gráfica dos quadros religiosos renascentistas – inspirado, segundo parece, no método de Bouleau (*La Geométrie Secrète des Peintres*) – explica as leis de composição. Mostra que, "com a imposição do tema, os sentimentos mais íntimos e profundos do pintor devem encontrar uma expressão secreta, esotérica, e de muito maior importância psicológica" (p. 10).

O procedimento inverso deve ser aplicado na arte moderna, onde o assunto se torna desimportante e mesmo desaparece. A arte, expressão do indivíduo inserido num tempo histórico, tem presente as variáveis que permitem inferir um primeiro contato inteligente com o quadro.

Um aspecto permanece incógnito para o artista e para o crítico, segundo o raciocínio de Milliet: o destino da obra no tocante à sua comunicação, no futuro. A obra "permanece" quando se torna valor transferível a outras culturas e a outros momentos do tempo. Portanto, a questão da comunicabilidade da obra de arte apóia-se em conceituação sociológica.

O aspecto do "destino da obra", na crítica de Sérgio Milliet, é discutido, também, por Antonio Candido ("Sérgio Milliet, O Crítico", *Boletim Bibliográfico* nº 39, São Paulo, Biblioteca Municipal Mário de Andrade, 3/4, jul./dez. 1978).

determinado fato emerge e o processo pelo qual se desenvolve; ao mesmo tempo procura explicitar a sua própria posição. Diz, por exemplo, em 10.06.1943: "O sociólogo (e esta idéia pode ser estendida ao trabalho da crítica) que não levar em conta as conexões do caso específico com o panorama geral, por mais agudo que seja, errará"[16]. Em 17.07.1943, aponta a necessidade do "conhecimento da história, da sociedade e do homem"[17].

Em 13.11.1943[18], referindo-se à postura circunstanciada de todo o crítico, diz:

> Falar de uma obra já implica uma manifestação de valores, uma seleção de valores. O importante é manter uma atitude de sinceridade diante das coisas e das idéias [...]. Ideologia política, amizade pessoal, rancores e sentimentos dão ao julgador certos vieses insuperáveis [...]. Importa a ausência de dogmatismo, o que lhe permite certas contradições aparentes [...]. Por isso [diz em 19.02.1944], o bom crítico é o homem que entende, situa, explica e integra o leitor no mundo de sua matéria, de sua disciplina[19].

Para Sérgio, a qualidade da simpatia, gerando identificação, pode ser um caminho compreensivo[20]. Cabe ao crítico sentir para esclarecer. E é, segundo ele, essa capacidade de sentir, independentemente da lógica, à margem do bom senso, uma das qualidades realmente essenciais do bom crítico[21].

O condicionamento do crítico pela circunstância é reconhecido de modo mais explícito quando admite o condicionamento do crítico pelo seu meio (grupos literários, políticos, religiosos) e que um crítico formado por determinado ambiente (todos o são) nunca será capaz de superá-lo de um modo absoluto.

> Uma influência "qualquer" há de ficar sempre, agindo sobre o crítico, um resíduo que seja, uma raiz mais profunda há de atuar sobre a sua maneira, o seu raciocínio, o seu juízo. Considera aceitável falar do "esforço" do crítico em prol da independência. Se não é possível alcançar essa independência de qualquer influência, é no entanto possível libertar-se da dependência menos inevitável e mais deprimente dos personalismos[22].

Para ele, quando se está "dentro da paisagem", quando a obra a ser julgada ou comentada é de um contemporâneo, a sim-

---

16. *Diário Crítico*, vol. I, p. 125.
17. *Idem*, vol. I, p. 240.
18. *Idem*, vol. I, p. 260.
19. *Idem*, vol. II, p. 74.
20. *Idem*, vol. III, 05.10.1945, p. 216.
21. *Idem*, vol. III, 10.12.1945, p. 270.
22. *Idem*, vol. IV, 05.01.1946, p. 231.

patia é o recurso que serve de guia, mas esta nasce do coração e não do cérebro[23]. Portanto, na atividade crítica, além da razão, conta a sensibilidade.

Uma outra característica da atitude crítica de Milliet interage diretamente com o problema da sensibilidade. Reconhecendo o condicionamento do crítico pelo seu tempo e pela sua formação, a "dúvida" aparece-lhe como um dado primeiro, preliminar, fundamental: a inquietação perante o fato analisado, um ceticismo envolve-o no ato de criticar.

A dúvida é para ele um ponto de apoio diante de qualquer afirmação. Segundo explica, a dúvida é quase um método de trabalho, mais do que uma filosofia, mas não um negativismo pobre e estéril[24]. Observa ainda que "um bom crítico é, em virtude mesmo de sua capacidade de penetração e entendimento, em virtude de sua inteligência, um cético. Parte à procura da verdade, na melhor das hipóteses, mas o encontro de mil verdades diferentes e a compreensão delas o levam a tentar apenas a descoberta de sua verdade própria [...]. O ceticismo é a dúvida sobre as aparências. O ceticismo, porém, não exclui a paixão. Duvidar não quer dizer incapacidade de amar. Antes o contrário: não raro quanto maior o amor, maior a dúvida. O ceticismo é apenas a desconfiança diante das aparências, a hostilidade às explicações fáceis e simplicistas, o sentido permanente da relatividade das verdades humanas; é quase um método".

Neste sentido, rejeita a posição de juiz, a postura do crítico como "aquele que julga, que empunha a palmatória, distribui diplomas e condecorações"[25].

Ao lado da reflexão sobre as condições de exercício da crítica, vem a consideração de que é árdua a tarefa crítica e enorme a responsabilidade que implica. Sérgio Milliet aponta qual é a sua intenção como crítico. O texto com que melhor explicita seus objetivos no *Diário Crítico*, de 04.07.1943[26], aparece posteriormente na revista *Planalto* nº 1, de 15.05.1944 quando inicia a coluna Vida Literária. Diz, então, discorrendo sobre a crítica literária: que passou a época da análise puramente técnica da obra de arte, com tudo o que comportava de professoral, de rígido, de incompreensivo; que hoje o que se exige do crítico é a simpatia no sentido sociológico do termo, a capacidade de penetrar, situar, orien-

---

23. *Idem*, vol. IV, 02.09.1946, p. 141.
24. *Idem*, vol. I, 30.01.1942, pp. 32-33.
25. *Idem*, vol. I, 04.07.1943, p. 111.
26. *Planalto* nº 20.

tar [...]. Ao crítico se impõe um objetivo de ponderar não apenas o valor literário da obra mas também, e principalmente, filiá-la às correntes do pensamento contemporâneo, "encontrar-lhe parentescos invevitáveis, discernir o que nela pode haver de original, de permanente ou de passageiro". "Não cabe portanto ao crítico unicamente afirmar que a obra é boa, legível, interessante, mas ainda apontar os ensinamentos que porventura contenha, a sua representatividade". Há ainda uma outra função de crítico: a de colocar perante o leitor uma questão, de apresentar um problema com todos os seus dados a fim de suscitar discussões, arejá-lo o bastante para que a solução se apresente espontaneamente.

O que entende como função da crítica e papel do crítico no momento em que vive é ainda constantemente explicitado ao longo dos dez volumes do *Diário Crítico*. Alguns dos principais momentos desta reflexão são os seguintes:

Sendo o crítico um intelectual, "tem por ofício espiar em todas as vitrines", compará-la entre si, deduzir das suas amostras os traços característicos, generalizar, apontar as contradições, os antagonismos, os resultados e, graças a seus conhecimentos filosóficos e sociológicos, aconselhar, indicar novos caminhos, pôr em evidência as cousas essenciais. Revelar em suma o artista a si próprio, marcando o que nele é digno, humano, original. E cabe-lhe a função mais útil ainda de explicar ao público isso tudo, valorizando o verdadeiro artista. Entretanto, para que a crítica preencha a sua função é preciso que saiba colocar-se do lado do autor, na apreciação da obra e não do lado do público. A primeira regra de uma crítica eficiente e justa é saber o que quis fazer o autor. É estar a par das doutrinas deste. O artista tem o direito de exigir do crítico o respeito ao esforço por ele desenvolvido. Também o esforço do crítico deve ser respeitado: o esforço de compreensão, o trabalho de estudo, da pesquisa da verdade. A consciência da pesquisa é que dá importância à opinião do crítico[27].

Outro lado importante do crítico é a sinceridade consigo mesmo – é o que torna sua obra respeitável[28].

É postura necessária do crítico a predisposição para apreender os intuitos do artista; o desejo sincero de colocar a obra de arte dentro de seu tempo; a ausência de preconceitos acadêmicos; propor discussões úteis e construtivas. Isto faz a crítica fecunda[29].

---

27. *Diário Crítico*, vol. I, 20.01.1940, p. 9.
28. *Idem*, vol. I, 30.01.1942, pp. 32-33.
29. *Idem*, vol. I, 20.09.1943, pp. 65-66.

É preciso que o crítico norteie sempre seu "julgamento" para o combate à fórmula, à receita, ao modismo[30].

O bom crítico [...] é o homem que entende, situa, explica e integra o leitor no mundo de sua matéria, de sua disciplina[31].

Para o crítico é importante nunca se limitar ao elogio apressado, a fáceis resumos. Entrará no debate como participante inteligente. Faz do objeto criticado um pretexto para a criação própria. Não impõe juízo de valor, o que é pedante e professoral. A prosa do crítico é a de um conversador erudito e sutil, algo cético, mas não sem paixão[32].

Em matéria de crítica de arte, o racionalismo serve só como instrumento de trabalho didático. Leva a uma classificação. O essencial na crítica é descer com o artista ao fundo de sua obra. A realização artística escapa às classificações. O que revela o bom crítico é a sua capacidade de intuir, arrancar do domínio do irracional a verdade recôndita, a mensagem fecunda. Deve haver uma entrega do crítico à obra para obter a "revelação": ele deve comungar com ela (deve estabelecer uma relação de simpatia com a obra).

[Se] racionalista em excesso, ficará aquém da simpatia e perderá o contato com a essência. Intuitivo apenas, arriscar-se-á a uma supervalorização de pormenores insuficientes. Um ditado popular afirma que é preciso confiar desconfiando. Pois essa será a melhor orientação do crítico. Confiar na razão desconfiando dela, e desconfiar da intuição nela confiando entretanto. Esse relativismo é difícil, mas pequeno é também, e por isso mesmo, o número de bons críticos[33].

Sérgio defende, na crítica, o entrosamento de ambas – razão e intuição. Para ele, a crítica apresenta dois momentos ou duas fases: a de escolha, sob a égide da razão e da cultura; e a de participação ou interação, sob o impulso das injuções da sensibilidade. É preciso equilibrar os dois encaminhamentos para um bom resultado. Assim deve nascer uma observação ponderada.

Finalmente, cabe destacar como um ponto fundamental das suas considerações sobre crítica: o momento em que, colocando-se como "um leitor inteligente", na atribuição jornalística de informar o público, diz pretender que sua crítica seja uma conversa.

---

30. *Idem*, vol. I, 04.07.1943, p. 114.
31. *Idem*, vol. II, 19.02.1944, p. 74.
32. *Idem*, vol. II, 05.05.1944, p. 146.
33. *Idem*, vol. II, 17.09.1944, pp. 257 ss.

Nunca pretendi julgar ninguém. Não é do meu feitio apontar erros e mostrar caminhos que imagine certos. As obras alheias podem ser para mim um prazer e um pretexto, um ponto de partida para devaneios (comentários) que constituem em última instância·o meu modo próprio de expressão. Não quero que assumam o caráter de críticas, pelo simples fato de se imprimirem em rodapé de um dos maiores jornais de nossa terra. Quero, isto sim, que conservem o tom com que foram escritos, o tom de conversa despretenciosa [...]. Não viso em absoluto "legislar" sobre a matéria artística nem pretendo "ficar" como historiador literário. Quero tão-somente agitar, interessar o leitor numa série de problemas que me parecem úteis à cultura de qualquer indivíduo[34].

UM ESTILO LIMPO: ESCREVER É COMO CONVERSAR

Uma outra preocupação que ocupa a reflexão de Sérgio Milliet no *Diário Crítico* está ligada ao seu entendimento da crítica como uma conversa. Trata-se, como ele próprio declarou a Edgard Cavalheiro[35], de uma preocupação "com despir de palavras e de enfeites a expressão do essencial".

> O que tentei [...] foi, através de um trabalho racional e, portanto clássico, atingir a intimidade das coisas. A verdade. Penetrar, compreender, amar o que é digno de amor, eis o meu objetivo. Para tanto mister se tornava uma atitude de prudente dúvida diante da aparência enganadora; e dúvida que precisa ser tanto maior e mais serena quanto mais inteligente se apresenta o tentador. Diante de um discurso acadêmico nada mais fácil do que podar e limpar até chegar ao tronco nu; com a mesma facilidade se despe um falso modernista. Mas a luta é árdua quando a retórica vem habilmente disfarçada, quando a literatice toma, camaleonicamente, as formas e o colorido da verdade [...]. A grande vitória a que pode aspirar um homem é exatamente não se enganar na sua própria realização.

No *Diário Crítico* várias são as passagens em que alude a esta sua preocupação com a "limpeza de estilo". "Escrever é como conversar" (04.04.1944 e 05.05.1944). Escrever não com a idéia de fazer bonito, ser agradável, elegante ou original, porém com o fito de alcançar a expressão mais adequada[36].

> Minha maior preocupação tem sido, através da labuta contínua, limpar e condensar a expressão [...]. Alcançar a originalidade [...]. Não é o perfeito que viso porque o perfeito resulta em receita. Viso o domínio da expressão, achar a forma certa e única, e por isso mesmo forte, de me exprimir[37].

---

34. *Idem*, vol. IV, 18.07.1946, p. 111.
35. *Testamento de uma Geração*, Porto Alegre, Globo, 1944, pp. 239 ss.
36. *Diário Crítico*, vol. II, pp. 118-119 e vol. I, pp. 108 ss.
37. *Idem*, vol. II, 10.06.1944, p. 172.

Sempre me pareceu que todo esforço estilístico deveria orientar-se para a maior fidelidade ao pensamento [...]. Não apenas ao raciocínio formal, porém igualmente à expressão de uma sensibilidade [...]. Não se confunda o clássico e o acadêmico [...]. O clássico caracteriza-se pela penetração, pela síntese, pela limpeza, pelo desejo de uma propriedade absoluta que torne a expressão, na medida do possível, fiel ao pensamento. E o acadêmico se revela pela superficialidade, pela prolixidade, pelo entulhamento, pelo desejo não de propriedade, mas de brilho, pela obediência não à urgência de comunicação, porém às fórmulas consagradas, apreendidas com professores formalistas e medíocres[38].

Sua procura de uma expressão "limpa" estende-se também à obra de arte em geral, buscando-a tanto no livro que analisa como no quadro que discute.

Realiza-se uma obra, diz, quando há uma comunhão perfeita da expressão com o sentimento a ser expresso ou com a idéia[39].

Que pode ser a obra de arte senão estilo? Creio útil porém separar, definir melhor o estilo, diferençá-lo da técnica. Diferençar a maneira de ser do conhecimento do ofício. Porque há escritores conhecedores profundos de todas as manhas da composição e da gramática e incapazes de qualquer expressão original[40].

Há defeitos que fazem parte do temperamento. Corrigi-los seria modificar a personalidade do escritor, e até sua própria razão de ser. "Escrever não é descrever, pintar não é representar"[41].

Este breve painel leva, em última instância, a considerar que para Sérgio Milliet a crítica resulta e quer conduzir a um duplo esforço de objetividade: retirar da obra de arte a sua característica inconfundível, isto é, a sua essência, a sua expressão particular, legítima; abandonar crenças arraigadas, preconceitos, para ponderar sobre uma multiplicidade de pontos de vista e sua validade no tempo presente.

O MÉTODO DE ABORDAGEM CRÍTICA

Roger Bastide e Lourival Gomes Machado são os mais argutos contemporâneos de Sérgio Milliet que acompanham o surgimento do *Diário Crítico*, analisando-o, em 1944. Assim, torna-se importante seguir seus comentários, pois eles fornecem elemen-

---

38. *Idem*, vol. II, 15.06.1944, p. 202.
39. *Idem*, vol. II, 02.09.1944, p. 269.
40. *Idem*, vol. III, 03.12.1945, p. 11.
41. *Idem*, vol. VIII, p. 56 e vol. IX, p. 81.

tos fundamentais para completar o quadro das intenções críticas de Milliet até aqui esboçado.

Roger Bastide aponta as características do *diário* como forma do discurso crítico. A definição *do que é* um diário não é dada pelo conteúdo, mas sim pela sua forma: o diário é "um recorte da narrativa ou da análise em bocados de tempo, segundo as normas do calendário". O diário permite juntar o despontar dos sentimentos, as metamorfoses da personalidade e, sobretudo, as repercussões dos acontecimentos exteriores ao indivíduo. Os *diários* como *forma* servem para provar que o *objeto* não tem realidade, variando segundo a maneira de percebê-lo[42].

Ora, o discurso em forma de diário assume feição ideal para Sérgio Milliet, pois assegura a relatividade dos argumentos sobre os fatos. "Ele posiciona a relatividade das coisas, releva a complexidade dos fatos e considera difícil conclusões definitivas", diz Antonio Candido, citando uma assertiva de Sérgio em *Fora de Forma*[43]:

> Tenho *fé* em alguns fatos, *acredito* em muitas teorias, não aceito nenhuma doutrina inteira, porque tudo, e principalmente a razão, me leva à certeza da relatividade das coisas, à convicção de sua complexidade e à idéia de que somente em campos restritos nos é dado pretender a uma conclusão definitiva.

Há, portanto, na crítica de Sérgio Milliet uma posição que o diferencia da noção de crítica como "gênero". Bastide mostra que a crítica, vista por esta noção (de gênero), *visa ser*; dirige-se ao leitor, procura orientá-lo através da produção literária, oferece-lhe julgamentos elaborados ou elementos materiais para julgar os

---

42. Roger Bastide, "Diários Críticos", *Diário de S. Paulo*, de 19 ago.1944.

43. *Fora de Forma: Arte e Literatura*, São Paulo, Anchieta, 1942, pp. 8-9. Trecho citado por Antonio Candido "Sérgio Milliet, O Crítico", *Boletim Bibliográfico* nº 39, 3/4, pp. 56 ss. (Grifos de Antonio Candido). Antonio Candido observa, no texto de Milliet, a gradação das palavras numa espécie de hierarquia inversa à que o intelectual geralmente adota. "Ele reserva a 'fé' aos fatos, isto é, àquilo que realmente ocorre e pode ser comprovado; quanto às 'teorias', que são a sistematização interpretativa dos fatos, ele 'acredita', palavra que parece um grau abaixo da fé, porque é o movimento de adesão que leva a ela; quanto às 'doutrinas', que são as teorias permeadas de valorizações de vários tipos e conduzem em princípio a opções da conduta, ele não aceita nenhuma, a não ser em parte. Os motivos dessa atitude vêm a seguir, sob a forma de uma declaração de relativismo, devida não a um capricho do espírito ou à preguiça da mente, mas à verificação de que os fatos são de tal maneira complexos que apenas parcialmente se deixam explicar de maneira rigorosa e impositiva. Isso devido, não ao empirismo elementar, mas a uma concepção de base racional".

Reunidos para um almoço em homenagem a Guimarães Rosa,
da esq. p/ dir.: Ciro dos Anjos, José Geraldo Vieira,
Antonio Candido, Saraiva (editor), Maria de Lourdes Teixeira,
Hermilo Borba Filho, Guimarães Rosa, Fernando Soares, Sérgio Milliet,
Edgard Cavalheiro, Osmar Pimentel, ?, em set. 1956.
Foto: Agência Folhas.

livros que aparecem. Em geral, é dogmática, é um esforço de despersonalização, uma tentativa de julgar as obras ou, ao menos, explicá-las seguindo um critério que tenha valor universal. O diário, contrariamente, é subjetivo; é uma tomada de consciência de si mesmo, um esforço de introspecção ou, ainda, uma luta contra o esquecimento, um guia da memória, uma espécie de álbum fotográfico no qual se conseguem as imagens do que foi visto. Mesmo neste último caso, que parece mais próximo da procura de uma objetividade, o diário não deixa de ser algo de puramente pessoal. As imagens são as impressões, as lembranças são as visões individuais, subjetivas, das paisagens percorridas, dos acontecimentos históricos aos quais se assistiu. O interesse é introduzir, provocar, despertar o outro para um problema determinado (estabelecer uma relação "simpática"). Bastide considera o diário como fonte de *nourritures spirituelles* (alimento espiritual), um meio de libertação e aperfeiçoamento para o autor e para o outro com quem interage. Diz:

> É que um livro, um quadro, não são apenas um conjunto de linhas e de cores, mas interpretações do mundo e, por conseguinte, mensagens. Saber descobrir estas mensagens, prolongá-las ou discuti-las, eis o objeto do nosso autor[44].

Sérgio propõe, portanto, ao escolher o diário como forma de expressão de sua crítica, uma metodologia. Conclui Bastide que

a quem lhe objetasse que a história de um espírito não pode interessar o próximo, ele responderia: [...] não quero certamente pensar em teu lugar, mas somente trazer-te um método de leitura; quero ensinar-te a considerar os livros não como meios de fugir de ti mesmo, mas como amigos que te ajudem a seres cada vez mais tu mesmo, a definir-te, não no isolamento mas numa presença do mundo e em função desta presença[45].

O problema da reflexão alarga-se num horizonte humanista. Ao comentar o II volume do *Diário Crítico*, Bastide compara Sérgio a Montaigne. Como Montaigne, Sérgio apóia-se nos livros para enriquecer-se, meditar sobre o homem perante seu tempo. Montaigne parte da Antiguidade (das obras de sua biblioteca) e Sérgio das últimas obras publicadas. "Enquanto um funda o humanismo clássico, o outro elabora um humanismo moderno"[46].

44. Roger Bastide, "Diário Crítico", artigo citado.
45. *Idem, ibidem.*
46. "Diário de Crítica e Crítica de Diários", *Diário de S. Paulo*, 12 maio

Lourival Gomes Machado[47] explica o método de Milliet partindo de duas vias conexas e complementares: uma visão do trabalho de construção íntima, pelo descrever do processo psicológico de criação; enquadramento nas condições sociais peculiares e determinado ponto do tempo (histórico) e do "grupo ambiente".

Antonio Candido, analisando a crítica de Sérgio Milliet, numa distância histórica de 34 anos do surgimento do primeiro volume do *Diário Crítico*, traz à tona os elementos principais para a compreensão do seu papel como intelectual ativo no período em estudo. Alude a impressão de que desejava fazer uma crítica "ondulante e variada" e que ao estudá-la antes de tudo "é preciso não querer fazer o que despertava nele uma reserva invencível e que ele chamava 'classificar'. Como uma primeira característica básica, tem-se, pois, a impossibilidade de reduzir a crítica a pressupostos lógicos constantes". A crítica de Milliet é "viva, oscilando como a agulha de um aparelho sensível que traçasse com todas as curvas a linha da sua personalidade e da realidade literária dos seus dias". Daí decorrem, segundo Candido, as posições que ora parecem afirmar, ora negar uma determinada questão:

por isso nós o encontramos, num volume, fazendo a apologia do cepticismo e verberando os fanatismos; noutro, mostrando os perigos da dúvida e manifestando quase inveja pelos que têm uma crença imperiosa. Aqui, trata a sociologia como a chave mais humana para os problemas do entendimento e da sociedade; ali, procura mostrar como ela conduz a um relativismo estéril que desarma o espírito. Numa entrada nós o vemos lamentar que a literatura não exprima melhor o homem do povo e as massas, que o escritor não assuma o ônus da participação nos problemas; mais além já desconfia disso e tende a posições de um certo isolacionismo aristocrático[48].

1945. Sérgio, em passagens do *Diário*, permite ratificar esta observação de Bastide, mostrando fascinação pelo método de Montaigne. Entre outras reflexões, veja-se vol. VIII, p. 263.

47. "Página 10", *Folha da Manhã*, 12 maio 1945. Esta colocação de Lourival Gomes Machado se faz posteriormente ao comentário a uma conferência de Milliet sobre a arte dos loucos, da criança e dos modernos, quando lhe sugere a superação da crítica sociológica, unindo ao racionalismo uma visão dinâmica da criação. Neste momento posterior, Lourival considera que Sérgio investe no sentido de "uma profissão de fé na crítica objetiva, na confissão de temores e na indicação de saídas legítimas para o artista". Reporta-se este comentário à visão de crítica apresentada pelo autor à p. 10 de *Pintura Quase Sempre*, lançado em 1944.

48. "Sérgio Milliet, o Crítico", *op. cit.*, p. 57.

Este *ir e vir*, este circular em torno de problemas pode ser entendido como o método de trabalho do autor e parece estar ligado à particularidades que se vem delineando ao longo desta discussão, qual seja: a de o autor colocar-se como observador dos processos, combatendo as afirmações sectárias, as orientações dogmáticas.

Antonio Candido, mais adiante, em sua análise, revela este aspecto de sua postura, lembrando a passagem do *Diário* em que Sérgio diz que "não optar, manter-se disponível, parecia a muitos fuga e covardia, quando não oportunismo". Mas que "no tempo de ortodoxias triunfantes e fanatismos políticos encastelados, o mais fácil é optar e ser fanático, enquanto pode ser heróico opor-se a esta corrente esmagadora e preservar a disponibilidade como garantia do direito de ser lúcido e justo"[49].

A norma que baliza a sua crítica é, segundo Antonio Candido, que a crítica deve se adequar ao objeto, isto é, à obra analisada. O crítico deve situar-se segundo o ângulo do autor que determinou a obra e não o do público, que espera que ela seja conforme a sua expectativa ditada pela moda. A crítica de Milliet comporta três momentos[50]: "isolar os traços característicos da obra e compará-los entre si, visando a uma generalização; mostrar os resultados obtidos pela obra, quais são as suas qualidades e seus defeitos; orientar o artista ou escritor para obras futuras"[51].

O ato crítico tem, assim, um momento racional e um momento sensível. De um lado, baseia-se no esforço da razão, variando segundo a cultura de cada um; reveste-se de objetividade, tendendo a um julgamento e a uma escolha. De outro lado, há nele a intervenção do outro nível – a sensibilidade, que consiste na participação "afetiva", como mostra Antonio Candido. Esta participação é a relação "simpática" do crítico com a obra de arte, de que fala Milliet.

Vale ainda a pena destacar, no conjunto *Diário Crítico*, o que Bastide ressalta: uma hesitação entre a forma do diário, mais subjetiva, e a forma mais objetiva do "artigo crítico". Bastide nota que "alguns são análises inteligentes, explicativas das obras

49. *Diário Crítico*, vol. III, pp. 155-156, *apud* Antonio Candido, *op. cit.*

50. O autor reporta-se ao vol. I, pp. 11-12, do *Diário Crítico*. Antonio Candido confessa, no texto citado, p. 60: "Eu, que no começo era um jovem crítico bastante parcial, apaixonado e meio dogmático [...] pasmava ante a sua imparcialidade e a moderação do seu tom, que mantinha o nível mais digno e ponderado, mesmo na polêmica e no revide".

51. *Idem*, p. 59.

recém-publicadas, misturando-se nelas a finura do gosto e a ciência do sociólogo. Outros, pelo contrário, estão mais próximos do diário, pois que a obra é mais um pretexto que um texto, servindo a Sérgio Milliet para discutir problemas de estética, pensar a sua época, propor questões".

Essa característica, talvez, decorra de a atividade de Sérgio Milliet estar ligada ao fazer jornalístico cotidiano. Deve comentar livros publicados e exposições de arte que se apresentam ao público. O autor encontra em certos momentos a validade de uma crítica objetiva, fundada no fato e na maneira como ele aparece condicionado pelo ambiente. Em outros momentos, torna-se mais profícuo usar o fato artístico como pretexto para discutir questões gerais presentes no seu tempo. Por outro lado, é possível ver ainda aqui a sua postura de conciliação entre concepções divergentes (objetividade *x* subjetividade), extraindo daí um comportamento crítico singular: uma atitude crítica voltada para a quebra de preconceitos, para a eliminação do *biais* (que ele traduz como *viés*), o qual resulta da própria natureza do trabalho que é chamado a exercer – comentar obras literárias e plásticas: uma atividade de "ciência" na área de humanidades. Deve-se ressaltar sua proposta ao leitor (ao artista, ao escritor, ao poeta) de quebrar noções absolutas e desenvolver mais ricamente sua própria personalidade através da capacidade compreensiva. Aderir implica propor uma estética, Sérgio tende mais à proposta de uma ética, de uma maneira de ver o mundo, fundada em princípios humanitários universais. Sempre fez questão de dizer que não era crítico. "Sempre fui poeta; os outros, como eu gostava de conversar sobre livros, fizeram-me crítico"[52]. Deseja, isto sim, que sua palavra funcione como um fermento para a criação livre na arte contemporânea.

"Não cabe aos moços, comprar valores garantidos" – diz, resgatando uma observação de Jean Cocteau sobre arte moderna[53]. "Eu desejaria pregar essa advertência às portas de todos os recantos em que se reúne a intelectualidade nacional"[54].

O papel de Sérgio Milliet como crítico é profundamente marcado por sua formação sociológica (ciências sociais). A preocupação com a análise dos processos sociais e históricos, em que está situado o fazer artístico e o fazer crítico, permite-lhe cir-

---

52. Claúdio Simonetti, "Milliet. Crítico de Uma Geração", *Edição Extra*, São Paulo, 15 dez. 1962.

53. *Diário Crítico*, vol. I, 05.07.1943, p. 115.

54. Sérgio Milliet, "Elogio do Erro", *A Ilustração*, ano 6, nº 1, set. 1944, pp. 15 ss.

cunstanciar situações, evitar afirmativas dogmáticas, definitivas, instaurando uma crítica "construtora", voltada para o reconhecimento da multiplicidade de perspectivas, fundada na liberdade de expressão e numa ética profunda, de raízes humanistas[55].

---

55. Waldemar da Costa, em depoimento à autora (carta de Macaé, de 20.11.1979), ressalta como aspecto importante a considerar "a posição construtora do crítico Sérgio Milliet", que ele pode testemunhar, desde 1936, data de sua chegada a São Paulo, acompanhando não só "a obra admirável realizada pelo intelectual em favor da Arte, como a atividade crítica".

8. A Importância da Sociologia para a Crítica

> *Nossas idéias são [...] condicionadas pela nossa ética. Elas não são realidades, mas apenas manifestações subjetivas de nossa cultura.*
>
> SÉRGIO MILLIET, 1944*

A importância da sociologia na reflexão de Sérgio Milliet aparece no conjunto do *Diário Crítico*, assim como em todos os textos sobre artes plásticas; de tal forma que esta ciência pode ser considerada uma das principais linhas que orientam sua atividade intelectual.

Na época em que lança os diários, o contato de Sérgio Milliet com a ciência sociológica é praticamente cotidiano, porque além da crítica de arte que exerce através de *O Estado de S. Paulo*, é professor de sociologia da Escola de Sociologia e Política.

A sociologia assume no seu trabalho um sentido particular: fornece-lhe subsídios para explicar o relativismo dos comentários sobre arte e do julgamento crítico. Permite-lhe apreender os processos e circunstanciar as situações, evitar afirmações definitivas, abolir os dogmatismos, perceber claramente o papel "político" do intelectual, a necessidade de seu envolvimento com uma ética.

Para Sérgio Milliet,

---

* *Diário Crítico*, vol. II, 03.02.1944, p. 59.

deve-se cultivar com carinho essa ciência [...] tão cheia de revelações admiráveis. Mas cabe-nos cultivá-la com o intuito de permitir soluções e teorias construtivas e não esterilmente como acadêmicos de um novo tipo, mais interessados no espetáculo dos processos que no objetivo de um fim moral[1].

É sobretudo a sociologia do conhecimento que interessa de perto sua atividade intelectual, cumprindo o papel de crítico de arte no meio paulistano. Só através da sociologia é possível o conhecimento dos processos histórico-sociais; ela é, neste caso, a única rota a seguir. Mas a sociologia, segundo Sérgio, "como todas as ciências que se prezam", é modesta. Restringe voluntariamente seu campo de pesquisa, evita tudo o que pode levá-la a posições dogmáticas. Sérgio considera que, depois que Max Scheler e Mannheim aprofundaram a análise do próprio processo do conhecimento, e puseram mais ou menos a descoberto, o determinismo que o regula, a sociologia se encolheu ainda mais, recuando diante dos "grandes problemas" e das interpretações de períodos históricos cuja documentação lhe escapa na pureza desejável[2].

Avança o raciocínio dizendo que se "a sociologia devesse se limitar eternamente às constatações, sem se subordinar a uma ética, a uma política [...] seria arte pela arte" e, nesse caso, pergunta-se porque não jogar xadrez ou escrever poesias?[3] Observa que nada seria mais estéril, e talvez mais perigoso, do que "fazer do conhecimento dos processos sociais um simples jogo intelectual ou colocá-lo com a indiferença do cientista puro ao alcance de qualquer orientação política. O instrumento é delicado demais e precisa subordinar-se a uma ética". A teoria aceita pelos mais modernos autores de que um fato social não é bom nem mau, e deve ser encarado como qualquer reação química, tem seu lado sedutor. Mas seria necessário que o cientista fosse ele próprio indiferente aos fatos sociais, o que nunca acontece. Há o peso da educação, dos costumes e não é possível a liberdade integral dos preconceitos inerentes a esse condicionamento. Para um objetivismo total seria preciso alcançar a desumanidade. Não compreender a relatividade das atitudes é mais perigoso e menos inteligente do que humanamente aceitar os "vieses"[4]. O sociólogo pode alegar que cabe ao político o aproveitamento e a aplicação das

1. *Idem*, vol. I, 02.02.1942, p. 39.
2. *Idem*, vol. I, 25.09.1943, p. 219.
3. *Idem*, vol. I, 25.09.1943, p. 225.
4. *Idem*, vol. I, 16.10.1943, p. 244.

descobertas dos cientistas sociais. Mas a separação estanque entre o político e o social é de interesse apenas didático [...] e teórico. Qual o sociólogo capaz de sobrepor-se ao seu próprio mundo a fim de contemplá-lo do alto de uma olímpica indiferença? Qual o ser bastante divino ou infernal para ignorar o bem e o mal nas suas pesquisas sociais? Haverá quem possa estudar um fato ligado à sua própria vida, a sua vida cotidiana, e à vida cotidiana dos seus, sem tomar partido a favor ou contra? Sem tentar corrigir o que lhe "pareça" errado e incentivar o que "considere" bom? A imparcialidade absoluta nas ciências do homem é uma utopia, uma pretensão imodesta, pueril, que "vamos abandonando na medida em que aumenta o nosso conhecimento das cousas sociais e penetramos nelas mais a fundo [...]".

O problema da relatividade das visões de mundo, da imparcialidade perante fatos, da objetividade nas ciências humanas, retorna à sua discussão, no momento em que justifica a necessidade da ética na ação do cientista social. É Mannheim o eixo principal da reflexão:

> A sociologia é uma ciência jovem, ainda no período das tentativas e erros, sem sequer uma terminologia consagrada. Partindo da filosofia e da ética, abriu caminho próprio e, mediante o emprego dos métodos usados nas ciências naturais, vai procurando uma objetividade difícil. Será possível tratar os processos sociais como tratamos os processos químicos ou físicos? É o que o futuro dirá. Mas desde já Mannheim o põe em dúvida, na sua análise vigorosa do conhecimento, e numa reviravolta sensacional amarra de novo a ciência sociológica à ética. Se até o nosso modo de pensar se acha condicionado pelo meio a que pertencemos, pela classe que nos ministra educação, bem pouco provável se torna a objetividade, donde a justificação da escolha de uma ética à qual subordinemos voluntariamente a solução dos problemas que nos afligem. Mas ainda é cedo para julgar. Em todo caso a antropologia moderna dedicando-se ao estudo dos povos naturais, se não elimina o viés do nosso condicionamento próprio, pelo menos diminui-lhe as conseqüências afastando o observador da participação direta no processo estudado[5].

A sociologia do conhecimento e Mannheim continuam a ser citados, ao longo de seus comentários no *Diário Crítico*, para transferir ao público leitor esta visão de "relacionismo" das idéias com condições dadas pela posição do indivíduo na estrutura social, pelo fato de pertencer a uma determinada cultura.

Sérgio Milliet apropria-se de uma imagem utilizada por Sumner[6] para explicar a tese de Mannheim que ele adota. Com-

---

5. *Idem*, vol. II, 22.01.1944, p. 35.
6. William Graham Sumner, *Folkways: A Study of the Sociological Impor-

parando fatos e idéias, diz que estas "são como bolhas de sabão". O homem que as assopra lhes anda atrás como se fossem realidades vivas.

> São verdes, são roxas, são vermelhas, têm todas as cores do arco-íris. São lindas. O homem corre a pegá-las, mas elas lhe estouram nas mãos. Acontece que a bolha vermelha foi soprada pelo homem de camisa vermelha; e a bolha parda pelo sujeito de camisa parda. Bolha verde, camisa verde. Bolha negra, camisa preta. E há mesmo bolhas oportunistas para os homens de camisa furta-cores... Pelas bolhas os homens se batem; pelas bolhas os homens se matam. As bolhas que saíram dos pulmões, que são ar colorido pelos reflexos da indumentária, acabam enchendo as cabeças, atordoando, embriagando. Os homens se destroem por causa das bolhas, e os fatos continuam indiferentes.
> Nossas idéias são, assim, condicionadas pela nossa ética. Elas não são realidades mas apenas manifestações subjetivas de nossa cultura (03.02.1944)[7].

Assim, analisar uma obra em obediência a um critério implicaria um ato impositivo. Nesse momento, faz-se necessário o recurso sociológico, ao menos da sociologia do conhecimento.

Mannheim insiste na necessidade de um objetivo máximo moral a ser definido, admitindo que até o raciocínio é condicionado por valores (por éticas). Confrontando a posição de Mannheim com a dos sociólogos norte-americanos que consideram essa orientação excessivamente filosófica, entregando a outros a solução dos problemas elucidados, Sérgio conclui que ambas as teses são defensáveis, tudo dependendo do problema enfrentado:

> Há questões de interesse imediato que precisam ser resolvidas pela ética; e há outras, de interesse relativo, e mediato, que não exigem sequer solução e podem ser entregues ao especialista como material de laboratório de cujo conhecimento profundo talvez surjam descobertas úteis aos demais problemas[8].

---

tance of Usages, Manners, Customs Mores, and Morals, Boston, Ginn., 1940.

7. Neste discurso, percebe-se que Sérgio Milliet assume, não só uma tese, mas também a visão mannheimiana do papel do intelectual: como intelectual (cientista social, crítico de arte) ele é um observador "fora do processo", permanecendo *entre* as diferentes maneiras de ver as coisas, pois na estrutura social, o intelectual ocupa um lugar "entre as classes", uma posição intersticial.

Na utilização da imagem das bolhas de sabão coloridas poderia haver uma alusão aos "ismos" políticos presentes na realidade brasileira daquele momento (fascismo, integralismo, comunismo); é uma época de confrontos de posições políticas e Milliet mostra a relatividade dessas visões de mundo.

8. *Diário Crítico*, vol. II, 28.10.1944, p. 282.

Compreende-se que para ele, como para Mannheim, o conhecimento dos processos sociais não impede a aceitação de uma moral imperativa. Antes, faz dessa moral um instrumento eficaz de trabalho[9]. Exemplo irretorquível do perigo de uma sociologia científica sem uma política para aproveitar as duas descobertas e aplicá-las em benefício da humanidade está no presente imediato: a eclosão de guerras mundiais, tragédia que escarnece o espírito. Este é um resultado da civilização de técnicos. "Se a química não leva à terapêutica, mas à guerra e à miséria, de que vale a química? Se a sociologia se recusa a apontar soluções, de que serve ela?", pergunta-se[10]

Sérgio observa que para compreender Mannheim é preciso conhecer o marxismo (de onde ele próprio veio) e as tendências da sociologia moderna, que tenta alcançar uma objetividade semelhante à alcançada pelas ciências físicas. O domínio do mundo físico, que se tornou possível graças à aplicação dos métodos cartesianos de análise e recomposição, dia a dia mais alentou no homem a esperança de um conhecimento preciso, e conseqüente domínio, do mundo social. Entretanto, apoiado em Przyluski[11], diz:

a análise, admirável nas ciências físico-químicas, não apresenta as mesmas vantagens quando se trata de fatos biológicos e humanos. Perde-se de vista com o método cartesiano o elo que dá vida às parcelas e faz de um conjunto de partes inertes um complexo vivo. Perde-se a vida. E no estudo das sociedades o processo que corresponde à vida na biologia é o processo de interação.

Conduz seu raciocínio, apoiado em informações da história da sociologia, comparando o percurso de pensadores europeus em relação à proposta da sociologia norte-americana. Enquanto se tem por orientação um corpo de verdades morais, imutável, o problema não preocupou, mas a partir do momento em que o conceito de verdade absoluta deu lugar ao de verdade relativa, infiltrando-se na observação dos processos sociais, as conclusões perderam qualquer sentido positivo. Iludidos pelas descobertas da ciência, pensam então ser possível estudar os fatos sociais com a mesma objetividade empregada nos fatos da física ou da química. A sociologia iniciou assim sua evolução como ciência exata. Esqueciam a vida, a interação social, e ao mesmo tempo confiava-se demasiado na eficiência do conhecimento, isto é, da capacidade

---

9. *Idem*, vol. III, 24.05.1945, p. 120.
10. *Idem*, vol. I, 03.01.1942, p. 7.
11. *L'Evolution Humaine*, Paris, Presses Universitaires de France, 1942.

de penetrar as coisas da vida social com absoluta isenção de espírito, livre de preconceitos. Marx é um dos primeiros a desconfiar da objetividade desse conhecimento e a subordiná-la às injunções de classe. Assim se firmava, aparentemente, o princípio de relatividade das verdades éticas e sociais. Mas a paixão política e o desejo de impor uma doutrina de ação revolucionária levam-no a esquecer o relativo em benefício de um absoluto, embora diferente daquele que ele combatia. A sociologia marxista deixa de ser científica, ou melhor objetiva, desde o instante em que se amarra ao conceito ético e político da ação revolucionária.

Os cientistas sociais norte-americanos diferenciam a ética (que dá normas e responde à pergunta "que se deve fazer?") da sociologia, que humildemente responde à modesta indagação "que se pode fazer?". A nova questão nasce da dúvida acrescentada à possibilidade do saber.

Os processos sociais são percebidos com deformações de visão e entendimento. Eles são apreciados pela perspectiva do pensamento de cada um, donde a impossibilidade de uma compreensão geralmente objetiva. Mas não sendo possível a objetividade, pode-se tentar saber quais as falhas inevitáveis das diversas perspectivas e ponderá-las no trabalho de investigação. Este é o aspecto positivo das teorias de Mannheim salientado por Sérgio Milliet.

É salutar, a seu ver, que não se ignore que o pensamento carece de poder quando separado de seu contexto social, que as idéias atuantes têm uma base social e que as interpretações sociológicas das idéias esbarre num conjunto de problemas que nunca serão resolvidos com preconceitos.

Se a inteligência do mundo se acha aprisionada às culturas do grupo, não é menos verdade que o indivíduo superior[12] influi até certo ponto na formação das idéias do seu grupo, pelos resultados que consegue através do emprego feliz de certas técnicas na solução dos problemas imediatos. A consciência da relatividade do conhecimento leva ao fortalecimento da resistência às doutrinas inteiriças e incentiva o desejo de melhor compreensão da realidade[13].

12. O líder, o educador, o intelectual atuante nas diferentes esferas da sociedade – a postura mannheimiana aqui também se manifesta.
13. "Em 1931, quando saiu *Términus Seco* [...] não me interessava mais o problema do marxismo ortodoxo. A participação ativa na política local me desviara do problema. Não deixara de ser socialista, mas via a solução brasileira dentro de esquemas liberais. Não sentia o país maduro para uma revolução que não fosse simplesmente democrática. De então para cá retornei às minhas leituras, através da sociologia, e cheguei até Mannheim. Era uma superação do marxismo e que me satisfazia até certo ponto". *Diário Crítico*, vol. V, 17.11.1947, p. 247.

Sérgio Milliet configura assim a brecha para a interpretação de seu papel intelectual, por via das teorias de Mannheim[14].

A NECESSIDADE DE UMA ÉTICA: UMA OBJETIVIDADE POSSÍVEL PARA A CRÍTICA NO SEU TEMPO

Sérgio Milliet entende a sua atividade intelectual de crítico como uma tarefa de explicar, esclarecer, compreender segundo determinadas perspectivas que são historicamente dadas. A tarefa do crítico é a de explicar os significados, os valores da arte produzida contemporaneamente, pondo-os ao alcance do público, abrindo uma compreensão em múltiplas direções.

A imagem que dá do crítico é a de um "mediador" (um técnico?) que conhece os materiais disponíveis e pode fazer a crítica de seu sentido. Por outro lado, como intelectual que medita sobre os problemas de seu tempo, desperta curiosidade, inquietação nos seus leitores, conquista-lhes a deferência. Sua produção pode ser uma "peça literária", sendo necessário para isso atingir uma expressão legítima, um estilo pessoal. A forma (de diário) escolhida para veicular suas idéias confere-lhe o timbre de ensaísta.

Na atividade crítica não cogita de validade absoluta para o que diz, reconhecendo que, além da inteligência, importa no ato crítico (e esta importância é fundamental) o sentimento, a sensibilidade, a simpatia, a fé – uma ética. A crítica resulta, portanto,

---

A sociologia foi para Sérgio um meio e não um fim. "Havia, com efeito, contradição entre a sociologia a serviço do humanismo, que foi a meta de Sérgio, e a sociologia como ciência, que impunha a ele – durante os processos de pesquisa – este humanismo entre parênteses [...]. Sérgio Milliet foi toda a sua vida um moralista e é a ética que o separa da atividade de ciência pura. A poesia torna-se um método de conhecimento, em oposição ao conhecimento sociológico [...] porque recupera o contato com a intimidade do sofrimento e da revolta coletiva, com a vida dura".

Depoimento de Roger Bastide em "Histoire d'un Amour Déçu", *Boletim Bibliográfico*, São Paulo, Biblioteca Municipal Mário de Andrade, jul./ set. 1972, número especial.

14. Em depoimento, o arquiteto Vilanova Artigas informa que, por volta de 1937, quando conheceu Sérgio Milliet, ele manifestava grande entusiasmo por Mannheim e revelava um vasto conhecimento da sociologia (depoimento à autora, em 06.12.1983).

O Prof. Donald Pierson confirma, igualmente, em carta à autora (já mencionada), a vasta informação de Sérgio Milliet na área da sociologia e das ciências sociais, apontando a sua atualização quanto aos trabalhos científicos produzidos na época, inclusive os de Mannheim.

em ação "política". Os valores que a guiam são: a integração da arte na vida, a recuperação do humanismo; a contribuição para a construção de uma nova sociedade calcada em valores liberais, democráticos – uma sociedade socialista.

O pluralismo axiológico impõe-lhe esta necessidade de tomada de posição ética e o seu instrumento para o conhecimento da pluralidade axiológica é a sociologia. Esta "jovem ciência", como diz, permite-lhe a ordenação da realidade, a explicação, a descrição, a compreensão, uma objetividade que se define culturalmente.

A ação descritiva leva Sérgio Milliet à procura da origem (da gênese) da realidade artística no seio da sociedade na qual vive. Assim, para explicar a arte de seu tempo, observa o processo histórico-social e cultural que a produziu, conduzindo como questão principal a de "desvendar o que é a arte moderna". Caracteriza-a como marginal – "marginalidade" que se explica por razões históricas, e que esclarece, segundo ele, o divórcio atual da arte com o público, esta situação idiossincrática. Propondo como valor ético o "humanismo", parte para a análise dos fatos singulares que têm diante de si; procura vislumbrar o futuro no advento (por via democrática) de uma sociedade em que eliminados os conflitos, a função social da arte, sua comunicabilidade, será recuperada. A arte comunicável, bem entrosada com o público, representará um novo tempo.

Tem grande importância para a sua postura intelectual, manifesta na crítica de arte, primeiro, Marx, que ao lado de Péguy, ele revela como leitura de apoio de suas preocupações juvenis[15], e, depois, a sociologia do conhecimento, especialmente Mannheim.

Este interesse por Mannheim vem dos tempos europeus de Sérgio Milliet.

Viu-se que na Europa dos anos 1920, após a Primeira Grande Guerra, há uma preocupação geral, nos meios intelectuais, com "a crise", "a decadência", "a morte" da civilização ocidental. Surge em conseqüência uma vasta literatura voltada à análise de

15. "Meu Depoimento", in *Testamento de uma Geração*, op. cit., pp. 239-240: "Os grandes mentores dessa mocidade [...] eram Pegui [grafia usada por Sérgio Milliet] e Marx, profetas de uma nova era, crentes do homem, construtores que abriam os nossos olhos para os materiais do século XX. Após a anarquia da guerra, que destruíra os falsos valores, sentíamo-nos ansiosos por encontrar a ligação necessária entre a nova moral e a tradição da grande linhagem da inteligência. Gide viera ajudar-nos na destruição, mas somente através de Pegui, por um lado, e de Marx, por outro, achávamos passagens abertas para a vida".

fatores e processos básicos que subjazem ao caos social e intelectual. Procura-se a compreensão de idéias e acontecimentos, chegando-se à tomada de consciência dos obstáculos que assediam o pensamento social, criando, por decorrência, um estímulo ao desenvolvimento das ciências sociais. Discute-se o problema da objetividade nessas ciências[16].

Normas e verdades admitidas como absolutas, universais, eternas são postas em debate. A sociologia do conhecimento recebe um impulso especial neste momento. Sérgio é absorvido pelo drama cultural do seu tempo: adota a visão compreensiva da realidade. A sociologia do conhecimento torna-se para ele uma "técnica de explicitação" que assessora a sua práxis intelectual. Por este enfoque, a sociologia não fundamenta o julgamento, mas o esclarece, permitindo o entendimento de determinado fenômeno. As afirmações feitas pelo crítico configuram-se, então, como verdades de perspectiva.

Nas atividades culturais que Sérgio Milliet comenta, destaca os valores como elementos a serem analisados. A sua tarefa é favorecer a compreensão da gênese de um problema e da significação dos fins que implica. Sendo os valores uma "questão de fé", de crença, ocorrem diversas "visões de mundo", e é preciso discernimento para escolher um caminho a seguir.

Milliet deixa claro em seu discurso a impossibilidade de pensar uma ação social sem uma ética definida – não pode aceitar simplesmente o relativismo dos valores. Por outro lado, mostra que é impossível interferir nos desígnios dos diferentes grupos ou nos desdobramentos dos processos históricos, mas delineia brechas para elucidar os diversos encaminhamentos. É elucidando que leva o outro a tomar consciência. E, neste sentido, a orientação é uma "prática democrática", ao mesmo tempo que uma "prática educativa". Dentro desta ótica, pode-se situar ainda a sua preocupação em criar instituições para estabelecer uma ação organizada, em prol da arte moderna na cidade. As instituições tornam possível introduzir uma reciclagem no contexto

---

16. Nesse momento, surgem textos de Max Scheler e de Mannheim, a saber: do primeiro dos autores, vem a público, em 1921. "Die Positivistiche Gechtsphilosophie Des Wissens Und Die Aufgaben Eine Soziologie Des Erkentnis" (*Kölner Vierteljahrshefte für Sozialwissenschaften*, ano I, nº 1, pp. 22 ss.); em 1923, *Wessen Und Formen der Sympathie*; em 1926, *Die Wissensformem Und Die Gessellschaft*.

De Mannheim, surge, em 1922: "Strukturanalyse der Erkentnistheorie" (*Kant Studien* nº 57) e, em 1923, "Beiträge zur Theorie der Weltanschauungs Interpretation". In *Kunstgeschichtliche Einzeldarstellungen*, II, Viena.

cultural muito maior que a possível por via da imprensa, pois permite uma planificação mais sistemática. O princípio básico da tarefa crítica "como uma ação educativa" aparece no seu projeto de Seção de Arte, bem como na plataforma que propõe para as Bienais, quando é coordenador.

A PROXIMIDADE COM MANNHEIM NO PAPEL DO INTELECTUAL

Em *Ideologia e Utopia*[17], Mannheim procura a conexão entre os grupos sociais e as idéias e modos de pensamento que adotam. Inicia formulações que permitem a análise da crise intelectual contemporânea numa época em que a "comunidade de interesses" está abalada, com conseqüente quebra de normas, modos de pensamento e concepções de mundo comuns. Aponta a importância do conhecimento como "um instrumento de controle da realidade social", privilegiando, portanto, a função ética do intelectual na estrutura de grupos divergentes (estrutura de classes) – por seu lastro de informação este pode permanecer "entre os grupos", numa posição intersticial. A tarefa mais valiosa do intelectual seria a tentativa de pensar dinâmica e relacionalmente uma determinada configuração histórico-social, captando significados, descobrindo o marco cultural e as circunstâncias importantes para o conhecimento de um determinado fenômeno. Cabe ao intelectual mostrar direções possíveis do processo histórico vivido, promovendo a compreensão consciente dos fatos.

Em *Diagnóstico de Nosso Tempo*[18], escrito durante a guerra e publicado em 1943, toma como foco a Inglaterra, onde está vivendo. Esta sociedade passa por intenso momento de transição e Mannheim estuda esse processo, apontando para um encaminhamento possível. Neste estudo, contemporâneo ao período de grande atividade de Sérgio Milliet no meio cultural paulista, clarifica-se a visão do intelectual como aquele que, estando entre as classes, tem a possibilidade de apreender as diferentes perspectivas dos grupos conflitantes, como também "conciliar" a posição deles. A ética da participação do intelectual descreve-se por via de sua atuação na esfera educativa, dentro do ideal de preservar o estilo democrático de vida.

17. *Ideología y Utopia*, Madri, Aguilar, 1966.
18. Rio de Janeiro, Zahar, 1969.

Mannheim mostra que o crescimento da sociedade industrial e a atuação pouco decifrável de suas forças tornaram a sociedade absolutamente enigmática para o indivíduo. Mesmo a mais cuidadosa observação do ambiente imediato não pode descerrar para a pessoa não adestrada o que se passa sob a superfície, como os efeitos se acumulam e reagem uns sobre os outros. Assim sendo, para Mannheim, o bom senso se guia através das ideologias predominantes nos diferentes meios. Vive-se uma crise de valores, mudanças culturais e espirituais que têm um impacto nas dificuldades de comportamento dos indivíduos em sua vida cotidiana. Essas modificações foram provocadas pela civilização industrial que desorganiza costumes, hábitos e valores tradicionais. Neste contexto, o papel da educação, segundo Mannheim, é fundamental. O professor (como intelectual) deve postar-se não como um mestre-escola, mas como "um mestre para a vida". Procurará educar uma geração para que saiba combinar estabilidade emocional com espírito flexível, ao mesmo tempo que precisará ser capaz de ver cada um dos problemas dessa nova geração em relação ao "pano de fundo" de um mundo em transformação.

A sociologia tem importante contribuição a dar à educação: ela pode coordenar o trabalho educativo com as influências provindas de outras instituições alheias à escola – como a família, a Igreja, a opinião pública. O trabalho do educador deve basear-se num estudo meticuloso dos aspectos sociológicos do comportamento humano. A sociologia auxiliará na interpretação de muitos conflitos e desajustamentos presentes no meio social, decorrentes da desintegração da tradição e da estrutura social vigente. Assim sendo, em uma sociedade moderna, complexa, de rápidas transformações, a educação só será adequada se o professor conhecer o mundo social de que provêm seus discípulos, e para o qual têm de ser preparados, e se ele for capaz de avaliar a maior parte do que fizerem em termos de resultados sociais.

Quando se tem por ideal uma sociedade democrática, uma democracia militante, a sociologia pode dar um quadro sintético da situação (favorecer o diagnóstico da mesma), permitindo uma "compreensão consciente".

Trabalhando a noção de "consciência" (que não é saber, mas atitude mental), Mannheim traz à tona o que entende como papel do intelectual, do sociólogo, como orientador, e explicador de encaminhamentos possíveis do processo social.

Para Mannheim, a *consciência* dá a capacidade para perceber prontamente o conjunto da situação vigente e não só orientar a ação para tarefas e fins imediatistas, mas baseá-la em uma visão mais global. Um dos modos por que esta consciência se expressa é o *diagnóstico* correto de uma situação. Este é, pois, para o intelectual que conhece sociologia, um papel a cumprir diante de determinada configuração histórico-cultural.

Ora, retomando o quadro geral da ação de Sérgio Milliet no meio artístico paulistano e os procedimentos que toma para explicar a arte do presente (a busca de um diagnóstico do processo artístico da Renascença à Contemporaneidade a explicação heurística da arte moderna como uma arte marginal) – não se poderia considerar a existência de um substrato de entendimento ético, educativo, de linha mannheimiana? Por outro lado, seu empenho para a criação de uma ação organizada em prol da arte moderna, para a formação de instituições, não teria como ideal de ação a orientação formativa nos assuntos culturais, de arte: semear a capacitação para a "consciência compreensiva" quer dos artistas quer do público mais geral? Sérgio Milliet não deseja, através de seu trabalho, conduzir o público de arte à atitude de deliberação sobre a situação que vive e à possibilidade de adoção de uma escolha consciente quanto ao rumo a tomar? Parece que, para ele, como para Mannheim, esta é uma prática militante de democracia, e é, por via da democracia, que se deve obter a mudança. Aí está a sua ética, como crítico de arte, perante a realidade brasileira em que atua[19].

O intelectual deve estar pronto a coordenar, programar. O plano, o projeto é esssencial quando a democracia é entendida como um método para a mudança da ordem social. É papel do intelectual, portanto, promover a elaboração de concepções para o futuro. Esta meta está claramente presente no projeto crítico de Sérgio Milliet: é preciso recuperar o humanismo, por via de uma sociedade socialista.

---

19. Devemos lembrar mais uma vez as datas. Milliet inicia seu trabalho como crítico em *O Estado de S. Paulo*, em 1938, adquirindo sua ação ressonância fundamental até a época da criação das instituições museológicas. Ainda depois desenvolverá importante atuação, mas nesta fase anterior é, talvez, a única "voz" a discutir arte cotidianamente, dentro de uma orientação atualizada. Sabemos que este período de dez anos cobre a época do Estado Novo e logo depois (por volta de 1945), o do movimento para a retomada da democracia. Em termos comparativos, a ação de Milliet como sociólogo e o Brasil politicamente estão num plano equivalente a Mannheim e a Inglaterra, no momento em que este autor escreve o *Diagnóstico de Nosso Tempo* (1943). A Inglaterra prepara-se para a retomada democrática, buscando um caminho outro, que não o de esquerda ou de direita – uma democracia liberal.

Milliet pertence, como vimos, ao Partido Socialista e a "democracia liberal" é para ele o caminho do futuro.

UMA CRÍTICA *SUI GENERIS* DA ARTE BRASILEIRA

Os recursos de análise e interpretação que a sociologia fornece, através do trabalho de Mannheim, permitem uma compreensão mais larga da ação crítica de Sérgio Milliet no contexto paulista e brasileiro, resgatando-lhe o papel *sui generis* que cumpriu como intelectual no nosso ambiente artístico.

A intenção não é vincular Milliet a Mannheim, mas verificar até que ponto há uma correspondência de comportamento, uma vez que ele é visto aqui enquanto homem de pensamento, produto legítimo do mundo europeu das primeiras duas décadas deste século, assim como o foi Mannheim. O que se pode afirmar é que a explicação de sua ética clarifica-se com a consideração da proposta mannheimiana. Além do mais, deve-se ter em mente que Sérgio Milliet reconhece explicitamente a brecha aberta pela sociologia de Mannheim no seu momento contemporâneo (anos 30 e 40), porque à visão da sociologia como ciência, atrela-se, justamente, a necessidade de ética.

É claro que não se quer afirmar que Sérgio Milliet é, exclusivamente, um seguidor de Mannheim (tantas foram suas outras admirações confessadas!), mas pode-se afirmar que ele, sem dúvida, apresenta uma disposição correspondente quando, como intelectual, define a ação crítica como uma ação ética.

No seu percurso crítico, há momentos em que se vê diante de tendências ou perspectivas artísticas conflitantes e, como "um fiel de balança", procura diagnosticar as situações, explicar os fatos, medir os prós e os contras, fazendo de seu discurso uma contribuição orientadora. Pode concordar com o projeto modernista agora, e discordar mais tarde da postura de alguns de seus mais significativos líderes; concordar com os figurativistas, opondo-se à abstração, mas, depois, definir a importância desta tendência na história da pintura.

Para Milliet, exercer crítica é um ato educativo. O crítico numa sociedade em transição, de mudanças aceleradas, perante as várias tendências emergentes, tem a cumprir uma tarefa de orientação. Sua missão não é a de transferir valores e conhecimentos, mas abrir caminhos para que sejam provocados novos valores nos outros. Quer trazer ao meio social, nos momentos em causa (anos 1930-1940), o diagnóstico da situação, o discernimento de fatos que produzem um determinado processo – o da arte moderna. Só quando elucidado este processo, o homem do presente poderá posicionar-se perante o fenômeno artístico contemporâneo e seu grupo renovador (o de artistas e intelectuais modernistas). Só assim é possível adotar um novo modelo de ação, uma alternativa para os hábitos que, por força das mudanças, ficaram para trás.

Conhecendo sociologia, Sérgio Milliet tem a possibilidade de fazer o diagnóstico do momento cultural e artístico brasileiro, entender as suas necessidades e nesse sentido desenvolver esta "ação orientadora".

Mannheim esbarrou na questão da "massificação" que se praticava na Alemanha hitlerista e na Rússia stalinista, chegando à conclusão de que, a partir daquele momento, uma pequena elite não pode sustentar-se. Busca, então, conciliar o papel da "elite" com a prática da massa. O papel conciliador transparece igualmente na ação de Sérgio Milliet, quando trabalha para instalar instituições que promovam a arte moderna (a Seção de Arte, o Museu, as Bienais), segundo um projeto didático, abrindo a todos o conhecimento antes restrito a uma elite. Porém, como a orientação dada ao público será feita por intelectuais (especialistas da elite), não se perde com este procedimento o papel da "elite" – ele apenas se redefine.

Existe o público – base fundamental para a qual se volta o objeto artístico ou o grupo produtor deste objeto – que precisa ser orientado. A ação "educativa" que o crítico pode desenvolver não significa interferência em esfera onde a decisão é de cada indivíduo. O crítico apenas elucida. Quanto ao indivíduo optar por uma tendência ou outra, não cabe ao crítico interferir; a sua obrigação, como intelectual, é abrir portas para a compreensão desta decisão tomada. Mas em última instância resulta que a palavra final ainda é do intelectual, da elite. Não é entretanto uma elite que se impõe; é uma elite que propõe, que discute, que abre questões para reflexão, que conversa. É um outro papel o que cumpre: o de estabelecer um diálogo fundamentado. É, justamente, por este ângulo que Sérgio Milliet acaba caindo no alvo das críticas mais sérias.

"Você não marca; você não faz coisas marcantes", diz Mário de Andrade em carta que lhe escreve, em 03.11.1938. Sua ação reverte em apoio indireto ao abstracionismo, argumenta Ibiapaba Martins, em 1948. Opondo-se à palavra de ordem concretista pelo seu dogmatismo, Sérgio recebe severa réplica de Waldemar Cordeiro, em 1952.

Os leitores de Sérgio Milliet cobram-lhe uma postura objetiva, clara, inalterável. Mas Sérgio é um homem de propostas. Não é necessariamente um "anticoncretista" ou um defensor do figurativismo. Cada enfoque tem uma razão de ser, segundo a circunstância, a configuração de determinado momento vivido. Ele apenas observa, discute, fundamenta, explica processos e procedimentos, combate sectarismos, medita. Põe-se, como crítico, numa posição "intersticial" – fica entre os grupos. Reconhece sua inserção no tempo, mas como uma pessoa capacitada a avaliar o que acontece, sem se filiar necessariamente a esta ou àquela corrente de idéias. Como crítico, é avaliador, o que, por sua vez, não implica julgar. Resiste ao julgamento. Eis como conduz a sua ação: indica caminhos vários e vale-se da compreensão de cada um.

Pode-se considerar que é também por esta razão que batalha pela criação de instituições no campo artístico, pois quer formar uma "instância" de legitimação das diversas possibilidades de manifestação das correntes artísticas. A Seção de Arte, o Museu, as Bienais serão instâncias de legitimação, através das quais é possível escapar da subjetividade, da personalização demasiado opinativa da crítica. A presença de instituições geraria uma situação mais democrática, porque objetiva, não calcada em gostos particulares.

Conduzindo a interpretação por esta linha, encontra-se na ação de Sérgio Milliet uma grande coerência.

Foi visto que ele jamais define uma ação a partir do gosto, apontando o que é ou não é bom. Sua indagação é sempre "por que" o artista faz isto ou aquilo. Qual o sentido desta produção, neste determinado momento? Quais os prós e os contras desta proposta? Procura a razão conjuntural que envolve o fato, a sua configuração histórica. Sua pergunta é: "como posso entender esta arte aqui e agora?" Esta parece ser a chave do seu pensamento.

Como, então, aceitar na atualidade a leitura de sua crítica como unilateral?

Segundo o perfil observado, depreende-se que não pretendia "fazer escola", dizer "o que fazer". Quer gerar a inquietação que abra portas à mudança, através de uma compreensão consciente. Entende que a arte aqui encontrada não era a mais vanguardista, mas era a que existia, a que emergia no meio social e que lhe cabia comentar, ao mesmo tempo que projetava o conhecimento dos múltiplos movimentos da arte moderna.

Educado na Europa, Sérgio Milliet livra-se de um vezo traumático, presente no meio cultural brasileiro: a preocupação de "ser igual" à Europa. Trazendo consigo uma bagagem cultural européia não necessita "legitimar-se" perante a Europa.

Apoiado na formação em ciências sociais, descreve uma meta a cumprir no meio cultural brasileiro. Com conhecimento científico atualizado, passa a observar a sutileza de nossa realidade. As ciências sociais constituem um dado fundamental para compreender sua contribuição crítica. A formação européia o beneficia e lhe permite debater o fluxo dos processos vividos na vida artística. Respeita a realidade, olha-a como analista, abre brechas, mostra possibilidades, compara, explica o que vê, mas não induz a uma só direção. Sugere. Esta é a contribuição de Sérgio Milliet como crítico de artes plásticas ao seu tempo...

Cronologia

SÉRGIO MILLIET (SÉRGIO MILLIET DA COSTA E SILVA)

1898 – Nasce no dia 20 de setembro, em São Paulo, filho de Aída Milliet e Fernando da Costa e Silva.
1900 – Falecimento de sua mãe, D. Aída Milliet da Costa e Silva. Sérgio passa a ser criado pela avó, D. Elisa Milliet.
1905/1912 – Realiza o estudo primário nos colégios Grupo Escolar Maria José e Escola Americana; faz o curso secundário nos ginásios São Bento e Macedo Soares. – Por decisão da família, Milliet vai para a Suíça estudar.
1912 – Inicia o Curso de Ciências Econômicas e Sociais na Escola de Comércio de Genebra, completando-o, mais tarde, na Seção de Ciências Econômicas e Sociais da Universidade de Berna. Viaja constantemente a Paris. – Sendo insuficientes as mesadas que vêm do Brasil, para prover a subsistência trabalha como caixeiro de livraria, arquivista da Sociedade das Nações e bailarino (ensina a dançar o tango). – Entrosa-se no meio cultural e artístico de Genebra.
1914 – Início da Primeira Guerra Mundial. A Suíça acolhe intelectuais e personalidades da vida política européia.
1916 – É criada a revista *Le Carmel* sob a direção de Charles Baudouin e Henri Mugnier. Torna-se colaborador da revista, ao lado de Romain Rolland, Verhaeren, Stefan Zweig, Gilbeaux, Henri Spiess, Charles Reber, Karl Spitteler, além de Mugnier e Charles Baudouin, em cujas casas são realizadas reuniões.
1917 – Publica *Par le Sentier* (Genebra, Ed. du Carmel).
– Criação da revista *L'Eventail* (Genebra), por François Laya obtendo a

colaboração de poetas e literatos franceses. Importante presença intelectual no meio genebriano e francês.

1918 – Integra, com Charles Baudouin, Henri Mugnier e Charles Reber, a direção da revista *Le Carmel*.
– Publica, com Charles Reber, *En Singeant: Pastiches Littéraires* (Genebra, ed. do autor).

1919 – Publica *Le Départ sous la Pluie* (Genebra, ed. Jean Violette).
– O companheiro de *Le Carmel*, Karl Spitteler, recebe o Prêmio Nobel de Literatura, defendendo como estilo literário "o discurso coloquial e a liberdade de expressão" – valores de importância para todo o grupo e que Sérgio defenderá, posteriormente, na atividade crítica.

1922 – Participa da Semana de Arte Moderna, Henri Mugnier recita seus versos de *L'Oeuil-de-Boeuf*, numa das apresentações literárias.
– Agrega-se aos modernistas na defesa de sua plataforma.

1923 – Publica *L'Oeuil-de-Boeuf* (Anvres, Ed. Lumière).
– Retorna à Europa, instalando-se, primeiro na Bélgica e, logo depois, em Paris. Colabora e faz traduções de poemas dos modernistas brasileiros para a revista *Lumière*.
– É colaborador nas revistas modernistas brasileiras: *Klaxon*, *Terra Roxa*, *Ariel*, *Revista do Brasil*. Envia-lhes textos de autores estrangeiros, promovendo intercâmbio (especialmente para *Klaxon*).
– Corresponde-se com Mário de Andrade enviando-lhe artigos e publicações.
– Tarsila pinta-lhe o *Retrato Azul*, em estilo cubista.
– Convive com os modernistas brasileiros em Paris.

1924 – Surgimento da revista *Estética* (1924 a 1925, apenas três números), sob a direção de Sérgio Buarque de Holanda e Prudente de Morais Neto. Sérgio Milliet colabora no nº 2, de 1924.

1925 – Retorna definitivamente ao Brasil. Entrosa-se na vida cultural paulistana.
– É um dos responsáveis (junto com Oswald de Andrade e Afonso Schmidt) pela criação da revista *Cultura*.
– Colabora no jornal *O Tempo*.
– Convive assiduamente com Paulo Duarte, Tácito de Almeida, Alcântara Machado, Antonio Couto de Barros, Mário de Andrade.

1926 – Inicia-se a segunda fase da *Revista do Brasil* (1926-1927/1939) sob a direção de Rodrigo Mello Franco de Andrade. Presença dos modernistas na colaboração.
Sérgio Milliet, que já participava com artigos na primeira fase (1916-1925, direção de Monteiro Lobato), continua sua colaboração.

1927 – Fundado o *Diário Nacional* (SP), órgão do Partido Democrático. Torna-se gerente do jornal.

- Publica *Poemas Análogos*.

1929 – Casa-se com D. Lourdes Duarte, irmã de Paulo Duarte.
- Le Corbusier realiza sua primeira visita ao Brasil.
- Impasse agrícola geral: crise do café.

1930 – Nasce o filho Paulo Sérgio.
- Exposição da Escola de Paris em Recife, Rio e São Paulo, organizada por Vicente do Rego Monteiro e Géo Charles.
- Lúcio Costa é nomeado para a direção da Escola Nacional de Belas-Artes, Rio de Janeiro.
- Luta política toma formas mais radicais.
- Washington Luís é deposto e Getúlio Vargas assume o governo provisório (nov.).
- É criado o Ministério do Trabalho (dez.).
- 1930-1937: codificação da Legislação Trabalhista.
- 1930-1935: repressão à ação radical do operariado.

1931/1932 – É bibliotecário da Faculdade de Direito. Colabora em *A Platéia* (revista).
- Adere, junto com os companheiros do *Diário Nacional*, à luta revolucionária que deságua no Movimento de 1932. Cumpre algumas missões, realizando contatos políticos.

1931 – Forma-se o Núcleo Bernardelli no Rio de Janeiro.
- Retorno de Portinari de sua viagem de estudos à Europa (Prêmio de Viagem em 1928).
- Salão Nacional de Belas-Artes do Rio acolhe os artistas modernos (Tarsila, Anita, Di Cavalcanti, Flávio de Carvalho, Guignard, Ismael Nery, Cícero Dias, Vittório Gobbis, Portinari).
- Medidas econômicas de proteção à agricultura cafeeira: criado o Departamento Nacional do Café, sem resolver o problema da superprodução.
- Criado o primeiro sindicato de trabalhadores.
- Instituídas oito horas de jornada de trabalho.
- Mesmo ilegal, o Partido Comunista vai se expandir a partir de 1931, para declinar no período 1937-1940.
- Surge o Partido Socialista Brasileiro, cujas raízes se situam nos círculos socialistas existentes desde o século passado, agrupando também personalidades emergidas com a Revolução de 1930. Obtém êxito eleitoral em 1933, mas em 1935 é extinto.
- Publica *Términus Seco e Outros Coktails*.

1932 – Criação do Conselho de Orientação Artística pela Secretaria da Educação do Estado, órgão responsável pela instalação do Salão Paulista de Belas-Artes (1934).
- Surgimento da SPAM (Sociedade Pró-Arte Moderna), 23 nov.
- Surgimento do CAM (Clube dos Artistas Modernos), 24 nov.
- Partido Democrático rompe com o governo (jan.).
- Revolução Constitucionalista de São Paulo (jul.-out.).

- Iniciada a Ação Integralista Brasileira (1932-1937): Manifesto Integralista de Plínio Salgado.
- Governo Vargas lança novo código eleitoral.

1933 – É secretário da Escola de Sociologia e Política de São Paulo (até 1935), fundada neste ano.
- Surgimento da *Revista Acadêmica*, fundada e dirigida por Murilo Miranda. Ao lado da produção cultural, torna-se órgão de combate pela democracia.
- I Exposição de Arte Moderna da SPAM.
- Realizam-se conferências sobre artes plásticas e outros temas no CAM.
- Marcha integralista em São Paulo.
- Eleições para a Assembléia Constituinte.
- 1933-1938: expansão progressiva da indústria.

1934 – É criado um Curso Livre de Desenho na Sociedade Paulista de Belas-Artes.
- Fechamento da SPAM.
- Fechamento do CAM.
- Portinari expõe em São Paulo (Galeria Itá).
- Exposição de pintura de Flávio de Carvalho é fechada pela polícia (CAM).
- Frente das Esquerdas contra o integralismo.
- Ano eleitoral. Partido Socialista não obtêm representação.
- Fundação da Universidade de São Paulo por Armando de Salles Oliveira.
- Promulgada a nova Constituição Brasileira.
- Vargas é eleito presidente da República.

1935 – Criada Lei de Segurança Nacional dando poderes especiais ao presidente.
- Decretado Estado de Sítio (nov.).
- Intentona Comunista.
- Extinção do Partido Socialista Brasileiro.
- 1935-1945: ação coercitiva do Ministério do Trabalho sobre o movimento operário.
- Publica *Roberto*.
- Colabora em diversas revistas culturais.
- Participa das articulações acionadas por Paulo Duarte para a elaboração do Projeto do Departamento de Cultura da Prefeitura de São Paulo, junto com Mário de Andrade, Rubem Borba de Morais, entre outros.
- De 1935 a 1938, período de grande atividade. É nomeado Chefe da Divisão de Documentação Histórica e Social do Departamento de Cultura. Reformula a *Revista do Arquivo Municipal*. Prepara o *Roteiro do Café*.
- Começa a estruturar-se o Grupo Santa Helena, reunindo: Rebolo, Mário Zanini, Manoel Martins, Clóvis Graciano, Alfredo Rullo Riz-

zotti, Alfredo Volpi, Fúlvio Pennacchi, Aldo Bonadei e Humberto Rosa (ateliê no Edifício Santa Helena, Praça da Sé, 247).
- Funda-se o Grupo Seibi (SEIBIKAI) reunindo artistas japoneses ou descendentes.
- Última mostra do Núcleo Bernardelli no Rio de Janeiro.
- Portinari obtém menção honrosa no Instituto Carnegie ("Café").
- Criação do Instituto de Artes da Universidade do Distrito Federal.

1936 – Publica *Marcha à Ré*.
- Faz compilação para "Índice das Constituições Federal e do Estado de São Paulo" (São Paulo, Departamento de Cultura).
- Segunda visita de Le Corbusier ao Rio de Janeiro. Projeto do Ministério da Educação.
- A Sociedade Paulista de Belas-Artes transforma-se em Sindicato dos Artistas Plásticos e Compositores Musicais por força da legislação trabalhista, sendo o mesmo reconhecido pelo Ministério do Trabalho, em 1937. O Sindicato prossegue o programa de promover um salão anual de pintura e escultura que se chama Salão do Sindicato dos Artistas Plásticos e vigora até 1949, tendo entre os presentes as gerações artísticas emergidas nesse período.
- Ano de eleição, o Partido Socialista é reaberto, para ser extinto no ano seguinte com todos os partidos.

1937 – Publica *Poemas* (ilust. de Waldemar da Costa, São Paulo, *Revista dos Tribunais*).
- Viaja para Paris, pela Prefeitura Municipal, para participar do Congresso das Populações, que ocorre paralelamente à Exposição de 1937. Apresenta, neste congresso, uma comunicação sobre os trabalhos da Divisão de Documentação Histórica e Social do Departamento de Cultura. O trabalho apresentado causa entusiasmo e recebe uma menção honrosa. Torna-se professor da Escola de Sociologia e Política (de 1937 a 1944).
- O número de setembro da *Revista Acadêmica* é dedicado a Romain Rolland, pelo seu setuagésimo aniversário.
- I Salão de Maio (Salão de Arte Moderna).
- I Salão da Família Artística Paulista (onde se propugna a liberdade de expressão e pesquisa, o respeito aos clássicos, ao lado do interesse pela contemporaneidade).
- O jornal *Belas-Artes* dá cobertura aos salões modernos de São Paulo (artigos de Quirino Campofiorito e Mozart Firmeza).
- Criação do Serviço de Patrimônio Histórico e Artístico Nacional a partir de projeto de Mário de Andrade. Rodrigo Mello Franco de Andrade instaura o SPHAN.
- O projeto de Le Corbusier é adaptado para outra gleba de terra por Lúcio Costa e Oscar Niemeyer.
- Lévi-Strauss, no Brasil desde 1935, ministra curso de Antropologia no Departamento de Cultura. Viabilizará, com ajuda de Sérgio Milliet, sua Expedição Etnográfica.

- Prepara-se o plano de Política Agressiva do café.
- Armando de Salles Oliveira (PD) e José Américo de Almeida (PRP) são candidatos à eleição presidencial.
- Plínio Salgado é lançado candidato à presidência pelos integralistas.
- Estado Novo é implantado.
- Abolição dos partidos políticos.
- A nova Carta Constitucional é redigida por Francisco Campos.
- 1937-1942: diversas correntes políticas marcam posição contra o Estado Novo. Realizam-se prisões e exílios. Os democratas liberais são alijados de suas posições. O Estado Novo tem apoio das classes produtoras comerciais e industriais, do Exército e da Igreja.

1938 – II Salão de Maio.
- IV Salão do Sindicato dos Artistas Plásticos.
- É aberta em São Paulo a loja Casa e Jardim, acolhendo mostras de artistas contemporâneos.
- A política do Estado Novo implica sério golpe no Departamento de Cultura. Mário de Andrade é afastado da sua direção e quebra-se o ritmo dos trabalhos e das pesquisas da Divisão de Documentação Histórica e Social, com o corte de dotação de verbas por parte da prefeitura.
- Começa a escrever artigos para o jornal *O Estado de S. Paulo*, sobre arte e literatura.
- É criado o Instituto Cultural Brasil/Estados Unidos, que mantém contatos com a Escola de Sociologia e Política.
- Publica *Ensaios* e *Roteiro do Café*.
- Política de nacionalização de economia: estatização do gás e do petróleo.
- Reiniciado o financiamento aos agricultores do café (através do Banco do Brasil).
- Realiza-se II Congresso de Lavradores do Estado de São Paulo para discutir leis consideradas insatisfatórias.

1939 – Publica *Desenvolvimento da Pequena Propriedade no Estado de São Paulo*.
- 2ª edição de *Roteiro do Café*.
- Torna-se membro da Academia Paulista de Letras.
- Prefacia o *Folclore nas Ordenações do Reino*, de Fernando Mendes de Almeida (*Revista do Arquivo* nº 56, abr. 1939).
- Traduz *A Coroa Fantasma*, de Berta Harding.
- Envia artigos mensais, através de Mário de Andrade para o *Diário de Notícias* e para a *Revista do Brasil*, do Rio de Janeiro. Discute com Mário a produção artística contemporânea (a pintura em São Paulo).
- Começa a ter convivência próxima com os pintores paulistas. Logo depois, por camaradagem, começa a pintar.
- Tem, junto com familiares, uma casa em Campos de Jordão, que freqüenta nos fins de semana.

- Viaja aos Estados Unidos.
- É eleito para a Academia Paulista de Letras.
- Eclode a Segunda Guerra Mundial, dificultando os contatos com a Europa. Os intelectuais brasileiros permanecem no país e para cá acorrem personalidades do mundo cultural europeu (já desde alguns anos, devido a tensões políticas).
- III Salão de Maio.
- II Salão da Família Artística Paulista.
- V Salão do Sindicato dos Artistas Plásticos.

1940 – Escreve para o jornal *A Manhã* do Rio de Janeiro.
- Envia artigos para o jornal *O Estado de S. Paulo*, mas não comparece à redação durante a interdição do mesmo pelo Estado Novo, que afasta a família Mesquita da direção deste jornal. Esta ausência é um protesto à situação implantada no órgão de imprensa paulistano. Suas críticas são publicadas na rotogravura de *O Estado*.
- Traduz Jean Baptiste Debret: *Viagem Pitoresca e Histórica ao Brasil*.
- Traduz *Viagem Pitoresca Através do Brasil*, de Johann Rugendas (São Paulo, Ed. Martins).
- Sérgio é assistente de Donald Pierson na Escola de Sociologia e Política. Acompanha o curso de Jean Maugué sobre psicanálise e fenomenologia.
- Publica *Pintores e Pintura* pela Ed. Martins, à qual estará ligado como tradutor (especialmente livros da Coleção Biblioteca Histórica Brasileira).
- Viaja para Belo Horizonte.
- III Salão da Família Artística Paulista (realizado no Rio de Janeiro).
- VI Salão do Sindicato dos Artistas Plásticos (Anita Malfatti – presidente).
- Exposição de Arte Francesa na Galeria Prestes Maia de São Paulo (Cento e Cinqüenta Anos de Pintura Francesa), editando-se uma publicação com textos de intelectuais brasileiros e estrangeiros.
- Os artistas modernos conquistam uma Divisão Moderna no Salão Nacional do Rio de Janeiro.
- Criação da OSIRARTE por Paulo Rossi Osir (pequena oficina de azulejos artísticos, surgida para execução de azulejos destinados a compor os painéis do MEC, de autoria de Cândido Portinari).
- Instituição do salário mínimo.
- Bases norte-americanas no norte e nordeste do país.
  Com a guerra, pleno rendimento da capacidade industrial.

1941 – 3ª edição de *Roteiro do Café*.
- Publica o romance *Duas Cartas do Meu Destino* e *O Sal da Heresia*.
- *Realiza conferência na Casa de Cultura de São João da Boa Vista*.
- *Traduz Jean de Léry: Narrativa de uma Viagem ao Brasil* (Ed. Anchieta).
- 1941/1946: é tesoureiro da Escola de Sociologia e Política.
- Profere discurso de abertura no VI Salão do Sindicato dos Artistas Plásticos.

- Ministra na Escola de Sociologia e Política um curso de sociologia da arte em forma de sete conferências, abordando a pintura do impressionismo ao modernismo.
- I Exposição de Artes Plásticas da Feira Nacional de Indústrias, reunindo valores da pintura, escultura e arquitetura modernas, além de agrupar intelectuais para conferências.
- 1941-1944: surgimento da revista *Clima*, de que participam como redatores: Alfredo Mesquita, Antonio Lefévre, Antonio Candido, Décio de Almeida Prado, Paulo Emílio Salles Gomes, Lourival Gomes Machado, Ruy Coelho, escrevendo sobre livros, música, teatro, cinema e artes plásticas, economia, direito e ciências. Ao lado da produção cultural e científica torna-se órgão de combate contra o fascismo. Sérgio Milliet será colaborador nesta revista.
- Surgimento da revista *Planalto*, onde Milliet assina a coluna Vida Literária.
- VII Salão do Sindicato dos Artista Plásticos.
- Exposição/Concurso do Departamento Estadual de Informação e do Patrimônio Histórico: aquarelas e guaches de monumentos restaurados. Participam: Volpi, Rebolo, Graciano, entre outros. No júri: Mário de Andrade, Sérgio Milliet e Bruno Giorgi.
- Exposição de Antonio Pedro, pintor surrealista português, na Galeria Itá (São Paulo).
- Exposição de Ernesto De Fiori na Galeria Casa e Jardim.
- Instituição da Justiça do Trabalho, pelo Governo Federal.

1942 – Publica *Fora de Forma* e *Marginalidade da Pintura Moderna*.
- Realiza conferência em Piracicaba, SP: "Witman, poeta da América".
- Traduz, prefacia e comenta *Cartas do Brasil*, de Max Leclerc.
- Traduz *Páginas Escolhidas de Pascal*, de François Mauriac.
- Participa da mostra anual do Sindicato dos Artistas Plásticos na "sala dos intelectuais".
- Conferência de Mário de Andrade "O Movimento Modernista", em São Paulo, na Casa do Estudante, parece marcar profundamente Sérgio Milliet.
- I Salão de Arte Moderna em Porto Alegre.
- Exposição de Pintura Moderna Contemporânea Norte-Americana (São Paulo).
- Edição do primeiro álbum de gravuras de artistas modernos no Brasil (Sete Artistas Brasileiros: Bonadei, Lívio Abramo, Manoel Martins, Oswald de Andrade Filho, Clóvis Graciano, Carlos Scliar e Walter Levy).
- Antigetulistas querem entrada do Brasil na guerra.
- Brasil declara guerra ao Eixo (ago.).

1943 – Exposição Antieixista da qual participam artistas modernos do período (Paulo Rossi Osir, Volpi, Rebolo, Graciano, Zanini, Manoel Martins, Bonadei, Simeone, Rizzotti).

- Exposição individual de Lasar Segall no MNBA/Rio. (A apresentação de Mário de Andrade motiva reflexão de Sérgio Milliet.)
- Viaja aos Estados Unidos (fev.-mar.).
- Prefacia o catálogo da Exposição Antieixista.
- Prefacia *Vida e Morte do Bandeirante*, de Alcântara Machado (Ed. Martins).
- Publica *A Pintura Norte-Americana* e *Oh Valsa Latejante* (poemas com ilustração de Walter Levy, São Paulo, Ed. Gaveta).
- Faz palestras sobre sua viagem aos EUA em Piracicaba, SP.
- Assume a Direção da Biblioteca Municipal de São Paulo. A Biblioteca muda para o prédio da Rua Xavier de Toledo. Sérgio divulga seu projeto junto à direção da Biblioteca Municipal.
- Faz palestra sobre Pintura Francesa Contemporânea, no Grêmio Cultural, Rio de Janeiro e sobre "A Paisagem na Moderna Pintura Brasileira", em Porto Alegre (comemorações IV Centenário da Colonização). Viaja em companhia de Luís Martins, crítico do *Diário de S. Paulo*.

1944 - Publica *Pintura Quase Sempre* e o primeiro volume do *Diário Crítico*.

- Participa da Viagem de Artistas e Intelectuais a Minas (Belo Horizonte), a convite do prefeito Juscelino Kubitschek. Profere conferência na Biblioteca Pública de Belo Horizonte.
- É presidente da ABDE (Associação Brasileira de Escritores).
- Intelectuais lançam manifesto pedindo a redemocratização do país.
- Faz conferência na recém-aberta Livraria Brasiliense (Rua Benjamin Constant, 123), sobre o tema: "O Caráter Atual da Pintura Brasileira"; em Limeira, SP, sobre "Aspectos da Vida Norte-Americana".
- Exposição de Pintura Moderna Brasileiro-Americana.
- Exposição em benefício da RAF realizada em Londres, com a participação de artistas modernos.
- Inaugura-se a Livraria Brasiliense, onde serão realizadas mostras de artistas modernos. Outros locais que acolhem mostras modernas são a Galeria Itá, na Rua Barão de Itapetininga, e a Galeria Prestes Maia.
- IX Salão do Sindicato dos Artistas Plásticos.
- Exposição de Arte Moderna em Belo Horizonte, a convite da Prefeitura de Belo Horizonte.
- Exposição de Rebolo, Nelson Nóbrega, Volpi, Anita, Graciano e Hilde Weber na Livraria Jaraguá (trabalhos feitos na viagem a Minas Gerais). Realizam-se conferências e debates sobre essa viagem.

1945 - Escreve artigos para a *Folha da Manhã* (1945-1946), paralelamente à contribuição cotidiana em *O Estado de S. Paulo*.
- Torna-se militante na Esquerda Democrática, criada neste ano. Comparece a reuniões para elaboração de programa e estatutos.
- Morte de Mário de Andrade (25 fev.).

- Exposição de Artistas Plásticos na Galeria Itá, em homenagem a Mário de Andrade.
- Destinando a verba recebida pela decoração de um salão de baile de carnaval, os artistas Rebolo, Volpi, Zanini, Quirino da Silva, Paulo Rossi Osir e Nelson Nóbrega fundam o Clube dos Artistas e Amigos da Arte, cuja sede provisória será instalada em 1948. O clube será ponto de encontro de literatos, artistas plásticos e teatrais, e músicos.
- Realização da II Exposição Francesa, na Galeria Prestes Maia, que causa impacto no ambiente artístico. Comparece o abstracionismo lírico (Bazaine, Manessier, Pignon, Singier e outros).
- Publica *Contribuição para um Estudo da Expressão Gráfica dos Quadros Religiosos na Renascença* e ós volumes II e III do *Diário Crítico*.
- Profere o discurso "Os Escritores não Trairão Mais" em almoço de abertura do Congresso de Escritores.
- Traduz, para a Editora Martins, Claude d'Abbeville: *História da Missão dos Padres Capuchinhos na Ilha do Maranhão e Terras Circunvizinhas*.
- Promove na Biblioteca grande movimentação cultural: palestras, mesas redondas, onde falam, entre outros, Luís Martins, Lourival Gomes Machado, Osório César, Roger Bastide, Luís Saia e literatos estrangeiros que visitam o Brasil. É grande o afluxo de público e dos jovens artistas.
- Exposição Póstuma de Ernesto De Fiori no IAB de São Paulo. Realizam-se conferências de Sérgio Milliet, Luís Martins e Carlos Pinto Alves.
- I Congresso Brasileiro de Escritores, onde os intelectuais brasileiros tomam posição aberta contra o Estado Novo, firmando postulados democráticos. Os temas abordados são: "democratização da cultura", "criação literária e liberdade", "o escritor e a luta contra o fascismo". Na "Declaração de Princípios" o congresso considera urgente a reorganização política do Brasil.
- Inaugura-se a Seção de Arte da Biblioteca Municipal, durante o I Congresso de Escritores.
- Recuo do getulismo.
- Vargas é pressionado ao reconhecimento da URSS.
- Data das eleições é antecipada.
- Eurico Gaspar Dutra é eleito presidente.

1946 – 4º edição (definitiva) de *Roteiro do Café*.
- Publica *Exposição Canadense de Artes Gráficas*, *Poesias*, "O Poeta Mário de Andrade" e o volume IV do *Diário Crítico*.
- Realiza palestra em Jundiaí e São José dos Campos, SP.
- É vice-presidente do II Congresso Regional de Escritores (22 a 26 set.).
- Profere palestra na Biblioteca Municipal de São Paulo, no Curso de Bandeirologia.

- É um dos principais articuladores de reuniões e contatos para a formação de um Museu de Arte Moderna em São Paulo, as quais se estendem até 1948, quando finalmente é criado (é aberto ao público em 1949).
- Exposição de Jovens Artistas Paulistas no IAB do Rio de Janeiro.
- Em fins de 1946, abertura da Galeria Domus de São Paulo (Rua Vieira de Carvalho, esquina da Praça da República), principal espaço para individuais e coletivas de arte moderna até o surgimento dos museus.
- Fixa-se em São Paulo, o artista Samson Flexor, criando, mais tarde, o ateliê Abstração.
- X Salão dos Artistas Plásticos.
- Promulgada a nova Constituição (set.).

1947 – Constrói com as irmãs e com Carlo Tamagni a casa da Praia Grande, onde passa fins de semana e períodos em que se retira para escrever.
- Publica o volume V do *Diário Crítico*.
- Exposição Circulante de Artes Plásticas promovida pela Divisão de Turismo e Expansão Cultural do Departamento de Informação do Estado. Na mostra há uma Divisão Geral e uma Divisão Moderna.
- Exposição 19 Pintores, na Galeria Prestes Maia, sob o patrocínio e organização da União Cultural Brasil-Estados Unidos.
- Ressurge o Grupo Seibi, após prolongada reclusão no período de guerra.
- Fundação e abertura do Museu de Arte de São Paulo Assis Chateaubriand (Rua 7 de Abril, Prédio dos Diários Associados).
- Retrospectiva de Ernesto De Fiori no MASP.

1947-1948: começa a formação do grupo Concreto no Rio de Janeiro, sendo Mário Pedrosa apoio para divulgação do seu ideário.
- XI Salão do Sindicato dos Artistas Plásticos.
- O Partido Socialista ressurge e, paralelamente, cria-se o jornal *Vanguarda Socialista*.
- Sérgio participa das reuniões que discutem o programa e os estatutos do partido.
- Candidata-se a vereador pelo Partido Socialista.
- Intervenção do governo nos sindicatos para eliminar as presenças extremistas.
- Ruptura com a URSS.
- Ademar de Barros é governador de São Paulo.

1948 – O cinqüentenário de Sérgio Milliet é comemorado com um banquete oferecido pelos amigos.
- Realiza palestras em Atibaia, quando inaugurada a Casa de Cultura da Cidade, discorrendo sobre o tema: "Tetrarcas de 22".
- Fundação do Museu de Arte Moderna de São Paulo, abrindo-se a sede no ano seguinte (Rua 7 de Abril, Prédio dos Diários Associados).

- Surge o grupo 15 em torno do pintor Carlos Takaoka (Geraldo de Barros, Athaíde de Barros, Joaninha Cunha Bueno, Mário Aki, Massao Okinaka, Walter Tanaka, Tomoo Handa, Massuda, Hajime Hijaki, Takeshi Suzuki, Antonio Carelli, Francisco Trigo e Mayashi).
- Retrospectiva de Cândido Portinari no MASP.
- Retrospectiva de Emiliano Di Cavalcanti no IAB de São Paulo.
- Surgimento do grupo Guanabara visando promover mostras anuais coletivas reunindo artistas das novas gerações (1948-1959).
- É criado o jornal *Artes Plásticas* em São Paulo (Direção: Ciro Mendes; redação: Flávio Motta, Cláudio Abramo, Clóvis Graciano).
- Fundação do Museu de Arte Moderna do Rio de Janeiro.
- Exposição de Calder no Rio e em São Paulo.
- Comunistas são expulsos da Câmara dos Deputados.
- Criada a revista *Fundamentos*.

1949 – Realiza conferência no Rio de Janeiro sobre "A Arte dos Primitivos, dos Loucos e das Crianças".
- Introdução ao catálogo "Do Figurativismo ao Abstracionismo" (MAM/SP).
- Traduz *História da Arte*, de Sheldon Cheney (Ed. Martins).
- Traduz *A Idade da Razão*, de Jean-Paul Sartre (São Paulo, Ed. Ipê).

Morte de seu filho Paulo Sérgio, aos 19 anos (10 de julho). Este fato marcará irreversivelmente a sua vida.
- Abertura do Museu de Arte Moderna de São Paulo, com uma mostra abstracionista. Sérgio participa do Conselho no setor de Pintura-Escultura.
- É comissionado por seis meses para realizar viagem à Europa, onde estabelece intercâmbio com a Biblioteca Nacional de Paris.
- Viaja para a França. Participa do Congresso de Crítica de Arte, em Paris, evento promovido pela UNESCO. É, então, criada a Associação Brasileira de Críticos de Arte e será o seu primeiro presidente.
- Viajando de navio para a Europa, ao parar em Salvador-BA, profere uma conferência no Instituto Histórico da Cidade.
- Publica o volume VI do *Diário Crítico*.
- Fechamento do Sindicato dos Artistas Plásticos.
- Exposição Pintores Paulistas, no Rio de Janeiro, reunindo artistas modernos (org. Nelson Nóbreza).
- Criação da Escola Livre de Artes Plásticas, sendo Flávio Motta seu principal mentor. De duração efêmera, introduz o ensino de arte moderna através de cursos práticos e teóricos.
- O MASP organiza exposições didáticas, entre elas a mostra História das Idéias Abstratas.
- Retrospectiva de Anita Malfatti no MASP.
- Inicia-se a formação do grupo Concreto de São Paulo em torno de Waldemar Cordeiro.

- Waldemar Cordeiro cria o Art Club de São Paulo, promovendo-se mostras de artistas plásticos da jovem geração.

1950 – Obtém dois meses de licença-prêmio (nov. dez. 1950) e depois comissionamento de seis meses. Desenvolve trabalhos, na Europa, para a Bienal; realiza trabalho junto a UNESCO no ano seguinte: estagia na Direção do Departamento de Atividades Artísticas e Literárias (jan.-jun./51).
- Publica "Curandeiros, Médicos e Farmacêuticos na Época Colonial" (*Revista de Investigações* nº 15, Separata); *Poema do 30º Dia* (poesia com ilustr. de Flexor, Ed. Ind. Gráfica Brasileira); "A Prostituição na Colônia" (*Revista de Investigações* nº 13, Separata).
- Faz a apresentação em catálogo, da retrospectiva de Tarsila, 1918-1950 (MAM/SP). Esta exposição se realiza por sua iniciativa.
- Realiza compilação para *Obras-Primas do Conto Norte-Americano* (São Paulo, Ed. Martins).
- Convive intensamente com as irmãs Clementina e Lucinda, freqüentando a casa da Praia Grande, aonde também acorrem Carlo Tamagni, Paulo Rossi e Rebolo. Aí passa os fins de semana e, muitas vezes, se retira para escrever. Realiza, na casa da irmã Lucinda, freqüentes reuniões com intelectuais e artistas.
- Surge o Instituto de Arte Contemporânea, ligado ao MASP e, logo depois, a Escola de Propaganda.
- Lança-se a revista *Habitat* (trimestral), que focaliza problemas culturais, dando ênfase à arquitetura e ao *design* (iniciativa de Pietro e Lina Bardi).
- Exposição de Max Bill no Museu de Arte de São Paulo.
- III Congresso Brasileiro de Escritores em Salvador.
- Vargas é reconduzido ao poder através da eleição presidencial (out.), tomando posse no ano seguinte.
- A partir desta data, a militância do Partido Socialista fica em mãos da geração mais jovem. Sérgio e outros companheiros (Arnaldo Horta, Aziz Simão, Gikovate, Costa Correia) continuam socialistas, porém mais afastados da militância.

1951 – I Bienal de São Paulo.
- Sérgio é membro da Comissão de Artes Plásticas.
- Tem participação ativa na vida do Museu de Arte Moderna.

1952 – É designado pela Secretaria de Negócios Internos e Jurídicos para servir junto à Comissão do IV Centenário da Cidade de São Paulo.
- Publica *Panorama da Moderna Poesia Brasileira* (Rio de Janeiro, MEC).
- É diretor artístico do Museu de Arte Moderna de São Paulo (1952-1957).
- Viaja pela Itália, visitando Roma, Peruggia, Arezzo, Florença, Assis. Vai a Veneza como representante do Brasil na sua Bienal. Começa contatos para a Bienal do IV Centenário, da qual será o curador.

- Exposição do grupo Ruptura no MAM de São Paulo.
- Formação do grupo Frente, no Rio.
- I Exposição Nacional de Arte Abstrata no Hotel Quitandinha, Teresópolis, RJ.
- Exposição Comemorativa dos 30 Anos da Semana de Arte Moderna.
- Brasil assina Acordo Militar com os EUA.

1953 – Publica *Quinze Poemas* (São Paulo, Martins), e os volumes VII e VIII do *Diário Crítico*.
- Intensa atividade junto ao Museu de Arte Moderna, para o preparo da sua II Bienal.
- Jânio Quadros é prefeito de São Paulo.
- Getúlio denuncia remessa de lucros de empresas estrangeiras e começa a sofrer pressões para renunciar.

1954 – Obtém licença de dois anos para organizar a Cadeira de Estudos Brasileiros na Universidade de Lausanne, Suíça, mas reassume as suas funções junto à Biblioteca Municipal em 1955.
- Prefacia "São Paulo Antigo, Plantas da Cidade" (Comissão do IV Centenário).

Faz a compilação para *Obras-Primas do Conto Humorístico* (São Paulo, Ed. Martins).
- Compilação para *Obras-Primas da Poesia Universal* (São Paulo, Ed. Martins).
- Viagem à Europa. Vai a Veneza, a propósito de sua Bienal. Por esta época, colabora na revista *Habitat*.
- Criação da Eletrobrás.
- Proposição de 100% de aumento do salário mínimo.
- Aumentam as pressões para a renúncia de Getúlio.
- Suicídio de Vargas (24 ago.).
- Café Filho na Presidência da República.
- Comemoração do IV Centenário em São Paulo.

1955 – Publica *Três Conferências*.
- Prefácio de *Atrás da Fachada: Caricaturas*, de Gerda Brentani, (São Paulo, Habitat, 1955).
- É colaborador da revista *Quadrum*.
- Curador da III Bienal de São Paulo.
- Juscelino Kubitschek é eleito presidente da República.

1956 – Viaja para a Europa, como crítico e curador da Representação Brasileira na Bienal de Veneza.
- I Exposição Nacional de Arte Concreta no MAM/SP (dez.).

1957
- Publica *Considerações Inatuais* (Rio de Janeiro, MEC).
- Participa de um congresso de críticos na Itália.
- Traduz *Pensamentos* de Pascal (introdução e notas de Ch. Des Granges. São Paulo, DIFEL).

- Traduz *Os Caminhos da Liberdade*, de Jean-Paul Sartre (São Paulo, DIFEL).
- Compilação para *Obras-Primas da Fábula Universal* (São Paulo, Ed. Martins).
- Viagem à Europa.
- Viaja à Itália, em função de sua atuação frente à Bienal de São Paulo. Visita Nápoles.
- É curador da IV Bienal de São Paulo. Publica o volume IX do *Diário Crítico*.
- I Exposição Nacional de Arte Concreta no MAM, Rio de Janeiro (jan.).

1958 – Traduz *Sursis* de Jean-Paul Sartre (São Paulo, DIFEL).
- Volta à Itália, acompanhando a representação brasileira na Bienal de Veneza.
- Deixa a curadoria das Bienais.

1959 – Publica *Cartas à Dançarina* (ilus. Fernando Odriozola e fotos de Dulce Carneiro. São Paulo, Massao Ohno).
- Traduz Simone de Beauvoir: *Memórias de uma Moça Bem Comportada* (DIFEL) e *Todos os Homens são Mortais* (DIFEL).
- Traduz *A Viagem*, de Charles Morgan.
- Traduz *Você Gosta de Brahms?*, de Françoise Sagan (São Paulo, DIFEL).
- Compilação para *Obras-Primas do Conto Alemão* (São Paulo, Ed. Martins).
- Viagem à Europa: visita Genebra e Bruxelas, locais onde vivera na mocidade.
- Publica o volume X do *Diário Crítico*.
- Faz a apresentação dos artistas concretos na mostra da Galeria de Arte das Folhas.
- Decide aposentar-se. (É privado de uma sala de trabalho na Biblioteca, algum tempo depois de aposentar-se.).
- Passa a freqüentar diariamente o Paribar, onde se reúne com amigos e companheiros intelectuais.
- Freqüenta intensivamente a Praia Grande, onde ainda continua a escrever.
- I Exposição de Arte Neoconcreta MAM/RJ e Salvador. Manifesto Neoconcreto.
- "Teoria do Não Objeto" (de Ferreira Gullar).
- V Bienal de São Paulo: total predomínio da abstração.
- Congresso Internacional de Críticos de Arte em Brasília, Rio, São Paulo. Sérgio Milliet é o presidente.

1960 – Traduz: *O Segundo Sexo*, de Simone de Beauvoir (DIFEL).
- Publicação de *De Ontem, de Hoje, de Sempre*, onde além de crônicas de literatura e arte, deixa fluir suas memórias, reflexões, pensamentos breves (vol. 1).
- II Exposição Neoconcreta MEC/RJ.

- Exposição Retrospectiva de Arte Concreta MAM/RJ.
- Exposição de Artistas Concretos na Galeria de Arte das Folhas.
- Inauguração de Brasília.
- Jânio Quadros é eleito presidente da República, tomando posse em janeiro do ano seguinte.

1961 – Traduz *Na Força da Idade*, de Simone de Beauvoir (DIFEL).
- Traduz André Gide: *Os Frutos da Terra*.
- Tradução, prefácio e notas interpretativas a *Ensaios*, de Montaigne (Rio de Janeiro, Globo).
- Traduz *Nuvens que Passam*, de Françoise Sagan (São Paulo, DIFEL).
- IV Bienal de São Paulo.
- Exposição Neoconcreta no MAM/SP.
- Renúncia de Jânio Quadros (25 ago.).
- Mazzili assume a presidência.
- Estado de Sítio no país.
- Instituído o parlamentarismo; João Goulart toma posse em setembro.

1962 – Por lei do vereador Ari Silva seu nome é dado à Sala de Arte da Biblioteca Municipal Mário de Andrade.
- Traduz *Enciclopédia da Civilização e da Arte*, de B. Ugolotti (São Paulo, Ed. Martins).
- Publica o volume II de *De Ontem, de Hoje, de Sempre*.

1963 – Inauguração da Galeria Nova Tendência em São Paulo (tentativa de reagrupamento dos artistas concretos de São Paulo).
- VII Bienal de São Paulo.
- Jango propõe reforma agrária.
- Plebiscito para decidir sobre presidencialismo ou parlamentarismo.

1964 – Texto para *Pinturas*, de Emiliano Di Cavalcanti (Rio de Janeiro, Ediarte).
- Prefácio a *Teatro Francês* (Rio de Janeiro, Ed. Jackson).

Traduz *Com a Morte na Alma*, de Jean-Paul Sartre (São Paulo, DIFEL).

Publicação de *De Cães, Gatos, Gente* no mesmo estilo do livro anterior (*De Ontem, de Hoje, de Sempre*).

- Comício de Jango na Central do Brasil (Rio de Janeiro).
- Jango é deposto por golpe militar (31 mar./1º abr.).

1965 – Traduz *Sob o Signo da História*, de Simone de Beauvoir.
- Fundação do Grupo Rex em São Paulo (Wesley Duke Lee, Nelson Leirner, Geraldo de Barros, José Rezende, Frederico Nasser e Carlos Fajardo).
- VIII Bienal de São Paulo.
- Propostas 65 (exposição e debates) em São Paulo.
- Suspensão dos partidos políticos. Atos institucionais dão plenos poderes ao Executivo.

1966 – Tradução e adaptação da edição original de *Viagem Pitoresca e Histórica ao Brasil*, de Debret (Firmin Didot, 1834), (Difusão Nacional do Livro, Série Documentos Históricos): "Brasil Império", "Fauna e Flora", "O Índio", "O Negro", "Paisagem Colonial", "Usos e Costumes Coloniais".
– Traduz *A Chamada*, de Françoise Sagan (São Paulo, DIFEL).
– Mostra Opinião 66, no Rio.
– Propostas 66 (exposição e debates) em São Paulo.
– Deposição de Ademar de Barros do governo de São Paulo.
– Antigos partidos são abolidos. Criados a ARENA e o MDB.
– Sérgio Milliet morre repentinamente a 9 de novembro.

OCORRÊNCIAS PÓSTUMAS

1967 – Publicação póstuma de *4 Ensaios*.
– O Museu de Arte Moderna organiza exposição retrospectiva de seu trabalho pictórico.

1972 – Publicação de depoimentos sobre sua personalidade intelectual pela Biblioteca Municipal de São Paulo no *Boletim Bibliográfico* de jul.-set., número especial.

1978 – Publicação de outros depoimentos sobre seu perfil intelectual no mesmo *Boletim Bibliográfico* (jul.-dez., nº 39, 3/4).

1979 – Depoimento de artistas plásticos da geração que emergiu nos anos 1930/1940, evento promovido pelo IDART (Biblioteca Municipal de São Paulo e Área de Artes Plásticas do Centro de Documentação sobre Arte Brasileira Contemporânea).

1981 – Inicia-se a reedição do *Diário Crítico* por iniciativa da Editora Martins e da EDUSP. O 1º volume da série reeditada traz o prefácio de Antonio Candido, "Sérgio Milliet, o Crítico".

Bibliografia

BIBLIOGRAFIA DE SÉRGIO MILLIET

Livros

Especialmente:
Poemas Análogos. São Paulo, Niccolini e Nogueira, 1927.
Términus Seco e Outros Cocktails. São Paulo, Irmãos Ferraz, 1932.
Roberto. São Paulo, Niccolini e Nogueira, 1935.
Marcha à Ré. Rio de Janeiro, José Olympio, 1936.
Ensaios. São Paulo, Brusco, 1938.
Roteiro do Café: Análise Histórico-Demográfica da Expansão Cafeeira no Estado de São Paulo. São Paulo, Departamento de Cultura, (Estudos Paulistas, 1), 1938 (1ª ed.); 1939 (2ª ed.); 1941 (3ª ed.); 1946 (4ª ed.).
Pintores e Pinturas. São Paulo, Martins, 1940.
Diário Crítico (1940-1943). São Paulo, Brasiliense, 1944, vol. I.
Diário Crítico (1944). São Paulo, Brasiliense, 1945, vol. II.
Diário Crítico (1945). São Paulo, Martins, 1945, vol. III.
Diário Crítico (1946). São Paulo, Martins, 1947, vol. IV.
Diário Crítico (1947). São Paulo, Martins, 1949, vol. V.
Diário Crítico (1948-1949). São Paulo, Martins, 1949, vol. VI.
Diário Crítico (1949-1950). São Paulo, Martins, 1953, vol. VII.
Diário Crítico (1951-1953). São Paulo, Martins, 1953, vol. VIII.
Diário Crítico (1953-1954). São Paulo, Martins, 1957, vol. IX.
Diário Crítico (1955-1956). São Paulo, Martins, 1959, vol. X.
"A Exposição de Pintura Francesa". *Revista do Arquivo Municipal*, São Paulo, Departamento de Cultura, nº LXX, 1942.
Duas Cartas do Meu Destino. Curitiba, Guayra, 1941.
O Sal da Heresia: Novos Ensaios de Literatura e Arte. São Paulo, Departamento de Cultura, 1941. (Separata da *Revista do Arquivo* nº LXXVI).
Fora de Forma: Arte e Literatura. São Paulo, Anchieta, 1942.

Marginalidade da Pintura Moderna. São Paulo, Departamento de Cultura, 1942.
A Pintura Norte-Americana: Bosquejo da Evolução da Pintura nos Estados Unidos. São Paulo, Martins, 1943.
Pintura Quase Sempre. Porto Alegre, Globo, 1944.
Contribuição para um Estudo da Expressão Gráfica dos Quadros Religiosos na Renascença. São Paulo, Departamento de Cultura, 1945.
Três Conferências. Rio de Janeiro, Ministério da Educação, 1955.
De Ontem, de Hoje, de Sempre. São Paulo, Martins, 1960-1962, vols. 1 e 2.
De Cães, Gatos, Gente. São Paulo, Martins, 1964.
4 Ensaios. São Paulo, Martins, 1967, (Livro póstumo).

Artigos

15 abr. 1922 "Une Semaine d'Art Moderne". *O Estado de S. Paulo*.
out. 1923 "Carta de Paris". Revista *Ariel* nº 1.
nov. 1923 "Carta de Paris". Revista *Ariel* nº 2.
set. 1942 "Carta de Paris". Revista *Ariel* nº 12.
mar. 1925 "Crônica Parisiense". *Revista do Brasil* nº 111.
16 fev. 1933 "A Vida da SPAM – Órgão de Combate". Jornal organizado por A. Alcântara, Sérgio Milliet e Couto de Barros (não-assinado).
set. 1936 "A Europa Merece Poucas Saudades". *Revista Acadêmica* nº 22.
22 jul. 1938 "Pintura Moderna". *O Estado de S. Paulo*.
21 ago. 1938 "Arte e Criação". *O Estado de S. Paulo*.
14 set. 1938 "Do Assunto". *O Estado de S. Paulo*.
12 out. 1938 "Posição do Pintor". *O Estado de S. Paulo*.
02 nov. 1938 "O Esforço de Criação". *O Estado de S. Paulo*.
16 nov. 1938 "O Sal da Heresia". *O Estado de S. Paulo*.
25 nov. 1938 "Aquarelistas de São Paulo". *O Estado de S. Paulo*.
30 nov. 1938 "Arte Aplicada". *O Estado de S. Paulo*.
14 jun. 1939 "Dois Centenários". *O Estado de S. Paulo*.
19 jul. 1939 "Parentescos Artísticos". *O Estado de S. Paulo*.
16 ago. 1939 "Masorca Plástica". *O Estado de S. Paulo*.
20 set. 1939 "A Pintura e a Guerra – I". *O Estado de S. Paulo*.
29 set. 1939 "A Pintura e a Guerra – II". *O Estado de S. Paulo*.
07 out. 1939 "A Pintura e a Guerra – III". *O Estado de S. Paulo*.
16 nov. 1939 "O Salão do Sindicato". *O Estado de S. Paulo*.
11 fev. 1940 "Terminologia Artística". *O Estado de S. Paulo*.
10 mar. 1940 "Três Centenários – I". *O Estado de S. Paulo*.
set. 1940 "A Pintura Francesa e a Pintura Brasileira". Catálogo: *Cente Cinquante Ans de Peinture Française*.
set. 1940 "A Exposição de Pintura Francesa". *Revista do Arquivo Municipal*, São Paulo, vol. LXX.
17 set. 1940 "Exposição de Pintura Francesa – I". *O Estado de S. Paulo*
19 set. 1940 "Exposição de Pintura Francesa – III". *O Estado de S. Paulo*.
20 set. 1940 "Exposição de Pintura Francesa – IV". *O Estado de S. Paulo*.
21 set. 1940 "Exposição de Arte Francesa – V". *O Estado de S. Paulo*.
22 set. 1940 "Exposição de Arte Francesa – VI". *O Estado de S. Paulo*.
24 set. 1940 "Exposição de Arte Francesa – VII". *O Estado de S. Paulo*.
25 set. 1940 "Exposição de Arte Francesa – VIII". *O Estado de S. Paulo*.
16 jan. 1941 "VI Salão dos Artistas Plásticos (palavras de Sérgio Milliet na abertura do salão)". *O Estado de S. Paulo* (não-assinado).

21 jan. 1941 "A VI Exposição dos Artistas Plásticos – I". *O Estado de S. Paulo*.
22 jan. 1941 "VI Salão dos Artistas Plásticos – II". *O Estado de S. Paulo*.
23 jan. 1941 "VI Salão dos Artistas Plásticos – III". *O Estado de S. Paulo*.
24 jan. 1941 "VI Salão do Sindicato dos Artistas Plásticos – IV". *O Estado de S. Paulo*.
25 jan. 1941 "VI Salão do Sindicato dos Artistas Plásticos – V". *O Estado de S. Paulo*.
02 fev. 1941 "Farmacêuticos e Artistas – I". *O Estado de S. Paulo*.
04 fev. 1941 "Farmacêuticos e Artistas – II". *O Estado de S. Paulo*.
09 mar. 1941 "Da Crítica de Arte". *O Estado de S. Paulo*.
26 mar. 1941 "Paisagem na Moderna Pintura Brasileira – I". *O Estado de S. Paulo*.
27 mar. 1941 "Paisagem na Moderna Pintura Brasileira – II". *O Estado de S. Paulo*.
13 abr. 1941 "Teorias Sociais da Arte". *O Estado de S. Paulo*.
09 jul. 1941 "O VII Salão do Sindicato – III". *O Estado de S. Paulo*.
27 ago. 1941 "Em Defesa do Bom Decorativismo". *O Estado de S. Paulo*.
30 set. 1941 "1º Salão de Arte da Feira Nacional de Indústria – I". *O Estado de S. Paulo*. (não-assinado).
01 out. 1941 "1º Salão de Arte da Feira Nacional de Indústria – II". *O Estado de S. Paulo*.
02 out. 1941 "1º Salão de Arte da Feira Nacional de Indústria – III". *O Estado de S. Paulo*.
03 out. 1941 "1º Salão de Arte da Feira Nacional de Indústria – IV". *O Estado de S. Paulo*.
04 out. 1941 "1º Salão de Arte da Feira Nacional de Indústria – V". *O Estado de S. Paulo*.
05 out. 1941 "1º Salão de Arte da Feira Nacional de Indústria – VI". *O Estado de S. Paulo*.
14 dez. 1941 "Crítica e Críticos – Arte e Artistas". *O Estado de S. Paulo*.
15 dez. 1941 "O Fim do Século XIX – Marginalidade da Pintura Moderna". *O Estado de S. Paulo*.
04 jan. 1942 "Testamento de uma Geração". *O Estado de S. Paulo*.
05 mar. 1942 "Tendências do Jornalismo Moderno". *O Estado de S. Paulo*.
11 abr. 1942 "VIII Salão Paulista de Belas-Artes". *O Estado de S. Paulo*.
12 abr. 1942 "VIII Salão de Belas-Artes – II". *O Estado de S. Paulo*.
03 jul. 1942 "VII Salão do Sindicato Paulista de Artes Plásticas". *O Estado de S. Paulo*.
08 jul. 1942 "O VII Salão do Sindicato – II". *O Estado de S. Paulo*.
10 jul. 1942 "O VII Salão do Sindicato – IV". *O Estado de S. Paulo*.
06 ago. 1942 "Marginalidade da Pintura – Uma Teoria Nova". *O Estado de S. Paulo*.
13 ago. 1942 "Marginalidade da Pintura Moderna". *O Estado de S. Paulo*.
27 ago. 1942 "Marginalidade da Pintura Moderna – Acentua-se a Crise". *O Estado de S. Paulo*.
08 out. 1942 "O Século XIX – Marginalidade da Pintura Moderna". *O Estado de S. Paulo*.
29 dez. 1942 "Marginalidade da Pintura Moderna". *O Estado de S. Paulo*.
15 maio 1943 "Artistas de Nossa Terra – I – Di Cavalcanti". *O Estado de S. Paulo*.
03 jun. 1943 "Artistas de Nossa Terra – II – Rebolo". *O Estado de S. Paulo*.

03 jun. 1943 "Vai Ter Horário Integral de Funcionamento a Nova Biblioteca Pública Municipal (informações de Sérgio Milliet)". *Folha da Noite* São Paulo.
17 jun. 1943 "Artistas de Nossa Terra – III – Tarsila". *O Estado de S. Paulo*.
18 jun. 1943 "Fui Bulir em Vespeira". *O Estado de S. Paulo*.
22 jun. 1943 "Exposição Antieixista-Feira de Arte e Livros" (apresentação do catálogo). Galeria Prestes Maia, São Paulo.
22 out. 1943 "César Lacanna". *O Estado de S. Paulo*.
28 out. 1943 "Exposição de Pintura Inglesa Contemporânea". *O Estado de S. Paulo*.
nov. 1943 "Auto-Retrato". Revista *Leitura* nº 12.
08 jan. 1944 "Ernesto de Fiori". *O Estado de S. Paulo*.
11 jan. 1944 "VIII Salão do Sindicato – I". *O Estado de S. Paulo*.
14 jan. 1944 "VIII Salão do Sindicato – II". *O Estado de S. Paulo*.
16 jan. 1944 "VIII Salão do Sindicato – III". *O Estado de S. Paulo*.
18 jan. 1944 "VIII Salão do Sindicato – IV". *O Estado de S. Paulo*.
19 jan. 1944 "VIII Salão do Sindicato – V". *O Estado de S. Paulo*.
22 jan. 1944 "Últimos Livros – As Origens da Arte – Ernest Grosse". *O Estado de S. Paulo*.
21 fev. 1944 "A Cultura não Tem Pátria, mas Tem Características Nacionais (resumo das palavras de Sérgio Milliet)". *Folha da Noite*, São Paulo (não-assinado).
18 abr. 1944 "Alfredo Volpi". *O Estado de S. Paulo*.
24 maio 1944 "Mário Zanini". *O Estado de S. Paulo*.
04 ago. 1944 "Duas Exposições". *O Estado de S. Paulo*.
26 ago. 1944 "Últimos Livros. Crianças, Loucos, Primitivos e Modernos". *O Estado de S. Paulo*.
09 set. 1944 "O Caráter Atual da Pintura Paulista (idéias expostas por SM em conferência na Livraria Brasil). *O Estado de S.Paulo* (não-assinado).
19 set.1944 "O Salão do Sindicato – I". *O Estado de S. Paulo*.
20 set. 1944 "O Salão do Sindicato – II". *O Estado de S. Paulo*.
22 set. 1944 "Rebolo Gonçalves". *O Estado de S. Paulo*.
set. 1944 "Elogio do Erro". *A Ilustração*, São Paulo, ano 6, nº 1.
out. 1944 "Luz e Assunto". Revista *Planalto*, São Paulo, nº 1.
nov. 1944 "Pintores Proletários". Revista *Planalto*, São Paulo, nº 2.
03 dez. 1944 "Do Retrato". *O Estado de S. Paulo*.
jan. 1945 "Os Painéis do Ministério". Revista *Planalto* São Paulo, nº 4.
jan. 1945 "Um Pintor do Nordeste". Revista *Planalto* São Paulo, nº 4.
15 jun. 1945 "Um 'Slogan' Encanecido". *Folha da Manhã* São Paulo.
21 jun. 1945 "Uma Página de meu Diário". *Folha da Manhã* São Paulo.
09 set. 1945 "A Famosa Revista". *Folha da Manhã* São Paulo.
20 out. 1945 "Fatos Sociais Brasileiros". *Folha da Manhã* São Paulo.
25 out. 1945 "Um Pouco de Pintura". *O Estado de S. Paulo*.
01 nov. 1945 "A Exposição Francesa". *O Estado de S. Paulo*.
02 nov. 1945 "A Exposição de Pintura Francesa – II". *O Estado de S. Paulo*.
06 nov. 1945 "A Exposição de Pintura Francesa – III". *O Estado de S. Paulo*.
07 nov. 1945 "A Exposição de Pintura Francesa – IV". *O Estado de S.Paulo*.
08 nov. 1945 "A Exposição de Pintura Francesa – V". *O Estado de S. Paulo*.
09 nov. 1945 "A Exposição de Pintura Francesa – VI". *O Estado de S. Paulo*.
10 nov. 1945 "A Exposição de Pintura Francesa – VII". *O Estado de S. Paulo*.
08 dez. 1945 "Notas de Leitura". *Folha da Manhã* São Paulo.

08 dez. 1945 "O Problema da Participação do Artista na Vida Política e Social do Povo (idéias expostas por SM em sua conferência no auditório da Biblioteca Municipal)". *Folha da Manhã* São Paulo (não-assinado).
23 dez. 1945 "Últimos Livros de Sociologia". *Folha da Manhã*, São Paulo.
06 jan. 1946 "O Homem e o Artista". *Folha da Manhã*, São Paulo.
20 jan. 1946 "Um Crítico Diante do Crítico". *O Estado de S. Paulo*.
25 jan. 1946 "A X Exposição do Sindicato – I". *O Estado de S. Paulo*.
27 jan. 1946 "A X Exposição do Sindicato – II". *O Estado de S. Paulo*.
29 jan. 1946 "A X Exposição do Sindicato – III". *O Estado de S. Paulo*.
30 jan. 1946 "O X Salão do Sindicato – IV". *O Estado de S. Paulo*.
jan./fev.1946 "O Poeta Mário de Andrade". *Revista do Arquivo Municipal, São Paulo nº 106 (Separata)*.
01 fev. 1946 "O X Salão do Sindicato – VI". *O Estado de S. Paulo*.
02 fev. 1946 "O X Salão do Sindicato – VII". *O Estado de S. Paulo*.
03 fev. 1946 "A X Exposição do Sindicato – Conclusão". *O Estado de S. Paulo*.
16 mar. 1946 "Galeria Itá – I". *O Estado de S. Paulo* (não-assinado).
21 abr. 1946 "Aldo Bonadei". *O Estado de S. Paulo*.
17 maio 1946 "A Propósito de um Museu de Arte Moderna". *O Estado de S. Paulo*.
09 jun. 1946 "Três Pintores". *O Estado de S. Paulo*.
21 ago. 1946 "Rebolo Gonsales". *O Estado de S. Paulo* (não-assinado).
28 ago. 1946 "Os Pintores não Têm o que Dizer". *O Estado de S. Paulo*.
31 ago. 1946 "A Arte e o Público". *O Estado de S. Paulo*.
set. 1946 "Direitos Autorais". *Gazeta de Limeira* nº 9.
12 out. 1946 "Pintores Ingleses". *O Estado de S. Paulo*.
10 nov. 1946 "Dois Pintores". *O Estado de S. Paulo*.
15 jan. 1947 "O Momento Político (com palavras de SM)". *O Estado de S. Paulo* (não-assinado).
09 fev. 1947 "Jorge Mori". *O Estado de S. Paulo*.
18 abr. 1947 "Exposição Circulante". *O Estado de S. Paulo*.
24 abr. 1947 "Os Dezenove – I". *O Estado de S. Paulo*.
27 abr. 1947 "Os Dezenove – II". *O Estado de S. Paulo*.
13 maio 1947 "O Mito Moderno – I". *O Estado de S. Paulo*.
14 maio 1947 "O Mito Moderno – II". *O Estado de S. Paulo*.
15 maio 1947 "O Mito Moderno – III". *O Estado de S. Paulo*.
16 maio 1947 "O Mito Moderno – Conclusão". *O Estado de S. Paulo*.
23 jul. 1947 "Alfredo Volpi". *O Estado de S. Paulo*.
26 jul. 1947 "Um Documento". *O Estado de S. Paulo*.
30 jul. 1947 "O Salão Oficial". *O Estado de S. Paulo*.
11 out. 1947 "D. Quixote". *O Estado de S. Paulo*.
28 nov. 1947 "Bonadei". *O Estado de S. Paulo*.
04 maio 1948 "O Museu de Arte Moderna". *O Estado de S. Paulo*.
10 abr. 1948 "Luz Mediterrânea". *O Estado de S. Paulo*.
15 abr. 1948 "Um Livro Sobre Pintura". *O Estado de S. Paulo*.
01 ago. 1948 "Um Livro Sobre Pintura e uma Visita". *O Estado de S. Paulo*.
24 ago. 1948 "Artes Plásticas". *O Estado de S. Paulo*.
26 ago. 1948 "Presença de Anita". *O Estado de S. Paulo*.
29 ago. 1948 "Um Livro Póstumo de Apollinaire". *O Estado de S. Paulo*.
01 set. 1948 "De Novo Anita". *O Estado de S. Paulo*.
24 set. 1948 "Duas Exposições". *O Estado de S. Paulo*.
06 out. 1948 "Calder no Museu de Arte". *O Estado de S. Paulo*.

21 out. 1948 "Os Gagás de 22". *O Estado de S. Paulo.*
23 out. 1948 "Reflexões Inatuais". *O Estado de S. Paulo.*
26 nov. 1948 "O Gesto de Roualt". *O Estado de S. Paulo.*
30 nov. 1948 "Livros de Crítica". *O Estado de S. Paulo.*
14 dez. 1948 "Portinari". *O Estado de S. Paulo.*
06 jan. 1949 "Clóvis Graciano". *O Estado de S. Paulo.*
16 fev. 1949 "Publicações Culturais". *O Estado de S. Paulo.*
03 abr. 1949 "Um Projeto de Lei". *O Estado de S. Paulo.*
09 abr. 1949 "Blaise Cendrars e o Brasil". *O Estado de S. Paulo.*
10 maio 1949 "Arte, Necessidade Vital". *O Estado de S. Paulo.*
jun. 1949 "Crianças, Loucos, Primitivos e Modernos Numa Conferência (idéias expostas por SM, no Museu de Arte)". *Jornal das Artes* nº 3 (não-assinado).
28 jun. 1949 "Diário de Viagem XVI: Braque". *O Estado de S. Paulo.*
06 jul. 1949 "Diário de Viagem XX: o Congresso dos Críticos de Arte – I". *O Estado de S. Paulo.*
08 jul. 1949 "Diário de Viagem XXI: o Congresso dos Críticos de Arte – II". *O Estado de S. Paulo.*
24 jul. 1949 "Cícero Dias no Museu de Arte Moderna". *O Estado de S. Paulo.*
18 ago. 1949 "Bonadei". *O Estado de S. Paulo.*
11 set. 1949 "Uma Exposição Didática". *O Estado de S. Paulo.*
19 dez. 1949 "Romance de Minha Vida". *O Estado de S. Paulo.*
07 fev. 1950 "Quatro Pintores". *O Estado de S. Paulo.*
17 mar. 1950 "Maria Leontina". *O Estado de S. Paulo.*
11 abr. 1950 "Função da Linha". *O Estado de S. Paulo.*
13 maio 1950 "Cubismo e Fenomenologia". *O Estado de S. Paulo.*
28 maio 1950 "A Aventura Intelectual do Século XX". *O Estado de S. Paulo.*
11 jun. 1950 "Nova Expressão Estética?". *O Estado de S. Paulo.*
16 ago. 1950 "Baudelaire e a Paisagem". *O Estado de S. Paulo* (não-assinado).
06 jan. 1951 "Da Crítica". *O Estado de S. Paulo* (não-assinado).
01 mar. 1951 "Arte Abstrata e Academismo". *O Estado de S. Paulo.*
14 mar. 1951 "Clóvis Graciano". *O Estado de S. Paulo.*
04 maio 1951 "Aldous Huxley e o Abstracionismo". *O Estado de S. Paulo.*
05 maio 1951 "Roger Caillois e a Crítica". *O Estado de S. Paulo.*
06 maio 1951 "Toulouse Lautrec". *O Estado de S. Paulo.*
03 jun. 1951 "Um Colecionador de Angústias". *O Estado de S. Paulo.*
28 jul. 1951 "Apollinaire". *O Estado de S. Paulo.*
31 jul. 1951 "Da Crítica". *O Estado de S. Paulo.*
28 ago. 1951 "Últimos Livros – Situação da Arte Moderna". *O Estado de S. Paulo.*
23 out. 1951 "Últimos Livros – À Margem da I Bienal". *O Estado de S. Paulo.*
28 nov. 1951 "Da Crítica". *O Estado de S. Paulo* (não-ssinado).
13 dez. 1951 "Ruptura". *O Estado de S. Paulo.*
1954 "Plantas da Cidade – São Paulo Antigo – Plantas da Cidade" – (prefácio) – Serviços de Documentações Culturais – São Paulo.
07 abr. 1956 "Infância e Obra". *O Estado de S. Paulo.*
22 nov. 1956 "Os Novíssimos". *O Estado de S. Paulo.*
19 dez. 1957 "Morte do Figurativismo?". *O Estado de S. Paulo.*
07 jul. 1958 "O Momento é de Tédio". *O Estado de S. Paulo.*
12 dez. 1961 "Estagnação da Arte Abstrata". *O Estado de S. Paulo.*
jun. 1963 "A Gravura no Brasil". Revista *Módulo*, São Paulo nº 33.

1964 "Emiliano Di Cavalcanti". Do álbum *Pinturas – Di Cavalcanti* (apresentação). Rio de Janeiro, Ediarte.

12 fev. 1965 "Um ABC da Pintura Moderna". *O Estado de S. Paulo*.

1966 "Tarsila". Do álbum *Tarsila* (apresentação). São Paulo, Lanzara.

sem data; "Berco Udler". Do álbum *Meninos, Namorados, Morte* (apresentação) Kosmo.

"Ernesto De Fiori e o Derivativo da Pintura". Do álbum *Ernesto De Fiori*. (apresentação).

"Mick Carnicelli". *O Estado de S. Paulo*.

"Um Poeta de Vida Moderna". *Revista Brasiliense*, S. i.

ARTIGOS SOBRE SÉRGIO MILLIET

ANDRADE, Mário. "Esquerzo". *Folha da Manhã*, 17 jun. 1943.

———. "Noção de Responsabilidade". *Diário de Notícias*, 1938.

———. "Roberto". s. o. p.*, s. d. Coluna Literatura. (Recorte.)

———. "Sérgio Milliet – Términus Seco". *Revista Nova*, São Paulo, 15 abr. 1932.

ANDRADE, Oswald. "Senhor Dom Torres e Arte Moderna". *Jornal do Comércio*, São Paulo, 14 maio 1922.

BARBOSA, Rolmes. "Intermédio Poético". *O Estado de S. Paulo*, 1943. (Recorte.)

BARBUY, Heraldo. "Refutação de Refutação". *O Estado de S. Paulo*, 14 out. 1943.

BARROS, Jaime de. "Roberto – Sérgio Milliet". s. o. p., Coluna "O Espelho dos Livros", 1935. (Recorte do arquivo Lourdes Milliet.)

BARRETO, Plínio. "Livros Novos, Ensaios". s. o. p., s. d. (Recorte.)

BASTIDE, Roger. "Diários Críticos". *Diário de S. Paulo*, 19 ago. 1944.

———. "Diários Críticos e Crítica de Diários". *Diário de S. Paulo*, 12 maio 1945.

———. "Serge Milliet". *Alliance Française*, São Paulo, 1940.

BAUDOUIN, Charles. *Le Carmel*. Genebra, s. ed., 1917. (Recorte do arquivo Lourdes Milliet.)

BRITO, Mário da Silva. "Ensaios – Sérgio Milliet". s. o. p., s. d. (Recorte de jornal do arquivo Lourdes Milliet.)

CANDIDO, Antonio. "Problema de Jurisdição". *Folha da Manhã*, 11 jul. 1943.

CAVALHEIRO, Edgard. "Pintores e Pintura". *Revista Cultura* nº 14, s. d. (Recorte.)

Correio Paulistano, "LE DÉPART sous la Pluie". s. d., (Recorte.)

COUGNARD, Jules. *Par le Sentier Patrie Suisse*. s. d. (Recorte.)

"O CRÍTICO Sérgio Milliet". *Revista do Globo*, 27 nov. 1943.

"A CULTURA não Tem Pátria, mas Tem Características Nacionais". *Folha da Noite*, 21 ago. 1944.

DONATO, Mário. "Pintores e Pintura". *O Estado de S. Paulo*, 11 mar. 1940.

FERNANDES, Florestan. "Democratização da Cultura e Outros Assuntos". *Folha da Manhã*, São Paulo, 28 jan. 1945.

FERRAZ, Geraldo. "Há 25 Anos Surgia a Seção de Arte". *O Estado de S. Paulo*, 24 jan. 1970.

GOES, Fernando. "Do Crítico Professoral, do Crítico Amador e do Funcionalismo". *O Estado de S. Paulo*, 25 nov. 1943.

* s.o.p.: sem órgão de publicação.

Helios. "Mais um Poeta", s. o.p., s. d. (Recorte.)
Helbingue, René. "En Singneant". *Mondain*, Genebra, 1918. (Recorte.)
"Homenagem ao Sr. Sérgio Milliet". *O Estado de S. Paulo*, 22 jan. 1943.
Horta, Arnaldo Pedroso. "Em Defesa dos Sinônimos". *O Estado de S. Paulo*, 27 out. 1946.
Horta, Oscar Pedroso. "Em Memória de Sérgio Milliet". Suplemento Cultural de O Estado de S. Paulo, 23 out. 1966.
"A Inteligência Brasileira é um Bloco na Luta Contra o Fascismo". *O Jornal*, Rio de Janeiro, 11 set. 1946.
Ivo, Lêdo. "Sérgio Milliet e a Maçã Invisível". *O Estado de S. Paulo*, 19 nov. 1966.
Lemos, Fernando C. "Homenagem a Sérgio Milliet". *Folha de S. Paulo*, 2 dez. 1979.
Lousada, Wilson A. "Ensaios". s. o. p., s. d. (Recorte.)
Macedo, Miguel. "Os Críticos". *Diário da Noite*, 3 dez. 1943.
Machado, Lourival Gomes. "Debate Atrasado". *O Estado de S. Paulo*, 2 set. 1944.
—————. "Post Scriptum". *O Estado de S. Paulo*, 20 nov. 1943.
Maranca, Paolo. "Sérgio Milliet, Nove Anos Depois". *Folha de S. Paulo*, 17 nov. 1975.
—————. "Sérgio Milliet ou da Severidade com Carinho". *Folha da Tarde*, 16 out. 1975.
Martins, Luís. "Fora de Forma". *Diário de S. Paulo*, 14 out. 1942.
—————. "O Pintor Sérgio Milliet". *Diário de S. Paulo*, 15 ago. 1946.
—————. "Quem é Sérgio Milliet". *Diário de S. Paulo*, 15 ago. 1966.
—————. "Um Livro uma Exposição". *Folha da Manhã*, 17 jun. 1943.
Mendes, Ciro. "Expressão Gráfica dos Quadros Religiosos na Renascença". *O Estado de S. Paulo*, 26 jun. 1946.
Montello, Josué. "O 'Diário Crítico' de Sérgio Milliet". *Jornal do Brasil*, 20 out. 1980.
Moutinho, Nogueira. "Sérgio Milliet". *Folha de S. Paulo*, 20 nov. 1966.
Mugnier, Henri. "En Singeant". *Journal Français*, Genebra, 1918.
—————. "Par le Sentier". *Pages d'Art*, Genebra, 1918.
—————. "Un Poète Brésilien". *Le Messager de São Paulo*, s. d.
Octávio, Fº Rodrigo. "Sérgio Milliet – Par le Sentier". *Panóplia*, Rio de Janeiro, 1918.
"Ouvindo Sérgio Milliet". *Jornal de São Paulo*, 28 abr. 1946.
Pontes, Eloy. "Roberto, de Sérgio Milliet". *Imparcial da Bahia*, 30 jun. 1935.
Reber, Charles. *Le Courrier de Genève*, Genebra, 1917. (Recorte do arquivo Lourdes Milliet.)
—————. "A Propos d'un Livre: En Singeant". s. o. p., 1918. (Recorte.)
Ribeiro, João. *O Imparcial*. Rio de Janeiro, 1918. (Recorte do arquivo de Lourdes Milliet.)
Revista Acadêmica. Rio de Janeiro, nov. 1936. Coluna Notas de Leitura.
Secrétan, Jean. "Bibliographie – Par le Sentier". *Feuilles d'Avis*, Montreaux, 1918.
Será Inaugurada, Ainda Este Mês, a Seção de Empréstimos da Biblioteca Municipal. *Folha da Noite*, 8 jan. 1944.
"Sérgio Milliet". *Revista Acadêmica*, Rio de Janeiro, ago. 1936. (Recorte.)
De Sérgio Milliet ao IDART. *Folha de S. Paulo*, 5 dez. 1976.

"SÉRGIO Milliet e o Papel do Intelectual". *Vanguarda Socialista*, Rio de Janeiro, 7 dez. 1945.

"SÉRGIO Milliet". (Reportagem de Silveira Peixoto.) *Vamos Ler*, Rio de Janeiro, 24 ago. 1939.

SILVA, Quirino. "Homenagem a Sérgio Milliet". MAM/SP, 1969. Catálogo.

──────. "Já Faz Muito Quem Faz Pintura". *Diário da Noite*, 9 ago. 1946.

──────. "Sala de Arte da Biblioteca Municipal". *Diário da Noite*, 29 ago. 1945.

──────. "Sérgio Milliet". *Diário da Noite*. 24 jun. 1939.

──────. "Sérgio Milliet". *Diário da Noite*, 22 ago. 1959.

SIMONETTI, Cláudio. "Milliet, Crítico de uma Geração". *Edição Extra*, São Paulo, 15 dez. 1962.

TEIXEIRA, Maria de Lourdes. "Evocação de Sérgio Milliet". *Revista Acadêmica Paulista de Artes* nº 97, mar. 1980.

"TÉRMINUS Seco". Revista *Platéia*, São Paulo, 28 jan. 1932.

"UM Poeta Moço". *Cigarra*, São Paulo, 1918. (Recorte.)

VAZ, Léo. "Indébita Intromissão por Alheia Seara". *O Estado de S. Paulo*, 21 nov. 1943.

Vida Moderna, "LE DÉPART sous la Pluie". São Paulo, s. d.

VIEIRA, José Geraldo. "Diário Crítico de Sérgio Milliet". *Folha da Manhã*, 19 out. 1944.

──────. "Homenagem a Sérgio Milliet". MAM/SP, 1969. Catálogo.

VIOLETTE, Jean. *La Tribune de Genève*, Genebra, 1917. (Recorte do arquivo Lourdes Milliet.)

XAVIER, Lívio. "Sérgio Milliet – Marcha à Ré". *Diário de S. Paulo*, 1936. (Recorte.)

──────. "Sérgio Milliet – Roberto". *Diário de S. Paulo*, 24 abr. 1935.

──────. "Uma Crítica aos Críticos". *Diário da Noite*, 4 dez. 1943.

WASHINGTON, Luís. "Uma Expressão Poética Modernista". *Diário da Noite*, 16 out. 1943.

BIBLIOGRAFIA CONSULTADA

ADORNO, T. W. *et alii*. *Autour de la Théorie Esthétique*. Paris, Klincksieck, 1975-1976, vols. 1 e 2.

AGUILAR, Nelson. *Figuration et Spatialisation dans la Peinture Moderne Brésilienne: Le Sejour de Vieira da Silva au Brésil 1940-1947*. Lyon, 1984. (Tese de doutoramento apresentada à Faculté de Philosophie da Université Jean Moulin.)

AJZENBERG, Elza. *Vicente do Rego Monteiro – Um Mergulho no Passado*. São Paulo, 1984. (Tese de doutoramento apresentada à FFLCH/USP.)

ALAIN. *Sistema de las Belas Artes*. Buenos Aires, Siglo Veinte, s.d.

ALMEIDA, Paulo Mendes de. *De Anita ao Museu*. São Paulo, Perspectiva, 1976.

──────. *O Grupo Santa Helena* (álbum). São Paulo, Ed. Collectio Arte, 1970.

ALVES, Henrique L. "Reencontro com Sérgio Milliet" *Boletim Bibliográfico*, São Paulo, Biblioteca Mário de Andrade, nº 39, 3/4, jul.-dez. 1978.

AMARAL, Aracy. *Arte para Quê?* São Paulo, Nobel, 1984.

──────. *Artes Plásticas na Semana de 22*. São Paulo, Perspectiva/EDUSP, 1972.

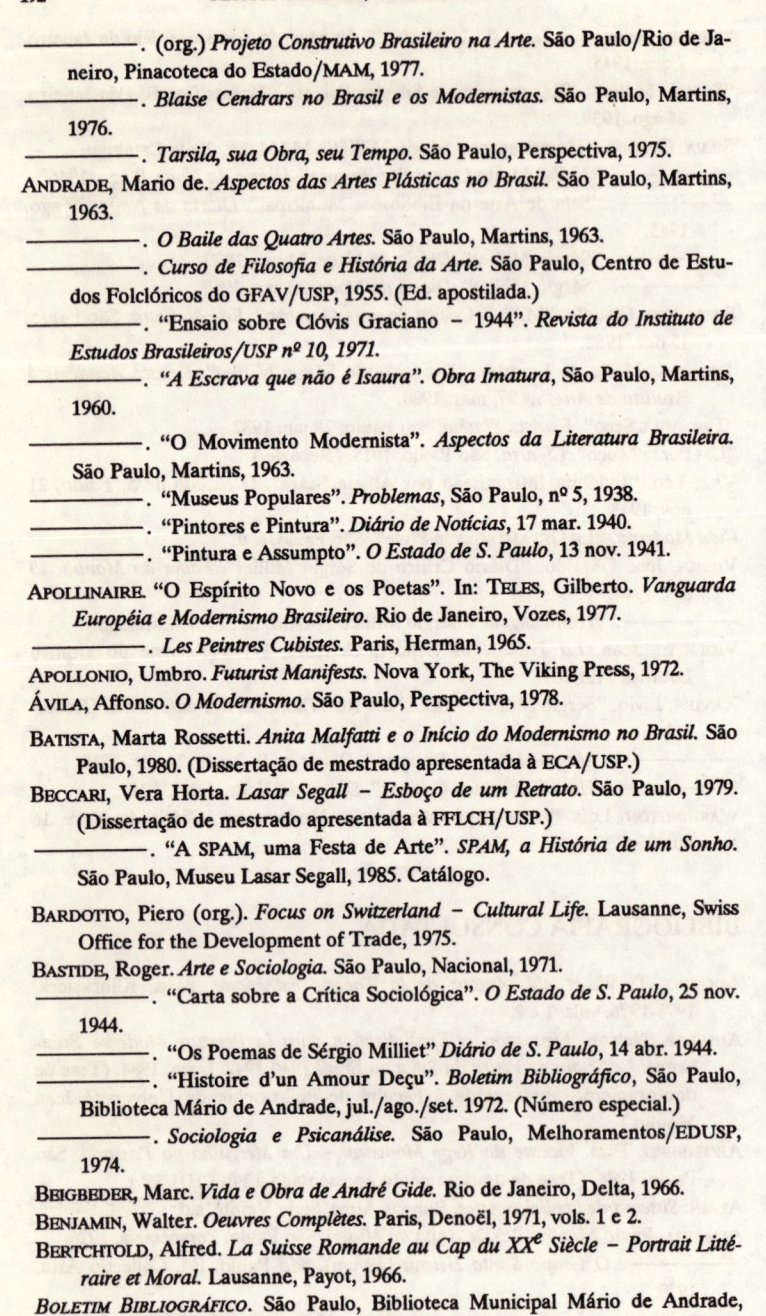

——————. (org.) *Projeto Construtivo Brasileiro na Arte*. São Paulo/Rio de Janeiro, Pinacoteca do Estado/MAM, 1977.

——————. *Blaise Cendrars no Brasil e os Modernistas*. São Paulo, Martins, 1976.

——————. *Tarsila, sua Obra, seu Tempo*. São Paulo, Perspectiva, 1975.

ANDRADE, Mario de. *Aspectos das Artes Plásticas no Brasil*. São Paulo, Martins, 1963.

——————. *O Baile das Quatro Artes*. São Paulo, Martins, 1963.

——————. *Curso de Filosofia e História da Arte*. São Paulo, Centro de Estudos Folclóricos do GFAV/USP, 1955. (Ed. apostilada.)

——————. "Ensaio sobre Clóvis Graciano – 1944". *Revista do Instituto de Estudos Brasileiros/USP* nº 10, 1971.

——————. "A Escrava que não é Isaura". *Obra Imatura*, São Paulo, Martins, 1960.

——————. "O Movimento Modernista". *Aspectos da Literatura Brasileira*. São Paulo, Martins, 1963.

——————. "Museus Populares". *Problemas*, São Paulo, nº 5, 1938.

——————. "Pintores e Pintura". *Diário de Notícias*, 17 mar. 1940.

——————. "Pintura e Assumpto". *O Estado de S. Paulo*, 13 nov. 1941.

APOLLINAIRE. "O Espírito Novo e os Poetas". In: TELES, Gilberto. *Vanguarda Européia e Modernismo Brasileiro*. Rio de Janeiro, Vozes, 1977.

——————. *Les Peintres Cubistes*. Paris, Herman, 1965.

APOLLONIO, Umbro. *Futurist Manifests*. Nova York, The Viking Press, 1972.

ÁVILA, Affonso. *O Modernismo*. São Paulo, Perspectiva, 1978.

BATISTA, Marta Rossetti. *Anita Malfatti e o Início do Modernismo no Brasil*. São Paulo, 1980. (Dissertação de mestrado apresentada à ECA/USP.)

BECCARI, Vera Horta. *Lasar Segall – Esboço de um Retrato*. São Paulo, 1979. (Dissertação de mestrado apresentada à FFLCH/USP.)

——————. "A SPAM, uma Festa de Arte". *SPAM, a História de um Sonho*. São Paulo, Museu Lasar Segall, 1985. Catálogo.

BARDOTTO, Piero (org.). *Focus on Switzerland – Cultural Life*. Lausanne, Swiss Office for the Development of Trade, 1975.

BASTIDE, Roger. *Arte e Sociologia*. São Paulo, Nacional, 1971.

——————. "Carta sobre a Crítica Sociológica". *O Estado de S. Paulo*, 25 nov. 1944.

——————. "Os Poemas de Sérgio Milliet" *Diário de S. Paulo*, 14 abr. 1944.

——————. "Histoire d'un Amour Deçu". *Boletim Bibliográfico*, São Paulo, Biblioteca Mário de Andrade, jul./ago./set. 1972. (Número especial.)

——————. *Sociologia e Psicanálise*. São Paulo, Melhoramentos/EDUSP, 1974.

BEIGBEDER, Marc. *Vida e Obra de André Gide*. Rio de Janeiro, Delta, 1966.

BENJAMIN, Walter. *Oeuvres Complètes*. Paris, Denoël, 1971, vols. 1 e 2.

BERTCHTOLD, Alfred. *La Suisse Romande au Cap du XXe Siècle – Portrait Littéraire et Moral*. Lausanne, Payot, 1966.

BOLETIM BIBLIOGRÁFICO. São Paulo, Biblioteca Municipal Mário de Andrade, jul./ago./set. 1972. (Número especial.)

BOLETIM BIBLIOGRÁFICO. São Paulo, Biblioteca Municipal Mário de Andrade nº 39, 3/4, jul./dez. 1978.

BOULEAU, Charles. *La Geométrie Secrète des Peintres*. Paris, Seuil, 1963.

BRETON, André. *Manifestos do Surrealismo*. Lisboa, Moraes, 1939.

BRITO, Mário da Silva. "O Alegre Combate de Klaxon". *Klaxon, Mensário de Arte Moderna*. São Paulo, Martins/CECSP, 1972 (Fac-símile.)

——————. (prefaciador). *Martins – 30 Anos*. São Paulo, Martins, 1966.

CALVESE, Maurício. "Boccioni et Il Futurismo Milanesi". *Revista L'Arte Moderna* nº 38, Turim, Fratelli Fabbri, 1975.

CANDIDO, Antonio. *Literatura e Sociedade*. São Paulo, Nacional, 1965.

——————. "Sérgio Milliet, o Crítico". *Boletim Bibliográfico*, São Paulo, Biblioteca Municipal Mário de Andrade nº 39, 3/4, jul.-dez. 1978.

CAPELATO, Maria Helena. *O Movimento de 1932 – A Causa Paulista*. São Paulo, Brasiliense, 1981.

CARONE, Edgard. *O Estado Novo (1937-1945)*. Rio de Janeiro/São Paulo, DIFEL, 1977.

CAVALHEIRO, Edgard. *Testamento de uma Geração*. Porto Alegre, Globo, 1981.

CHENEY, Sheldom. *Expressionism in Art*. Nova Iorque, Tudor, 1948.

——————. *História da Arte*. São Paulo, Martins, 1953. (4 vols.)

——————. *A Primer History of Modern Art*. Berkeley, Wiking Press, 1939.

CHIEPP, H. *Theories of Modern Art – A Source Book by Artists and Critics*. Berkeley Los Angeles, University of California Press, 1968.

COLI, Jorge e DANTAS, Luís Carlos da Silva. "Situação d'O Banquete". *In*: ANDRADE, Mário de. *O Banquete*. São Paulo, Duas Cidades, 1977.

COLLINWOOD, R. *Principles of Art*. Oxford, The London Press, 1938.

DAHER, Luís Carlos. *Arquitetura e Expressionismo*. São Paulo, 1979. (Dissertação de mestrado apresentada à FAU/USP.)

D'ELIA, Antonio. "Sérgio Milliet: Notas para uma sua Bibliografia". *Boletim Bibliográfico*, São Paulo, Biblioteca Municipal Mário de Andrade, jul.-ago.-set. 1972 (número especial).

DELAUNAY. *Du Cubisme à l'Arte Abstrait – Documents Inédits Publiés par Pierre Francastel*. Paris, G. Habasque, 1957.

DI CAVALCANTI, Emiliano. *Viagem da Minha Vida – I. O Testamento da Alvorada*. Rio de Janeiro/São Paulo/Bahia, Civilização Brasileira, 1955.

DICIONÁRIO Da pintura moderna. São Paulo, Edimax, 1967.

DREVET, A. *Alain Philosophie*. Paris, Presses Universitaires de France, 1969, vols. 1 e 2.

DUARTE, Paulo. *Mário de Andrade por Ele Mesmo*. São Paulo, HUCITEC-CEC, 1977. Especialmente os capítulos: "Departamento de Cultura, Vida e Morte de Mário de Andrade" e "Cartas de Sérgio Milliet".

FABRIS, Annateresa. *Portinari, Pintor Social*. São Paulo, 1977. Dissertação de mestrado apresentada à ECA/USP.)

FAORO, Raimundo. "50 Anos de uma Polêmica Inconclusa". *Folha de S. Paulo*, 23 maio 1982. (Suplemento Folhetim.)

FAUSTO, Boris. *A Revolução de 1930*. São Paulo, Brasiliense, 1970.

FERES, Nites Therezinha. *Leituras em Francês de Mário de Andrade*. São Paulo, IEB/USP, 1969.

FERRAZ, Geraldo. *Retrospectiva – Figuras, Raízes, Problemas da Arte Contemporânea*. São Paulo, Cultrix/EDUSP, 1975.

FRANCASTEL, Pierre. *Pintura y Sociedad*. Buenos Aires, Emecé, 1960.

——————. *La Realidad Figurativa*. Buenos Aires, Emecé, 1970.

GABETTI, R. e OLMO, C. *Le Corbusier* et l'Esprit Nouveau. Turim, Einaudi, 1975.

GIDE, André. *O Pensamento Vivo de Montaigne*. Trad. Sérgio Milliet. São Paulo, Martins/EDUSP, 1975.

GILES, Thomas. *História do Existencialismo e da Fenomenologia*. São Paulo, EDUSP, 1977. Especialmente, Cap. I, "Max Scheler".

GOLDING, John. *Le Cubisme*. Paris, René Juillard, 1965.

GOMBRICH, E. H. *L'Art et l'Illusion*. Paris, Gallimard, 1964.

——————. *L'Art et son Histoire*. Paris, René Juliard, 1967.

GONÇALVES, Lisbeth R. *Aldo Bonadei – Introdução ao Percurso de um Pintor*. São Paulo, 1977. (Dissertação de mestrado apresentada à FFLCH/USP.)

GREMBECKI, Maria Helena. *Mário de Andrade e* L'Esprit Nouveau. São Paulo, IEB/USP, 1969.

GROSSE, Ernest. *The Beginnings of Art*. Appleton, Nova Iorque, 1928.

HAUSER, Arnold. *Introducción a la Historia del Arte*. Madri, Guadarrama, 1973.

HORTA, Arnaldo P. *O Grupo Santa Helena* (álbum). São Paulo, Ed. Collectio Arte, 1970.

JAGUARIBE, Hélio. "Pensamento e Vida no Brasil na Primeira Metade do Século XX". Suplemento de Cultrua *do Correio da Manhã*, Rio de Janeiro, 25 jun. 1951.

KANDISKY, Wassily. *Concerning the Spiritual in Art*. Nova Iorque, Ed. Wittenborn-Schultz, s. d.

KLAXON. Mensário de Arte Moderna. São Paulo, Martins/CECSP, 1972. (Fac-símile.)

KLEE, Paul. *Théorie de L'Art Moderne*. Paris, Gonthier, 1964.

KOSSOVITCH, Léon. "As Artes Plásticas: Mário de Andrade e seu Método". *Discurso*, São Paulo, FFLCH/USP, n. 1, 1970.

LAFETÁ, João Luís. *1930: A Crítica e o Modernismo*. São Paulo, Duas Cidades, 1974.

LARA, Cecília de. *Klaxon, Terra Roxa e Outras Terras – Dois Periódicos Modernos de São Paulo*. São Paulo, IEB/USP, 1972.

——————. *Terra Roxa e Outras Terras, Um Periódico Pau-Brasil*. São Paulo, Martins/SCCT, 1977 (fac-símile).

LÉGER, Fernando. *Fonctions de la Peinture*. Paris, Denoël/Gonthier, 1965.

LHOTE, André. *Les Invariants Plastiques*. Paris, Herman, 1967.

——————. *Parlons Peinture – Essais*. Paris, Denoël, 1937.

LOPES, Telê Porto Ancona. *Mário de Andrade: Ramais e Caminhos*. São Paulo, Duas Cidades, 1972.

——————. *Táxi e Crônicas no Diário Nacional*. São Paulo, Duas Cidades/SCT, 1976.

MACHADO, Lourival Gomes. "Omnibus". *Folha da Manhã*, 25 out. 1944.

——————. "Página 10". *Folha da Manhã*, 9 nov. 1955.

——————. *Retrato da Arte Moderna no Brasil*. São Paulo, Departamento de Cultura, 1947.

MANNHEIM, Karl. *Diagnóstico de Nosso Tempo*. Rio de Janeiro, Zahar, 1969.

——————. *Ideología y Utopia*. Madri, Aguilar, 1966.

MARTINS, Ibiapaba. "Academia Depois de Trinta Anos de Pintura". *Correio Paulistano*, 30 out. 1948.

MARTINS, Luís. *A Evolução Social da Pintura*. São Paulo, Departamento de Cultura, 1969.

——————. "Sérgio Milliet, o Amigo". *Boletim Bibliográfico*, São Paulo, Biblioteca Municipal Mário de Andrade, nº 39, 3/4, jul.-dez. 1978.

MAUGUÉ, Jean. *Les Dents Agacées*. Paris, Buchet-Chastel, 1982.

MAURIAC, F. *O Pensamento Vivo de Pascal*. São Paulo, Martins, 1951.

MAUROIS, A. *Alain*. Paris, Plon, 1950.

MOTTA, Carlos G. *Ideologia da Cultura Brasileira*. São Paulo, Ática, 1977.
MOTTA, Flávio. "A Família Artística Paulista". *Revista do IEB/USP*, São Paulo, IEB/USP, 1971. (Separata.)
MUGNIER, Henri. *Notre Jeunesse – Évocation Genevoises (1910-1920)*. Genebra, Perret-Gentil, 1942.
NADEAU, Maurice. *Histoire du Surrealisme*. Paris, Seuil, 1967.
OZENFANT, Amedée. *Art*. Paris, Jean Buday, 1928.
OZENFANT et JEANNERET. *Après le Cubisme*. Paris, Jean Buday, 1928.
PANOVSKY, Ernest. *Estudios de Tecnologie*. Madrid, Alianza Universidad. 1972.
─────. *Significado nas Artes Visuais*. São Paulo, Perspectiva, 1975.
PARK, Robert. *An Outline of the Principles of Sociology*. Nova Iorque, Barnes/Noble, 1939.
PARSONS, Talcott *et alii*. *Presencia de Max Weber*. Buenos Aires, Nueva Visión, 1971.
PEDROSA, Mário. *Mundo, Homem, Arte em Crise*. São Paulo, Perspectiva, 1975. (Org. Aracy Amaral.)
PETIT, Henry. *Vida e Obra de Romain Rolland*. Rio de Janeiro, Delta, 1963.
PORCHE, F. *Charles Péguy. Oeuvres Poétiques Complètes*. Paris, Gallimard, 1957. Especialmente: introdução, cronologia e comentários à obra.
PRADO Jr., Caio. *Evolução Política do Brasil*. São Paulo, Brasiliense, 1977.
─────. *História Econômica do Brasil*. São Paulo, Brasiliense, 1969.
RAMOS, Péricles Eugênio da Silva. "Diário Crítico". Suplemento Cultural de *O Estado de S. Paulo*, 16 maio 1982.
─────. *Do Barroco ao Modernismo*, Rio de Janeiro. Livros Técnicos e Científicos, 1979.
REVISTA ACADÊMICA. Rio de Janeiro. Exemplares do período 1935-1941.
REVISTA DO ARQUIVO MUNICIPAL. Departamento de Cultura. Exemplares do período 1935-1943.
REVISTA *ESTÉTICA*. Rio de Janeiro, nº 2, 1925.
REVISTA *PLANALTO*. Exemplares do período 1941-1944.
RICHTER, H. *Dada – Art and Anti-Art*. Londres, Thames and Hudson, 1964.
RUSSOLI, Franco. *Il Simbolismo – Le Immagini dell'Idee*. Milão, Fabbri, 1976.
SANOUILLET, M. *Dada à Paris*. Paris, J. Pauvert, 1965.
SCHAPIRO, M. *Estilo*. Buenos Aires, Paidós, 1962.
SCHELER, Max. *Esencia y Formas de la Simpatia*. Buenos Aires, Losada, 1943.
SELZ, Peter. *German Expressionist Painting*. Berkeley, University of California Press, 1957.
SILBERMAN, A. *et alii*. *Sociología del Arte*. Buenos Aires, Nueva Visión, 1971.
SKIDMORE, Thomas. *Brasil, de Getúlio a Castelo*. Rio de Janeiro, Saga, 1969.
SMITH, Carleton Sprague. "O Público e o Artista". *Diário de S. Paulo*, 26 nov. 1944.
SOUZA, Gilda de Mello e. *Exercícios de Leitura*. São Paulo, Duas Cidades, 1980.
STONEQUIST, Everett. *The Marginal Man: A Study in Personality and Conflite*. Nova Iorque, Scribner's, 1937.
SUMNER, William Graham. *Folkways: A Study of the Sociological Importance of Usages, Manners, Customs Mores, Morals*. Boston, Ginn, 1940.
TELES, Gilberto M. *Vanguarda Européia e Modernismo Brasileiro*. Rio de Janeiro, Vozes, 1977.
THIBAUDET, A. *Histoire de la Littérature Française*. Paris, Stock, 1936.
TORRE, Guilhermo. *Guillaume Apollinaire, su Vida, su Obra, las Teorías del Cubismo*. Buenos Aires, Posseidon, 1946.

VELHO, Gilberto (org.). *Sociologia da Arte*. Rio de Janeiro, Zahar, 1971. (vols. 1, 2, 3, 4.)
VENTURI, Lionello. *Storia della Critica D'Arte*. Turim, Einaudi, 1964.
WEBER, Max. *Essays sur la Théorie de la Science*. Paris, Plon, 1966.
—————. *A Ética Protestante e o Espírito do Capitalismo*. São Paulo, Pioneira, 1967.
WILDER, Gabriele S. *Waldemar Cordeiro, Pintor Vanguardista, Difusor, Crítico de Arte, Teórico e Líder do Movimento Concretista nas Artes Plásticas em São Paulo na Década de 50*. São Paulo, 1982. (Dissertação de mestrado apresentada à ECA/USP.)
WÖRRINGER, W. "Sistema Formal del Gótico Tardio y Sistema Formal Expressionista". *El Arte y sus Interrogantes*. Buenos Aires, Nueva Visión, 1959.

CATÁLOGOS

Catálogo da mostra do Figurativismo ao Abstracionismo, MAM/SP, 1949.
Catálogos da Família Artística Paulista (I, II e III mostras, referentes a 1937, 1939 e 1940).
Catálogos das quatro primeiras Bienais de São Paulo (1951, 1953, 1955 e 1957).
Catálogos do Ciclo de Exposições de Pintura Brasileira Contemporânea do Museu Lasar Segall, São Paulo, a saber: Os Salões (1976); Os Grupos/A Década de 40 (1977); As Bienais e A Abstração (1978).
Catálogos do Salão Nacional de Belas Artes, referentes aos decênios 1930 e 1940.
Catálogos dos Salões de Maio (I, II, III, respectivamente, de 1937, 1938, 1939).
Catálogos dos Salões Paulistas de Belas Artes, referentes aos decênios 1930 e 1940.
Catálogos dos Salões do Sindicato dos Artistas Plásticos, referentes ao período 1938-1949.
Maria Leontina, Rio de Janeiro, IAB, maio 1982.
Mário Zanini, MAC/USP, São Paulo, nov.-dez. 1976.
O Grupo Seibi/O Grupo Santa Helena, Faap/Centro de Estudos de Arte Brasileira Contemporânea, Museu de Arte Brasileira Contemporânea, Museu de Arte Brasileira, São Paulo, mar.-abr. 1977.
Waldemar Cordeiro 1925-1973 – Homenagem, Centro Cultural São Paulo, dez. 1983.

DEPOIMENTOS

Depoimentos publicados no *Boletim Bibliográfico* de jul./set. 1972 e jul./dez. 1978 das seguintes personalidades: Maria de Lourdes Teixeira, Paulo Duarte, Roger Bastide, Antonio Candido, Luís Martins, Rubem Borba de Morais, Geraldo Ferraz, Antonio D'Elia.
Depoimento conjunto dos artistas plásticos abaixo mencionados, ao IDART, em 23 nov. 1979:
Alfredo Volpi, Rebolo Gonsales, Clóvis Graciano, Rafael Galvez, Lothar Charoux, Luís Sacilotto, Luís Andreatini, Otávio Araújo, Odetto Guersoni, Antonio Carelli, Geraldo de Barros, Gerda Brentani, Alice Brill, Hilde Weber.
Depoimentos à autora:

Antonio Bento, Rio de Janeiro, 28 jun. 1984.
Antonio Candido, São Paulo, 8 mar. 1981.
Antônio Rubbo Müller, São Paulo, 22 dez. 1980.
Aziz Simão, São Paulo, 20 dez. 1981.
Carlos Guilherme Motta, São Paulo, 16 dez. 1981.
Donald Pierson, Leesburg, Flórida, 30 mar. 1982 (carta).
Eduardo Kneese de Mello, São Paulo, 11 jun. 1983.
Florestan Fernandes, São Paulo, 27 abr. 1982.
Gerda Brentani, São Paulo, 20 abr. 1982.
Gilda Mello e Souza, São Paulo, 8 mar. 1981 e 5 out. 1985.
Giuliana Sègre, Roma, 12 nov. 1982 (carta).
Hermelindo Fiaminghi, São Paulo, 4 jul. 1984.
Hugo Adami, São Paulo, 20 maio 1977 e 26 abr. 1982.
João Batista Vilanova Artigas, São Paulo, 6 dez. 1982.
José de Barros Martins, São Paulo, 6 jan. 1982 e 16 set. 1985.
Lourdes Duarte Milliet, São Paulo, 10 dez. 1981.
Luís Sacilotto, Santo André, 5 jul. 1984.
Marcelo Grassmann, São Paulo, 3 jul. 1984.
Maria Eugênia Franco, São Paulo, 10 jan. 1982 e Rio de Janeiro, 28 jun. 1984.
Maria Helena Costa e Silva, diversos.
Mário Barata, São Paulo, 16 set. 1984.
Nelson Nóbrega, São Paulo, 20 abr. 1981.
Oneyda Alvarenga, São Paulo, 29 ago. 1981.
Oracy Nogueira, São Paulo, 14 jan. 1982.
Otávio Araújo, São Paulo, 28 nov. 1979.
Paulo Duarte, São Paulo, 16 dez. 1981.
Paul Guichonet (Reitor da Universidade de Genebra), Genebra, 10 ago. 1982 (carta).
Rebolo Gonsales, São Paulo, 7 mar. 1977 e 23 nov. 1979.
Rubem Borba de Morais, Bragança, 18 abr. 1981.
Ruy Coelho, diversos.
Ruy Mesquita, São Paulo, 9 mar. 1980.
Tereza Cristina de Albuquerque Guimarães, diversos.
Waldemar da Costa, Macaé, 20 nov. 1979 e Curitiba, 16 jul. 1981 (cartas).

FONTES CONSULTADAS

Arquivos

O Estado de S. Paulo,
Folhas,
Diários Associados,
Do Estado,
Multimeios do IDART,
Instituto de Estudos Brasileiros,
Escola de Sociologia e Política,
MAC/USP,
Lourdes Duarte Milliet,
José de Barros Martins,

Nelson Nóbrega,
Antônio Rubbo Müller,
Tereza Cristina Albuquerque Guimarães,
Rebolo Gonsales.

Bibliotecas

Biblioteca Municipal,
Instituto de Estudos Brasileiros,
Museu Lasar Segall,
Museu de Arte Contemporânea da USP,
Pinacoteca do Estado,
FAU/USP,
ECA/USP,
FFLCH/USP,
Escola de Sociologia e Política.

COLEÇÃO ESTUDOS

1. *Introdução à Cibernética*, W. Ross Ashby.
2. *Mimesis*, Erich Auerbach.
3. *A Criação Científica*, Abraham Moles.
4. *Homo Ludens*, Johan Huizinga.
5. *A Lingüística Estrutural*, Giulio C. Lepschy.
6. *A Estrutura Ausente*, Umberto Eco.
7. *Comportamento*, Donald Broadbent.
8. *Nordeste 1817*, Carlos Guilherme Mota.
9. *Cristãos-Novos na Bahia*, Anita Novinsky.
10. *A Inteligência Humana*, H. J. Butcher.
11. *João Caetano*, Décio de Almeida Prado.
12. *As Grandes Correntes da Mística Judaica*, Gershom G. Scholem.
13. *Vida e Valores do Povo Judeu*, Cecil Roth e outros.
14. *A Lógica da Criação Literária*, Käte Hamburger.
15. *Sociodinâmica da Cultura*, Abraham Moles.
16. *Gramatologia*, Jacques Derrida.
17. *Estampagem e Aprendizagem Inicial*, W. Sluckin.
18. *Estudos Afro-Brasileiros*, Roger Bastide.
19. *Morfologia do Macunaíma*, Haroldo de Campos.
20. *A Economia das Trocas Simbólicas*, Pierre Bourdieu.
21. *A Realidade Figurativa*, Pierre Francastel.
22. *Humberto Mauro, Cataguases, Cinearte*, Paulo Emílio Salles Gomes.
23. *História e Historiografia do Povo Judeu*, Salo W. Baron.
24. *Fernando Pessoa ou o Poetodrama*, José Augusto Seabra.
25. *As Formas do Conteúdo*, Umberto Eco.

26. *Filosofia da Nova Música*, Theodor Adorno.
27. *Por uma Arquitetura*, Le Corbusier.
28. *Percepção e Experiência*, M. D. Vernon.
29. *Filosofia do Estilo*, G. G. Granger.
30. *A Tradição do Novo*, Harold Rosenberg.
31. *Introdução à Gramática Gerativa*, Nicolas Ruwet.
32. *Sociologia da Cultura*, Karl Mannheim.
33. *Tarsila – sua Obra e seu Tempo (2 vols.)*, Aracy Amaral.
34. *O Mito Ariano*, Léon Poliakov.
35. *Lógica do Sentido*, Gilles Delleuze.
36. *Mestres do Teatro I*, John Gassner.
37. *O Regionalismo Gaúcho*, Joseph L. Love.
38. *Sociedade, Mudança e Política*, Hélio Jaguaribe.
39. *Desenvolvimento Político*, Hélio Jaguaribe.
40. *Crises e Alternativas da América Latina*, Hélio Jaguaribe.
41. *De Geração a Geração*, S. N. Eisenstadt.
42. *Política Econômica e Desenvolvimento do Brasil*, Nathanael H. Leff.
43. *Prolegômenos a uma Teoria da Linguagem*, Louis Hjelmslev.
44. *Sentimento e Forma*, Susanne K. Langer.
45. *A Política e o Conhecimento Sociológico*, F. G. Castles.
46. *Semiótica*, Charles S. Peirce.
47. *Ensaios de Sociologia*, Marcel Mauss.
48. *Mestres do Teatro II*, John Gassner.
49. *Uma Poética para Antonio Machado*, Ricardo Gullón.
50. *Burocracia e Sociedade no Brasil Colonial*, Stuart B. Schwartz.
51. *A Visão Existenciadora*, Evaldo Coutinho.
52. *América Latina em sua Literatura*, Unesco.
53. *Os Nuer*, E. E. Evans-Pritchard.
54. *Introdução à Textologia*, Roger Laufer.
55. *O Lugar de Todos os Lugares*, Evaldo Coutinho.
56. *Sociedade Israelense*, S. N. Eisenstadt.
57. *Das Arcadas do Bacharelismo*, Alberto Venancio Filho.
58. *Artaud e o Teatro*, Alain Virmaux.
59. *O Espaço da Arquitetura*, Evaldo Coutinho.
60. *Antropologia Aplicada*, Roger Bastide.
61. *História da Loucura*, Michel Foucault.
62. *Improvisação para o Teatro*, Viola Spolin.
63. *De Cristo aos Judeus da Corte*, Léon Poliakov.
64. *De Maomé aos Marranos*, Léon Poliakov.
65. *De Voltaire a Wagner*, Léon Poliakov.
66. *A Europa Suicida*, Léon Poliakov.
67. *O Urbanismo*, Françoise Choay.
68. *Pedagogia Institucional*, A. Vasquez e F. Oury.
69. *Pessoa e Personagem*, Michel Zeraffa.
70. *O Convívio Alegórico*, Evaldo Coutinho.
71. *O Convênio do Café*, Celso Lafer.
72. *A Linguagem*, Edward Sapir.
73. *Tratado Geral de Semiótica*, Umberto Eco.
74. *Ser e Estar em Nós*, Evaldo Coutinho.
75. *Estrutura da Teoria Psicanalítica*, David Rapaport.
76. *Jogo, Teatro & Pensamento*, Richard Courtney.

77. *Teoria Crítica I*, Max Horkheimer.
78. *A Subordinação ao Nosso Existir*, Evaldo Coutinho.
79. *A Estratégia dos Signos*, Lucrécia D'Aléssio Ferrara.
80. *Teatro: Leste & Oeste*, Leonard C. Pronko.
81. *Freud: a Trama dos Conceitos*, Renato Mezan.
82. *Vanguarda e Cosmopolitismo*, Jorge Schwartz.
83. *O Livro dIsso*, Georg Groddeck.
84. *A Testemunha Participante*, Evaldo Coutinho.
85. *Como se faz uma Tese*, Umberto Eco.
86. *Uma Atriz: Cacilda Becker*, Nanci Fernandes e Maria Thereza Vargas (org.).
87. *Jesus e Israel*, Jules Isaac.
88. *A Regra e o Modelo*, Françoise Choay.
89. *Lector in Fabula*, Umberto Eco.
90. *TBC: Crônica de um Sonho*, Alberto Guzik.
91. *Os Processos Criativos de Robert Wilson*, Luiz Roberto Galizia.
92. *Poética em Ação*, Roman Jakobson.
93. *Tradução Intersemiótica*, Julio Plaza.
94. *Futurismo: uma Poética da Modernidade*, Annateresa Fabris.
95. *Melanie Klein I*, Jean-Michel Petot.
96. *Melanie Klein II*, Jean-Michel Petot.
97. *A Artisticidade do Ser*, Evaldo Coutinho.
98. *Nelson Rodrigues: Drama e Encenações*, Sábato Magaldi.
99. *O Homem e seu Isso*, Georg Groddeck.
100. *José de Alencar e o Teatro*, João Roberto Faria.
101. *Fernando de Azevedo: Educação e Transformação*, Maria Luiza Penna.
102. *Dilthey: um Conceito de Vida e uma Pedagogia*, Mª Nazaré de Camargo Pacheco Amaral.
103. *Sobre o Trabalho do Ator*, Mauro Meiches e Silvia Fernandes.
104. *Zumbi, Tiradentes*, Cláudia de Arruda Campos.
105. *Um Outro Mundo: a Infância*, Marie-José Chombart de Lauwe.
106. *Tempo e Religião*, Walter I. Rehfeld.
107. *Arthur Azevedo: a Palavra e o Riso*, Antonio Martins.
108. *Arte, Privilégio e Distinção*, José Carlos Durand.
109. *A Imagem Inconsciente do Corpo*, Françoise Dolto.
110. *Acoplagem no Espaço*, Oswaldino Marques.
111. *O Texto no Teatro*, Sábato Magaldi.
112. *Portinari, Pintor Social*, Annateresa Fabris.
113. *Teatro da Militância*, Silvana Garcia.
114. *A Religião de Israel*, Yehezkel Kaufmann.
115. *Que é Literatura Comparada?*, Brunel, Pichois, Rousseau.
116. *A Revolução Psicanalítica*, Marthe Robert.
117. *Brecht: um Jogo de Aprendizagem*, Ingrid Dormien Koudela.
118. *Arquitetura Pós-Industrial*, Raffaele Raja.
119. *O Ator no Século XX*, Odette Aslan.
120. *Estudos Psicanalíticos sobre Psicossomática*, Georg Groddeck.
121. *O Signo de Três*, Umberto Eco e Thomas A. Sebeok.
122. *Zeami: Cena e Pensamento Nô*, Sakae M. Giroux.
123. *Cidades do Amanhã*, Peter Hall.
124. *A Causalidade Diabólica I*, Léon Poliakov.

125. *A Causalidade Diabólica II*, Léon Poliakov.
126. *A Imagem no Ensino da Arte,* Ana Mae Barbosa.
127. *Um Teatro da Mulher,* Elza Cunha de Vincenzo.
128. *Fala Gestual,* Ana Cláudia de Oliveira.
129. *O Livro de São Cipriano: uma Legenda de Massas,* Jerusa Pires Ferreira.
130. *Kósmos Noetós,* Ivo Assad Ibri.
131. *Concerto Barroco às Óperas do Judeu,* Francisco Maciel Silveira.
132. *Sérgio Milliet, Crítico de Arte,* Lisbeth Rebollo Gonçalves.
133. *Os Teatros Bunraku e Kabuki: Uma Visada Barroca,* Darci Yasuco Kusano.
134. *O Ídiche e seu Significado,* Benjamin Harshav.
135. *O Limite da Interpretação,* Umberto Eco.

Este livro foi impresso na
LIS GRÁFICA E EDITORA LTDA.
Rua Visconde de Parnaíba, 2.753 - Belenzinho
CEP 03045 - São Paulo - SP - Fone: 292-5666
com filmes fornecidos pelo editor.